大是文化

美國黑幫史

美國近代史的最後一塊拼圖，頭號公敵與黑手黨老大
破壞體制、腐化權威、成為地下政府的隱藏歷史。

→ Killing the Mob ←

全美最會說故事的記者
暨電視節目主持人
比爾・歐萊利 Bill O'Reilly
《紐約時報》暢銷歷史作家
馬汀・杜格 Martin Dugard
——合著
陳筱宛——譯

Contents

推薦序
一窺美國版的江湖往事

「故事：寫給所有人的歷史」專欄作家、金老ㄕ的教學日誌／金哲毅

在各位讀者開始翻看這本書以前，我只想告訴大家：「這簡直像一本美國版的武俠小說！」

聯邦調查局，也就是大家熟悉的ＦＢＩ（Federal Bureau of Investigation），與美國黑幫之間，是多麼像武俠小說裡正派與魔教的對立（順帶一提，所謂魔教都不會是自稱，而是所謂名門正派冠予的汙辱性稱號，在金庸的《笑傲江湖》中，正派人士所稱的魔教，他們可是自稱為「日月神教」，絕對的高大上名稱。而在本書中，你也將看到所謂的黑道人士有不少是以劫富濟貧的俠客自居）。

而武俠小說的神兵利器，在本書中也有出現，差別僅在於他們不叫倚天劍、屠龍

刀，而是更大殺四方的白朗寧自動步槍（Browning Automatic Rifle，簡稱BAR），以及更知名的「芝加哥打字機」——湯普森衝鋒槍（Thompson submachine gun）。（又多嘴幾句，白朗寧自動步槍在二戰時期，是美軍機槍兵的標準配備武器，湯普森衝鋒槍更裝備給前線的底層軍官，兩者的共通點在於只要扣下板機，就能暢快自動的「突突突突」連發，堪稱近戰的大殺器。這些武器通常也是美國黑幫分子的標配，這也就不奇怪為何早期只配備手槍的警方，總被打得落荒而逃了。）

要有陰謀詭計？幫派間的勾心鬥角，絕對讓你看到人心有多險惡。要有兒女情長？鴛鴦大盜的恣意妄為，則能讓人感到「邁向破滅」的另類吸引力。作者之一：比爾．歐萊利（Bill O'Reilly），無愧於書籍宣傳所言，是非常會說故事的人。

但說到此處，不知是否有人會擔心：「我是來認識歷史，不是來看小說呀。」有這種擔憂的讀者絕對可以安心，我說本書「像」一本武俠小說，那就代表，它終究不是一本以虛構情節取勝的作品。

事實上，除了挑動人閱讀樂趣的筆法，在本書也能看到不少由**專業歷史作家——馬汀．杜格（Martin Dugard），所帶出更加宏觀的視野**，那就是：為何美國黑幫曾經有如此囂張猖狂的一段時期？

周星馳主演的《武狀元蘇乞兒》電影結尾時，皇帝對丐幫幫主說：「你丐幫人數十萬之眾，不解散怎能叫朕心安？」但丐幫幫主卻回答：「丐幫的人數不是由我決定，而是由你皇帝決定，如果你是個好皇帝，百姓各個安居樂業，鬼才想當乞丐。」

難道說，歷代的「頭號公敵」（由聯邦調查局所認定最凶惡的歹徒），他們各個天生就是反社會人格，恨不得讓所到之處都血流成河？難道義大利移民就那麼喜歡當黑幫領袖，終其一生活在謊言、暴力，與無情的高壓中？

雖然黑幫的全盛時代已經過去（注意，可不是黑幫本身已成為過去），但全書翻完，仔細一想，當初讓黑幫崛起的諸多原因仍有部分存在現今的美國社會。這也就代表：書中所言可不是單純的過去，類似的情節仍在持續上演。

我想這就是為何《美國黑幫史》是如此值得一讀的主題，或許人類極難從歷史學到教訓，但也或許，我們多少能從過去獲得經驗。藉此不一定立即根治問題，但也能增加使事情好轉的些許可能性。同時也能透過認識過去，將更多注意力投射到我們所處的當下。

楔子
亡命之徒

一九三四年三月三日上午九點十五分
印第安納州冠點市
萊克郡監獄

僅剩四個月可活的男人即將越獄。

這是個寒冷陰雨的週六早晨。全美最出名的銀行搶匪，三十歲的約翰·狄林傑（John Dillinger）剛吃完少得可憐的監獄早餐，正和其他十四名囚犯在監獄走廊上兜圈打轉。他很享受這僅有的「身體活動」，但他腦袋瓜裡的活動可比這多得多。

狄林傑很有魅力，身高五呎七吋（約一百七十公分），體格苗條健壯，一頭稀疏的褐髮，臉上總掛著玩世不恭的笑容，很得女性的歡心。這名來自印第安納波利斯

▲ 約翰·狄林傑（前排右），是 1930 年代美國中西部惡名昭彰的銀行搶匪。

（Indianapolis）的職業罪犯唯一做過的合法工作，是曾短暫在美國海軍服役。除此之外，成年後的他總是不斷進出監獄。儘管如此，他已經闖出名號。負責處理他當前案件的檢察官和治安官甚至雙雙要求與他合影，拍照時還將手臂搭上他的肩膀。

打從亞利桑那州土桑（Tucson）當局逮捕狄林傑和他的同黨，已經過了五週。這四名惡棍在過去一年間犯下八樁銀行搶案，足跡遍及中西部，隨後往更西方逃逸以躲避法律制裁。此外，他們還明目張膽的洗劫州警槍械室，從那竊走了機關槍、手槍和彈藥。

人稱「狄林傑幫」（Dillinger Gang）的這四人以非常細膩的方式計畫搶劫，運用詳盡的逃跑地圖和大馬力的車輛，加上湯普森衝鋒槍，讓他們與執法單位的對陣屢次占了上風。每個人在搶案中各司其職，包括司機、把風，以及金庫開鎖高手，然而大步闖進銀行，從皮箱亮出槍枝，並朝著銀行出納員和顧客高聲喊道「這是搶劫！」的，則永遠是自信滿滿的狄林傑。狄林傑並未努力隱藏他英俊的臉龐，隨著一九三三年六月二十一日到一九三四年一月十五日間的劫案數目增加，關於他的傳說四起。

狄林傑和他的同夥在土桑被捕純屬運氣差。當國會飯店（Hotel Congress）的某座故障暖氣爐引發火災，迫使所有房客必須疏散時，其中兩人正好下榻此地。羅素・克拉克（Russell Clark）和查理・麥克禮（Charles Makley）不願他們劫來的財物被大火吞噬，於是用賄賂的方式讓消防隊員重新爬上梯子、取出他們的行李。土桑是個人口僅三萬出頭的小鎮，這些陌生人可疑的舉止已然引起另一位消防員威廉・班乃迪克（William Benedict）的注意，他認出麥克禮與克拉克就是雜誌《真實警探》（*True*

Detective）刊載照片中的嫌犯。班乃迪克立刻通報土桑警方，在接下來四天內，這夥人受到嚴密跟蹤，最後終於落網。

狄林傑是最後被逮的人。他身上帶著七千美元現金，其中有部分能追溯到不久前發生在印第安納州東芝加哥市的一樁搶案。他在那次犯罪中朝威廉．派翠克．歐瑪禮（William Patrick O'Malley）的胸膛連開八槍，冷血的殺了這名警察。而當土桑的檢察官將這幫匪徒引渡到他們多數犯行的發生地時，麥克禮、克拉克與皮特．皮爾朋（Pete Pierpont）先被上銬，飛往俄亥俄州受審，因為他們三人在一九三三年十月，為了協助狄林傑自某個小鎮監獄脫逃而殺害了一位副警長[1]。

但是狄林傑並沒有前往俄亥俄州，而是被引渡到密西根湖南方十五英里外的冠點市，在此因殺害歐瑪禮警官而受審。

一旦他被判有罪，很快就得面臨電椅處決。

不過狄林傑無意接受審判。

✦

雷克郡監獄二樓被認為是「無法逃脫之地」。狄林傑自從二月初抵達此地後，大多時候都獨自待在他的單人牢房，裡頭只有床和充作馬桶的小桶子。獄卒允許他走出囚房外的時刻，為的不是吃飯、運動，就是清空他自己和其他牢房的「尿桶」裡的排泄物。典獄長和副手對於能讓傳奇人物狄林傑動手執行這項令人不快的差事，都感到無比自豪——這是為了提醒這個知名囚徒，如今他有多麼無能為力。

他假意順從，裝作無所謂。「我在那座監獄的所有看守人員面前假扮好人，」他日後回想道：「我會拍拍他們的背，恭維他們是何等好人。我自願去做必須完成的所有苦差事。」

他用這個法子讓獄警相信，他不再是威脅。他每天作為消遣而削木塊的行為也沒有引起任何懷疑，獄警甚至還拿這一點嘲笑他是「木雕大師約翰」。

1　日後這三人皆被判有罪。克拉克被判處終身監禁。麥克禮和皮爾朋則被判死刑。然而在一九三四年九月二十二日，他們試圖從哥倫布市的俄亥俄州立監獄越獄。克拉克臨時改變了主意，回到自己的牢房。麥克禮中槍身亡。皮爾朋遭到活逮。儘管越獄失敗受傷未癒，三十二歲的皮爾朋仍得接受電椅處決，他在一九三四年十月十七日伏法。

可是在這個週六上午，當六十四歲的模範犯人山姆・卡胡恩（Sam Cahoon）拿著淋浴肥皂，溜進放風運動區時，狄林傑最終削出的作品任誰都看得懂，那塊木頭被雕成了小手槍的形狀。在卡胡恩關上背後的監獄大門前那一刻，狄林傑用力將這把假武器抵在對方的軀幹上。「我會把你轟得粉碎。」這名銀行搶匪高聲咆哮，性格溫和的人設如今已不復存在。

狄林傑拿卡胡恩當肉盾，費勁的慢慢走過監獄內部。他不只讓眾獄警相信他手上有槍，還命令他們把自己反鎖在牢房內。最後，他來到典獄長辦公室。一名獄警在辦公椅上睡得正熟。他安靜的快步走過房間，從槍架取下一把自動武器，將槍管抵在這名獄警的後腦勺上。

「我是狄林傑，」這名銀行搶匪說：「只要你敢動一下，我就會把你的腦袋從身上轟掉。」

接著，狄林傑偷走治安官的個人用車，像個自由人般離開了監獄。監獄與治安官官邸毗鄰，因此這樁竊案毫不費事。那輛車上或任何其他執法車輛上都沒有雙向無線電，因此，冠點市治安官無法提醒州際公路上的警官，有個通緝犯正朝著他們奔去。

狄林傑就這樣以飛快的速度開往芝加哥。

從雷克郡監獄的紅磚屋逃跑約十英里後，狄林傑開著偷來的車，越過印第安納州與伊利諾州的州界。這麼做違反了《全國機動車輛失竊法案》（*National Motor Vehicle Theft Act*）。在此之前，他的銀行強盜生涯犯過的只是州法與地方法。但此次違反又名《戴爾法案》（*Dyer Act*）的罪行，代表他首次觸犯了聯邦法律。

狄林傑並不知道，隸屬於司法部的一個特別單位此後會接管追捕他的工作。這個單位起初叫做調查局（Bureau of Investigation，簡稱ＢＯＩ），後來更名為調查處（Division of Investigation，簡稱ＤＯＩ）。它的負責人是年僅三十的艾德格・胡佛（J. Edgar Hoover）。

為了逮到他，胡佛將會不擇手段，無論得花多長的時間。

第一篇

誰是英雄，誰又是公敵

1 執法者的崛起

一九三四年五月二十六日上午
馬里蘭州銀泉市
亞斯平山紀念公園

暴力正肆虐整個美國。

許多凶殘且全副武裝的歹徒於一九三三年和一九三四年上半，在美國鄉村地區大開殺戒。此時正值大蕭條時期。個人平均所得攔腰砍半，全國失業率為二一．七%。由於貧窮蔓延，加上隨著美國日益都市化，移民文化與傳統文化產生衝突，使得凶殺案數目來到本世紀最高。

此外，有半數的房屋抵押貸款未能按時還款，每天都有超過一千件房貸被取消贖回抵押品（也就是住房）的權利。由於越來越多的美國家庭被掃地出門，銀行被視為掠奪成性的惡棍，一心只想賺錢，從不思考如何幫助窮人活下去。

因此在美國，某些不法之徒，尤其是少數專門搶劫銀行的男女，竟然成為廣受愛戴的公眾人物，也就不足為奇了。雖然調查處稱這些人是「全民公敵」，可是許多民眾卻認為他們是劫富濟貧的羅賓漢，報復全美各地的銀行家與資本家肥貓。

在這個溫暖的週六上午，雖然胡佛剛被交付阻止這些羅賓漢的重責大任，但他暫時將打擊犯罪拋在腦後。胡佛看著自己心愛的狗兒下葬在華盛頓郊區的這處墓穴中，心情無比哀戚。

胡佛終其一生都住在哥倫比亞特區（又稱華盛頓特區）。他的公職生涯始於十八歲那年，這名中學畢業生致詞代表在國會圖書館謀得一份工作，同時還先後完成大學與法學院的學業。他在一九一七年通過律師資格考試後，才辭去了這份工作，但第二天立刻在司法部新官上任。短短兩年內，這名年輕人的敬業態度讓他迅速升官。柯立芝總統（President Calvin Coolidge）在一九二四年，欽點年方二十九的胡佛掌管調查局這個腐敗的聯邦機構[2]。

對這個髮際線逐漸後退、臉色總是陰沉、習慣用過快語速掩蓋口吃的年輕律師來說，這項晉升恐怕會讓他的事業走入死胡同。調查局成立於一九〇八年，是美國第一個全國性執法機構。然而，國會卻普遍擔憂調查局恐將成為祕密警察，「暗中監視每個人……就像蘇聯那一套。」

因此，國會故意限縮調查局的權限。最早的三十四名探員被禁止攜帶武器，甚至不得展開拘捕。遇上得拘押嫌犯時，探員可以選擇請聯邦法警或地方警察來執行。

胡佛將自身完全奉獻給這份新職務，他捨棄個人生活，選擇完成執法的任務。這位新上任的局長立刻動手整頓內務，開除被控收賄的所有探員。他策劃了一套嚴謹的培訓方案，確保局內探員在身心兩方面都能勝任這份工作。此外，他期待探員品格端正，並接受過會計或法律訓練，且沒有加班費這回事。胡佛透過建立第一個全國性指紋資料庫，提升了調查局的形象。

不過，調查局對於起訴大蕭條期間肆虐全美的銀行搶匪與隨機殺人犯卻無能為力。儘管州警和地方警察對這類案件擁有完整的管轄權，但他們彼此互不溝通，也無法跨越州界追捕罪犯——狄林傑便是利用這一點屢屢逃脫。

✦

胡佛是個怪人，這一點毫無疑問。他的朋友很少，而且與七十五歲的母親安娜．瑪莉（Anna Marie）同住。

這位局長最信任的知己是他的愛犬，一隻名叫史畢．狄波佐（Spee De Bozo）的萬能㹴。史畢每天早晨都會叼來報紙，吃胡佛給的溏心蛋當早餐。他非常喜歡史畢，不僅在辦公桌上擺放史畢的裱框照片，住家牆上還懸掛著一幅牠的畫像。胡佛對探員來說可能是個嚴格的老闆，可是他從不約束他的狗。

史畢在五月二十四日過世，享年十一歲。此刻，用裹屍布包裹的遺體安葬在這座

2 實際上，胡佛是由柯立芝總統的司法部長哈倫．菲斯克．史東（Harlan Fiske Stone）任命的。當時胡佛出任調查局的副局長。後來，局長威廉．伯恩斯（William Burns）因捲入茶壺山醜聞案（Teapot Dome Scandal）黯然下臺，胡佛便升任為局長。伯恩斯的領導顯示出該局在胡佛就任前極為腐敗，包括勾結私酒販售者、強收保護費、兜售機密的內部檔案，以及運用該局職缺交換政治利益等情事，所在多有。

寵物墓園的墓穴中。悲痛欲絕的胡佛對墓園管理員解釋道：「這是我人生中最哀痛的一天。」他流露出的情感讓陪同他參加葬禮的三名調查處探員緊張不安，因為他通常完全不透露個人隱私。

同時，這位局長居然變成全美最有權力的人之一。一九三三年，人稱「漂亮男孩」．佛洛伊德（"Pretty Boy" Floyd）的搶匪率領幾名罪犯，槍殺了四名執法人員，這就是堪薩斯市大屠殺（Kansas City Massacre）事件。翌年五月十八日，國會承認州與地方執法機關無力阻止銀行搶案氾濫成災，因此催生了一九三四年一系列「犯罪防治法案」的通過，此後，假如有人殺害或襲擊聯邦警官、運送綁架肉票，或搶劫銀行，這些都受到聯邦法律的規範。

州騎警和地方治安官對這類事務不再擁有司法管轄權。那份權力如今歸屬於最近才改名的調查處。同樣重要的是，國會將會通過另一項重要的立法，允許調查處探員攜帶武器和逮捕人犯。

當史畢的葬禮接近尾聲，胡佛向自己保證，他很快就會再買一條狗[3]。哀悼的時光匆匆流逝。

逮捕暴力銀行劫匪的日子即將展開。勢必會有一場腥風血雨。

▲ 調查處處長胡佛在 1934 年 12 月 11 日，於華盛頓特區舉行的全美犯罪會議（National Crime Conference）發表演說。

3 在史畢之後，胡佛又養了另外八隻狗，其中多數都埋葬在同一座墓園。在亞斯平山紀念公園中仍舊能找到墓碑和墓穴。

2 鴛鴦大盜之死

一九三四年五月二十三日上午九點十五分
路易斯安那州邊維爾教區

芳齡二十三的邦妮・帕克（Bonnie Parker）坐在偷來的福特Ｖ8（Ford）副駕駛座上。她的膝蓋上放著一份用餐巾紙包起來的培根生菜番茄三明治。塵土覆蓋的鄉村道路兩旁全是茂密的森林與灌木叢。開車的是她的情人，克萊德・「冠軍」・巴羅（Clyde "Champion" Barrow）。他使勁將車速催到每小時六十五英里，這對情侶跟人有約，而他們遲到了。二十五歲的克萊德已經吃完他的油炸波隆那香腸三明治，那是他們在上一個休息地點，靠近路易斯安那州吉布斯蘭小鎮的馬康非小餐館買的。

克萊德非常喜愛這輛大馬力的V8，他甚至寫信給汽車製造商亨利·福特（Henry Ford），稱讚它的「速度與自由」。這名銀行搶匪戴著金屬框太陽眼鏡，身穿藍色襯衫與西裝，頭戴相配的帽子，不過開車時卻只穿襪子不穿鞋。這名囚徒很久以前為了逃避監獄的體力勞動，拜託獄友用斧頭切掉他的兩根腳趾。他因此走路一瘸一拐，穿鞋開車也很不舒服。諷刺的是，獄政人員在那把斧頭落下前，早就決定要讓年輕的克萊德假釋出獄。在損毀腳趾短短六天後，他一拐一拐的走出監獄。

邦妮標誌性的蘇格蘭帽被扔在後座。這個勤於寫詩的罪犯手上戴著一只婚戒——儘管在愛上克萊德之前，她早就離開不忠的丈夫多年。她是個身高僅四呎十一吋（約一百五十公分）的嬌小女子，總是一支接一支的抽著駱駝牌香菸，右大腿還留著前夫的名字刺青。一襲紅色洋裝勾勒出她凹凸有致的身材，卻巧妙的遮住雙腿，因為一年前某次高速撞車後，電池液嚴重灼傷了她的腿，這令她走起路來就像克萊德，也是一瘸一簸的。有時候她實在痛得太厲害，根本沒辦法走路，他就得抱著她走。儘管逃避警方追捕時，高跟鞋讓她行動更加不便，但她還是寧可穿高跟鞋，而非平底鞋。

人稱「鴛鴦大盜邦妮與克萊德」，這對年輕情侶搶劫銀行的瘋狂犯罪始自

▲ 鴛鴦大盜邦妮與克萊德，拍攝日期不明。

一九三二年二月。從密蘇里州到路易斯安那州、德州、新墨西哥州，甚至北上到明尼蘇達州——他們利用州政府與地方政府間的溝通不順暢，逃避法律制裁——搶銀行只是他們犯下的眾多罪行之一。他們不僅偷車，還曾為了區區五美元洗劫商店和加油站。而在暴力事件上，他們綁架過許多人，並槍殺了至少十三名人質。這對鴛鴦大盜在兩年內總共犯下超過一百件重罪。

邦妮和克萊德在一九三〇年一月初次相遇。原本是女服務生的她當時剛失業，來自達拉斯貧民窟的他則是個窮苦工人。克萊德那時除了一些瑣碎的小偷竊外，沒有任何犯罪紀錄。不料短短幾個月後，他卻因闖空門竊盜遭逮，並被解送到伊斯特姆監獄農場。在持續遭受性侵後，他犯下第一樁殺人案：克萊德用一根鉛管殺了另一個囚犯，報了強姦之仇。

伊斯特姆監獄讓溫文爾雅的克萊德從此永遠改變。引用一名獄友的話來說：「從學校的乖小孩變成一條響尾蛇。」儘管他在牢裡蹲了兩年，邦妮仍一直在等他。出於對法律的憎恨，他一獲釋，這對情侶便開始在整個中西部犯罪。他們的生活很簡單，有需要就劫財、搶奪食物，可以的話就殺掉不順眼的警察。其他罪犯加入他們，形成一支小型幫派。雖然那些人來來去去，但是邦妮和克萊德的夥伴關係一直很穩定。

這對愛侶基本上是無足輕重的南方小流氓，永遠活在大咖惡徒的陰影下，比如狄林傑和他的親信「娃娃臉」．尼爾遜、「漂亮男孩」．佛洛伊德。但是警方在一九三三年四月十三日，突襲兩人在密蘇里州喬普林市的藏匿處，卻換來兩名警官遭到槍殺的駭人下場。這對情侶連夜駕車開了六百多英里，逃到德州中心地區。警方搜索現場時，發現兩人留下一卷未沖洗的底片。喬普林警方希望大眾能熟悉邦妮與克萊德的相貌，便將洗好的相片交給《喬普林環球報》（*The Joplin Globe*）發送到全美各地。

結果他們倆立刻聲名大噪。包括邦妮用短管霰彈槍戳向咧嘴笑著的克萊德，還有邦妮叼菸、手握槍，獨自對著鏡頭擺姿勢的照片，都讓兩人像電影明星那樣出名。不僅美國大眾吵著想知道這對鴛鴦大盜的更多資訊，隨著興奮的國民為兩人智勝執法單位喝彩，他們的遭遇很快就變成電影院放映的新聞短片（movie newsreel）素材。

這對犯罪鴛鴦非常開心。兩人原本就懷抱著成名夢——邦妮熱衷於寫作，暗自夢想成為出名的女演員，克萊德則是想成為演奏薩克斯風的音樂家。

在一九三四年五月二十一日，就在國會通過全新的打擊犯罪立法，以擴大聯邦執法三天後，胡佛決定向邦妮與克萊德宣戰。他的第一步行動是：在全美各地廣為散布印有兩人照片，並條列出其罪行的八平方英寸通緝海報。跟前述喬普林報上的照片不同，這些照片沒有什麼迷人之處。

然而，這麼做只是強化了這對鴛鴦大盜的傳奇。但是邦妮不知怎的已預見即將發生的事，她華麗的詩句預言道自己和克萊德將會死得很淒慘[4]。

✦

在這個悶熱潮溼的週三上午，他們沿著路易斯安那鄉間小路飆車趕路，距離與幫派成員約定的會面時間已晚了十五分鐘。因為中途在馬康非小餐館暫停，幫邦妮外帶三明治，導致他們比預定時間遲到。

一切似乎都很正常。道路轉彎處可以看見艾文・「死忠」・梅瑟文（Ivan "Ivy" Methvin）的平板貨車停在路肩上。他是他們預計要碰面的犯罪同夥的父親。梅瑟文跪在用千斤頂頂起的貨車旁，正在換輪胎。一輛運送木材的貨車從另一頭駛近。

克萊德切入一檔。他的車窗已經搖下。邦妮把還包在餐巾紙裡的三明治放在膝蓋上。車上後座的床單下，放著一堆槍枝、一只裝滿現鈔的手提箱，還有克萊德的薩克斯風。

4 詩句是這麼寫的：「有一天他們會一同倒下；警察會並排埋葬他們；少數人對此感到哀痛，警方則如釋重負；而這是邦妮與克萊德的死亡。」

突然間，梅瑟文翻身滾進他的貨車底下。

✦

埋伏的民防隊全副武裝，火力強大。

德州騎警法蘭克・哈默（Frank Hamer）已經跟蹤邦妮和克萊德四個月了。他和另外三名德州執法者尾隨兩人來到邊維爾教區。胡佛和他的探員並未參與這場行動，卻提供了這對情侶下落的關鍵資訊。調查處準確指出，路易斯安那州的這個區域是這對鴛鴦大盜固定的藏身處。

為了確保有逮捕這對罪犯的必要權力，騎警哈默尋求當地治安官喬登・韓德森（Jordan Henderson）和他的年輕副手普倫提斯・歐克利（Prentiss Oakley）的協助。他們相信這對鴛鴦大盜終將前往幫派成員亨利・梅瑟文（Henry Methvin）的家，便聯手設下陷阱[5]。哈默承諾亨利的父親，只要出賣邦妮與克萊德，亨利就不會因他自己犯下的罪而被判死刑。因此，艾文・梅瑟文那輛專門運輸紙漿木材的平板皮卡車，此刻正停放在阻斷這兩人去路的關鍵位置。

民防隊在樹林間躲了將近三十小時，飽受黑壓壓的蚊子群起攻擊後，個個既煩躁又疲憊。此時的白天相當酷熱。他們精疲力竭的在森林裡埋伏，每個人都緊抓著自己最順手的武器。已上膛且打開保險的備用槍枝散落在乾枯的松葉上。成堆的步槍、手槍和自動武器令人望而生畏——在在顯示這是群已對殺戮感到自在的人。

哈默個人認為，簡單的用一發點四五口徑子彈射擊腹部，是讓嫌犯無法行動的最佳方法。但為了預防萬一，這名不屈不撓的執法人員也配備了雷明頓十一半自動霰彈槍（Remington Model 11 shotgun）和柯特監控機關步槍（Colt Monitor Machine Rifle）——威力強大的第一次世界大戰產物，能夠在一英里外奪人性命。

隨著民防隊焦躁不安的挪動身體，他們看見遠處有輛福特 V8 以最高速度沿著道路疾馳而來。

所有人打開手中武器的保險。

---

5 艾文．梅瑟文自願在追捕邦妮與克萊德行動中擔任誘餌的那年，他四十九歲。儘管艾文努力幫助自己的兒子，後來亨利還是因為參與謀殺一名奧克拉荷馬警察而入獄。艾文死於一九四九年，他兒子比他早過世；某次酩酊大醉的亨利，企圖在行駛中的火車下方爬行而被輾斃。

計畫很簡單：當克萊德減速接近那輛故障卡車時，民防隊成員泰德・辛頓（Ted Hinton）會確認車中人是否確實為邦妮和克萊德。辛頓來自達拉斯，從邦妮還是女服務生時就認識她。一旦被目擊確認後，哈默便會走上前，用柯特監控步槍瞄準兩人，並要求他們投降。哈默身高六呎二吋（約一百八十八公分），身材粗壯結實，舉止莊嚴，具備德州騎警應有的執法者威信。他的槍法非常出名，甚至還負責指導新進騎警射擊之道。假如邦妮與克萊德拒絕下車並高舉雙手，開槍射擊對他不成問題。

哈默腦中唯一的疑慮，便是他能否對一個女人痛下殺手？

當福特V8開得更近且梅瑟文開始扮起誘餌時，哈默打起精神，做好面對衝突的準備。他當前所在位置是可以俯瞰這條路的小山坡。如果這對鴛鴦大盜看見他走上馬路，**哈默很有可能會被射殺**。

福特V8在塵土飛揚中疾駛而來。一如期望，哈默和民防隊聽見切換低速檔的聲音，並看見它減速後在梅瑟文的卡車旁邊停下。

哈默望向辛頓，想確認車上這對年輕男女是否就是邦妮與克萊德。

但突然間，副治安官歐克利未獲得許可，便以向當地牙醫借來的雷明頓八半自動步槍（Remington Model 8）開火。他站在哈默右側五十英尺處。歐克利透過車窗毫無阻礙的瞄準克萊德。可惜有好幾發子彈偏了，打中門框。不過，有顆兩吋長的彈殼俐落的穿過克萊德的頭顱左側，奪走他的性命的同時，轟出一道不小的傷口。

此刻邦妮的三明治還擺在腿上，她清楚知道自己即將喪命，害怕得放聲尖叫，那充滿野性的嚎啕是如此悽慘，讓在場的執法人員一輩子都忘不了。

民防隊開槍射擊後，尖叫聲戛然而止。

殘酷的掃射持續了十六秒。邦妮與克萊德當場死亡，但是直至福特的車架和窗戶布滿一百六十七個彈孔，射擊才停止。

停火後，火藥味傳遍路易斯安那鄉間。哈默緊握著他的柯特自動步槍走上馬路。身為這支民防隊的隊長，確認任務完成是他的職責。他朝後車窗一陣掃射。

為了保險起見。

哈默的位置看不見克萊德，所以他全都集中朝邦妮開槍，此時仍能看見車內她的頭。任何有關他能否射殺女人的疑慮，此刻全都得到了解答。

這名德州騎警接著走到福特前方，近距離直接瞄準邦妮。這名傳奇罪犯已經香消玉殞，她的頭滿是彈孔，血液從傷口湧出，流滿她的軀幹。

哈默還是扣下了扳機。隨著他朝這個已死的女人開出最後一槍，柯特步槍的槍托猛的向後一撞。

為了保險起見。

兩千英里外，胡佛還不知道他一直在追捕的聯邦逃犯已經慘遭殲滅。

而這僅僅是個開始。

影視作品中的邦妮與克萊德

- 一九六七年，電影《我倆沒有明天》（*Bonnie and Clyde*），該片獲得多項奧斯卡金像獎提名，包括最佳影片、最佳男主角與最佳女主角，更被美國電影學院（American Film Institute，簡稱AFI）選為AFI百年百大電影第四十二名。
- 二〇一三年，電視迷你影集《邦妮與克萊德：生與死》（*Bonnie & Clyde*）。
- 二〇一四年，電影《搶劫暴徒》（*Rob the Mob*）以邦妮與克萊德為故事原型改編。
- 二〇一九年，電影《緝狂公路》（*The Highwaymen*）。

3 你抓不到我

一九三四年五月二十八日晚間七點三十分
伊利諾州芝加哥市

約翰・狄林傑差點就死了。

當麻醉師哈洛・卡西迪（Harold Cassidy）掀開蓋在這名殺手臉上、沾滿乙醚的毛巾時，震驚的發現這名不省人事的歹徒正臉色發青。狄林傑因吞下自己的舌頭而無法呼吸——全都是因為他遭到追捕的緣故。自從他兩個月前在印第安納州越獄以來，調查處就一直設法追蹤這名銀行搶匪。胡佛的調查處探員每一天都離抓到狄林傑，並將他送上電椅更近一步。但是卡西迪的差勁醫術可能會粉碎調查處官員的計畫。

狄林傑知道自己可能死期將近，因此拚了命的想改變自己的外貌，而這也導致了後續的災難。外科醫生威爾罕・盧瑟（Wilhelm Loeser）慌張的將一把鉗子塞進這名罪犯口中，夾住舌頭。運用雙手作為槓桿，他拚命將舌頭往前拉並保持氣管的暢通。卡西迪無助的在旁觀看，手上還攥著那條乙醚毛巾。盧瑟把舌頭拉了出來。仍然在昏迷中的狄林傑吐了自己一身，連他休息的小床也一起遭殃。

盧瑟醫生是德國出生的移民，在堪薩斯大學和西北大學接受醫學訓練。最近他因毒品被定罪並發監萊文沃斯監獄服完刑，其醫師執照也遭到吊銷[6]。像狄林傑這樣的逃亡殺手需要醫療照護時，守法的醫生通常不會配合對方，但是祕密執業的盧瑟醫生樂於收下五千美元作為手術的酬勞——他心裡很明白，萬一狄林傑有什麼不測，狄林傑幫眾肯定會**取了他的小命**。

開刀的地點不在手術室，而是某個鄉村小屋的臥房。六十六歲的屋主吉米・普羅巴斯科（Jimmy Probasco）是名輕罪小賊，也是前職業拳擊手，他以每天三十五美元的價格，讓逃犯窩藏在他芝加哥的房子裡。盧瑟和普羅巴斯科很快就會為他們的行為付出沉重的代價——醫生將得在牢裡蹲上更久時間，而普羅巴斯科將會被聯邦探員吊掛在某棟芝加哥高樓的窗戶外，接著從十九樓墜樓身亡，事後調查處則會對外聲稱這是場自殺。但那是未來的事。當狄林傑再次嘔吐，盧瑟向自己保證，他的病人能夠忍受這場手術。他對眼前狀況感到滿意，於是放下鉗子，拿起手術刀。

接下來，整形手術開始。盧瑟醫師耐心的慢慢切除狄林傑臉上的某些部位，目的是讓胡佛和他的探員再也認不出這名通緝犯[7]。

✦

狄林傑昨晚剛搬進普羅巴斯科的鄉間小屋。沒有提前通知，而是透過共同友人安排，接著他就帶著一挺機關槍、兩把手槍、一件防彈背心和幾百發彈藥走進房子前門，自在得很。儘管態度拘謹，但他仍表現得十分友善。

6　盧瑟在一九三二年因違反《哈里遜法案》（*Harrison Narcotics Tax Act*）而被定罪。這項制定於一九一四年的聯邦法案禁止販售鴉片製劑和古柯樹的產品。

7　整形手術（plastic surgery）這個詞來自希臘文plastike這個字，意思是雕塑肉體。醫學文獻在一八三九年首次用這個詞指稱改變外貌，比起「塑膠」（plastic）這種以石油為主要成分的新產品問世還早了七十年。

雖然這對銀行搶匪來說並不尋常，但狄林傑是個愛交際的人，他喜歡去看棒球比賽、看電影、上夜總會喝酒。人們受到他開朗的個性吸引，渾然不知他們正在跟一個冷血殺手交談。保持低調且不在公開場合露面的想法令他產生幽閉恐懼般的感受，他迫不及待想從整形手術完全康復，才能再次走上芝加哥街頭。

不過這名殺手很困擾。最近兩個月，調查處的搜捕行動已兩度幾近活捉他。第一次發生在明尼阿波利斯市，狄林傑三月初越獄後便逃到該地。越獄後三天，他和他的黨羽和另一個銀行搶匪娃娃臉．尼爾遜聯手，從南達科他州蘇瀑（Sioux Falls）的安全國民銀行（Security National Bank）劫走四萬九千五百美元。這宗搶案發生後三天，在三月十三日，狄林傑和尼爾遜又從愛荷華州梅森城的第一國民銀行（First National Bank）盜走五萬兩千三百四十四美元[8]。接著，這對搭檔分道揚鑣，尼爾遜開車向西逃逸，前往內華達州雷諾市，狄林傑則和女友伊芙琳．「比莉」．弗萊切特（Evelyn "Billie" Frechette）租下明尼阿波利斯市林肯公寓（Lincoln Court Apartments）三〇三號房。

狄林傑平時很喜歡炫耀這名二十七歲、法國印第安混血的女友。不過，他在梅森

▲ 頭號公敵．「娃娃臉」．尼爾遜。他在 1934 年因殺害三名聯邦警探而遭到通緝。

城劫案中受了輕傷，因此他們大部分時間都待在公寓裡。雖然他們的全新哈德遜轎車（Hudson sedan）就停在公寓外，不過出門時他們總是從後門離開。房東黛西．寇飛（Daisy Coffey）注意到這個舉動，不禁心生懷疑，更別提他們嚴詞拒絕讓工友進屋修理衛浴的反應。

出於只有愛管閒事的寇飛自己清楚的理由，她的第一直覺是不和這對情侶正面衝突，而是造訪調查處的聖保羅分處，向他們舉報這件事。翌日上午十點十五分，探員敲了敲三〇三號房的大門。來應門的是弗萊切特，關上大門前，她告訴探員自己需要

8 分別相當於現在的九十四萬七千七百零八美元和一百萬兩千兩百三十五美元。

幾分鐘穿衣服。

這件事發生在調查處探員可以合法配戴武器或進行逮捕前兩個月。然而，胡佛的手下身為美國公民，和所有其他美國人一樣，皆享有憲法第二修正案保障的權利，從而利用這個漏洞攜帶武器。於是調查處探員魯夫斯・庫爾特（Rufus Coulter）拿著一把上膛的左輪手槍站三〇三號房的大門外，聖保羅警探亨利・康明思（Henry Cummings）在旁，同樣全副武裝準備好隨時逮人。

可惜兩位執法者的手槍根本敵不過狄林傑的湯普森衝鋒槍。

狄林傑發現沒有其他逃脫路徑，便從門裡朝外開槍，驅散兩名執法人員。他和弗萊切特衝下樓，鑽進他們的哈德遜轎車，立刻開走——但沒有趕在康明思警探連開五槍前，他其中一發子彈擊中了狄林傑的左小腿肚。狄林傑利用他在芝加哥進行整形手術的同一個非法的地下醫療網路，讓明尼阿波利斯市的一名醫師治療傷口，對方還協助他和女友藏匿了五天。

可是胡佛的探員同樣鍥而不捨。即使狄林傑和弗萊切特在四月初逃往印第安納州，調查處還是彙整出一份他們可能藏匿的地點，並藉此預測他們的行蹤。到了四月九日，這對情侶當時人在芝加哥，探員在州街的一家酒吧裡逮捕了弗萊切特。她走進這家店，想確認這裡是否安全。狄林傑則在外頭等候，因為他有預感警方就在附近。這下，只能遠遠看著女友被帶去拘留。

狄林傑因失去伴侶而沮喪不已，但他很清楚自己必須逃走。他驅車向北，來到威斯康辛州一個偏遠的度假營地。最近剛從雷諾市回來的娃娃臉．尼爾遜也到此會合。狄林傑將在名為小波西米亞（Little Bohemia）的度假小屋，遇見日後取他性命的人。

✦

探員梅爾文．荷瑞斯．普維斯二世（Melvin Horace Purvis II）身材矮小，只有五呎四吋（約一百六十三公分）。但他可是出了名的凶狠，偵訊嫌犯不擇手段，以至於許多人聲稱自己身上的骨折和瘀傷都是他訊問下的產物。這名三十歲南卡羅萊納人掌管調查處芝加哥分處，但最近他與上司關係有些疏遠，因為胡佛認為他在追捕狄林傑這件事上仍不夠賣力。

因此，普維斯非常高興能接獲密報，其指出狄林傑和幾個幫中成員人在威斯康辛州北部一處偏遠地點。多虧了懸賞捉拿狄林傑的一萬美元，普維斯遇見此等機緣不過是遲早的事。這名探員得意洋洋的打給胡佛處長，向他報告很快就能包圍狄林傑。因為留意到胡佛電話上的火氣，普維斯之後立刻採取極端措施，確保狄林傑不會逃脫。

小波西米亞位於芝加哥北方八小時車程處——在一年的這種時候往往得花更長時間，冬天仍然徘徊不去，道路仍舊為冰雪所覆蓋。普維斯此時冒著進一步激怒吝嗇鬼胡佛的風險，放棄開車，改為包下兩架飛機，載著探員從芝加哥和明尼蘇達州聖保羅飛到萊茵蘭德（Rhinelander）。

▲ 司法部調查處中西部負責人梅爾文·普維斯，在 1934 年 4 月 25 日因捉拿狄林傑失敗後，成為威斯康辛州一場革職運動的抨擊對象。

時間是四月二十二日，週日下午。小波西米亞度假小屋包括一棟八間客房的兩層原木建築，還有幾間毗臨的小木屋。其主幹道上的看板標榜著：小波西米亞是「用餐、跳舞和游泳」的好去處。當地居民經常光顧本館附設的餐廳，它在週日晚間會提供一美元特餐。因此，當大批探員身穿防彈背心，手持機關槍，搭車從機場來到此地時，度假小屋裡已擠滿了人。為了限制這幫歹徒的行動，部分探員還額外帶了催淚瓦斯。在離開五十一號公路，轉進通往小屋的礫石車道時，普維斯下令兩輛車擋住車道，以防止狄林傑和其黨羽逃走。接著在嚴厲勒令下，探員保持靜默，成扇形散開在樹林間埋伏，放輕腳步穿越本館周圍冰雪覆蓋的森林。拴在主建築物外頭的狗群聞到他們的氣味，開始吠叫。大家都知道狄林傑和十幾個幫派成員在一起，其中包括娃娃臉·尼爾遜和他妻子。沒有人走出屋外查看狗吠聲，這讓探員都鬆了口氣。其實狄林傑後來回想起，打牌時雖然有聽見狗群狂吠，但他認為那沒什麼大不了的。

這很不尋常。孕育了狄林傑一身好身手的黑社會，便是建立在多疑和處處留心的基礎上。例如，使用旅館電話有很大的風險，因為盛行於美國鄉間的同線電話（按：party line，指多個用戶共用一條電話線路。當電話撥入時，所有共線的電話機都會響鈴，也都能接聽）毫無隱私可言，所以想與幫派成員協調祕密會面時，最好使用公用付費電話。付錢給忠誠的中間人或請家人去敲定會面，並安排能舒服小住幾天的安靜處所，也是狄林傑經常使用的另外一招。還有一種策略是在「安全住處」，也就是幫派分子和通緝犯的共同藏匿處，留下訊息給其他認識的罪犯，透過此方法，黑社會就像有了自己的地下郵局，但這也牽涉以性命為代價相信他人。就連選擇小波西米亞作為藏身處，也是透過犯罪關係網的安排——四十六歲的老闆艾彌爾．瓦納卡（Emil Wanatka）曾經與芝加哥黑幫往來密切。由於十分清楚狄林傑令人畏懼的原因，背叛並不是他能考慮的選項。儘管如此，這名銀行搶匪通常還是對潛在危險非常警覺。

但今晚並非如此。

當聯邦探員慢慢收緊部署在小波西米亞度假小屋周邊的警網，狄林傑卻覺得自己再安全不過。威斯康辛州北部距離大城市有數百英里之遙，要那些探員長途跋涉、穿越冰封的道路前來此地埋伏突襲他，似乎是不可能的事。可惜這名殺手錯了。

其實，瓦納卡已經偷偷向聯邦探員通報了這名銀行搶匪的所在位置。

為了那一萬美元的賞金。

此時，狄林傑對狗群狂吠充耳不聞，發了另一手牌。

在接近晚上八點的小波西米亞，威斯康辛的夜已完全暗了下來。

此刻發生的這件事實在是大錯特錯。

✦

三名本地人剛吃完晚餐，一起走向他們的車子。威斯康辛州北部是狩獵者的天堂，這三個男人個個都拿著一把步槍，引起埋伏探員的懷疑。這些人一坐進車內，駕駛人約翰・霍夫曼（John Hoffman）隨即大聲播放廣播，並準備開車離去。

因此，霍夫曼和他的朋友約翰・莫里斯（John Morris）、尤金・布瓦諾（Eugene Boisneau）並沒有聽見探員喝斥他們停車的聲音。擋風玻璃因嚴寒而起霧，導致他們沒看見這些警察正用自動武器瞄準他們的車。渾然不覺有何異狀的霍夫曼繼續朝餐廳出口疾馳而去。

日後普維斯為他的探員辯護，說他們瞄準的其實是汽車輪胎。但確鑿的事實是，調查處探員開槍殺了人——用機關槍掃射車身和車窗。奇蹟的是，只有布瓦諾死了。渾然不知誰朝他們開槍的另外兩人，雖然受了傷，卻仍設法跑進樹林間。

但普維斯一點也不為布瓦諾的死煩惱。機關槍射擊的聲音一英里外都能聽見，狄林傑立刻知道那些不是打獵槍響，他和其黨羽立刻飛奔到房間去拿他們的自動武器。狄林傑一夥人在混亂中躲進樹林間，避開普維斯和他率領的探員。娃娃臉·尼爾遜在逃走前還開槍射殺了一名調查處探員。茂密的森林和潛在敵對火力讓聯邦探員根本無法追擊。

沉迷於受人奉承的胡佛，愚蠢的向特定媒體宣告，狄林傑的死期近了。為了提升個人形象，這位調查處處長向新聞界發表了一份個人聲明，讓他們知道這次搜捕行動由他全權負責，因此理當享有逮捕狄林傑的所有功勞。四個小時後，怒不可遏又尷尬難堪的胡佛在華盛頓向媒體宣布：狄林傑又再次逃過緝捕。

✦

一個月後，芝加哥北部的克勞佛大道二五〇九號，吉米·普羅巴斯科的房子裡，盧瑟醫生完成了手術，狄林傑此刻滿身都是血液和嘔吐物。他眼睛上方三顆顯眼的痣，還有下巴上的酒窩都不見了，這些地方皆使用臉頰取下的組織填補；盧瑟把狄林傑的臉部肌肉拉緊，讓他的臉微微上提；他的鼻子被切開，接著重建成新的形狀。

盧瑟很快會將鹼液淋在狄林傑的指尖上，以燒掉指紋，但這項痛苦的手術不需要馬上就做。這個明目張膽的銀行搶匪已與過去看起來判若兩人，這就夠了。儘管調查處仍持續緝捕，普維斯和調查處芝加哥分處的探員也正在幾英里外處，狄林傑卻滿懷錯誤的自信，以為自己可以大搖大擺上街而不被人認出。他同時也弄來一份新的出生證明和幾張偽造的身分證。

狄林傑以為自己可以安心的想法其實大錯特錯。在他三十一歲生日那天，也就是一九三四年六月二十二日，胡佛宣布此刻起調查處要開始追捕一種全新類別的罪犯——「頭號公敵」（Public Enemy Number One），這個稱呼一次只適用於一個人。

除非他死亡或活著坐牢，否則這頭銜將完完全全屬於狄林傑一個人。

影視作品中的狄林傑

- 一九四五年，電影《狄林傑》（*Dillinger*）首次將狄林傑的犯罪生涯搬上大螢幕。
- 一九五七年，電影《娃娃臉尼爾遜》（*Baby Face Nelson*）中，狄林傑以配角現身。

- 一九五九年，電影《聯邦調查局》（*The FBI Story*）中出現狄林傑角色。
- 一九六九年，紀錄片《狄林傑之死》（*Dillinger Is Dead*）。
- 一九七三年，約翰·米利厄斯（*John Milius*）編導電影《狄林傑》（*Dillinger*）上映，狄林傑成為這部反英雄電影的主人翁。
- 一九七九年，電影《紅衣女郎》（*The Lady in Red*）中描述了狄林傑被紅衣女子出賣後，遭到逮捕的故事。
- 一九九一年，電視電影《大盜狄林傑》（*Dillinger*）由馬克·漢蒙（Mark Harmon）扮演狄林傑。
- 二〇〇九年，麥可·曼恩（Michael Mann）執導電影《頭號公敵》（Public Enemies），由強尼·戴普（Johnny Depp）扮演狄林傑，並由法國影后瑪莉詠·柯蒂亞（Marion Cotillard）飾演其女友。
- 二〇一二年，史蒂芬·金（Stephen King）短篇小說改編電影《傑克·漢密爾頓之死》（*The Death of Jack Hamilton*）中，狄林傑以配角現身。

4

頭號公敵接連殞落

一九三四年七月二十二日晚間八點整

伊利諾州芝加哥市

頭號公敵覺得酷暑難耐。

芝加哥正經歷有史以來最炎熱的夏天。明天的氣溫將飆升到前所未有的高溫，攝氏四十三度。今天則是攝氏三十八度，略為涼爽，但同樣令人卻步——打從今天早晨太陽升起後，已經有二十三個芝加哥人因極端高溫而喪命。

狄林傑跟許多城市居民一樣，會在涼快的電影院度過週日晚上。他選擇林肯大道上的傳記戲院（Biograph Theater），當時放映的是由威廉·鮑威爾（William

Powell）、瑪娜・洛伊（Myrna Loy）和克拉克・蓋博（Clark Gable）主演的《曼哈頓通俗劇》（*Manhattan Melodrama*）。傳記戲院就在他租來的藏身公寓，哈斯提特街二四二〇號附近。

這名銀行劫匪帶著名叫波莉・漢米爾頓（Polly Hamilton）的紅髮女子作伴，她長得酷似他最近遭到監禁的女友比莉・弗萊切特。漢米爾頓目前在S&S三明治店擔任女服務生，不過她年輕時，身為從北達科他州逃家的少女，曾在名叫安娜・阿卡立耶瓦（Ana Akalieva）的羅馬尼亞老鴇麾下當妓女。漢米爾頓最終展開了新生活，但與阿卡利耶瓦仍舊是朋友——而後者正是狄林傑的房東。他邀請兩位女士今晚去看電影，一點也不擔心阿卡利耶瓦的戀人其實正是東芝加哥的警探。狄林傑竟愚蠢的信任他的房東。

雖然一個男人同時陪伴兩名女士可能會引來注目，但這名通緝犯對此也毫不擔心。自從接受整形手術後，儘管調查處持續追捕，徹夜狂歡對他而言並不是什麼新鮮事。狄林傑手上有大把現鈔，這得歸功於三週前發生在印第安納州南本得（South Bend）的又一樁銀行搶案。這幫人和同樣惡名昭彰的漂亮男孩・佛洛伊德及娃娃臉・

尼爾遜合作，從商業國民銀行（Merchants National Bank）盜走將近三萬美元，過程中還槍殺了一名警察。分贓後，狄林傑逃到芝加哥，他搬出吉米・普羅巴斯科位在市郊的鄉間小屋，在城市北邊租下一間公寓，以便更方便安排這些令他興奮的活動[9]。

從那時起，狄林傑在瑞格利球場看過好幾場芝加哥小熊隊（Chicago Cubs）的比賽，造訪過一九三三年至一九三四年的芝加哥萬國博覽會，還在學校餐廳（Seminary Restaurant）享用過幾次午餐。儘管他總是堅持買單，但他喝酒絕不過量，出手也絕不招搖。這段日子裡，狄林傑正暗中策劃另一宗重大劫案。這次鎖定的目標不是銀行，而是郵政列車——大家都知道郵政列車會運送大筆現金。他計畫在得手後就金盆洗手，並逃往墨西哥。

此刻，他身穿灰長褲、白襯衫，配了條紅領帶，在傳記戲院售票處買了三張票。克拉克・蓋博飾演名叫布萊基・蓋勒格（Blackie Gallagher）的冷酷歹徒，據說這個角色是以狄林傑為藍本。

9 按現在幣值計算，這金額相當於五十六萬一千美元。

對此很感興趣的狄林傑走進戲院。他其實計畫有朝一日想拍部電影，並渴望在大銀幕上親眼目睹旁人對他的描繪。他催促漢米爾頓和阿卡立耶瓦穿過擁擠的大廳，迅速就座。

當戲院冷氣為他緩解炎熱的感受時，二十名聯邦探員正團團包圍傳記戲院。每個出入口都有人負責把守。眾探員在這個熾熱難耐的夏夜苦熬了漫長的兩小時，等待影片播放最後一幕——布萊基被處決，他們一直期望能對狄林傑做出同樣的事。

✦

聯邦探員梅爾文・普維斯等不及電影快點演完。

「神經質的普維斯」——調查處同事在他背後這樣叫他——站在傳記戲院的售票亭前方。這名調查處芝加哥分處特別主管探員（按：Special Agent in Charge，簡稱SAC，是調查處地方分處〔field office〕的最高負責人）在西裝口袋裡放著一支雪茄和一盒火柴。只要發現頭號公敵離開戲院，他就會點燃雪茄——這是指示他的探員靠近並逮捕狄林傑的信號。

普維斯緊張的掃視戲院前的人行道。探員們在附近巷弄、人行道上兩兩成對守住戲院每個出入口。他可以看見他們為了打發時間所點燃的香菸菸頭。自從徹底搞砸小波西米亞追捕行動後，緝拿狄林傑接連發生了許多令人難堪的失誤。對狄林傑同夥監視、盯梢也沒有得到任何結果。更糟的是，許多目擊者謊稱親眼目睹這名銀行搶匪，最遠甚至遠至倫敦。由於謠傳狄林傑可能在船上，橫渡大西洋的蒸汽機船「約克公爵夫人號」（Duchess of York）最近在一天內就被搜索了三次。

遲遲沒能抓住狄林傑，普維斯和他老闆的關係也因此日益惡化。雖然還沒被完全免除芝加哥分處負責人職務，但胡佛指派山繆・考利（Samuel Cowley）從調查局總部前來率領這支四十人編制的「狄林傑行動小組」（Dillinger Squad）。年方三十四的考利是個優雅自信的官僚，留著一字鬍，膚色蒼白，擅長組織籌畫。這個滴酒不沾的愛達荷州人和酗酒的南方人普維斯作風完全相反。儘管兩人極為不同，卻因為他們都想抓到狄林傑而團結一致。這天傍晚稍早，當時還不清楚狄林傑打算到哪家電影院看電影，考利和幾名探員前往七英里外市中心的馬布羅戲院（Marbro Theatre）盯梢。等到確認狄林傑的所在位置後，考利團隊就和普維斯小組在傳記戲院會合。

兩人都很明白，就算今晚成功捉拿或槍殺狄林傑，功勞也絕不會算在他們頭上。那份功績將完全屬於胡佛。身為調查處探員所能犯下的最嚴重錯誤，就是讓關注的焦點從調查處處長身上移開。其中一名探員，查理．文斯第德（Charlie Winstead）在傳記戲院附近站崗，日後談及他在華盛頓總部的日子時說：「總部的每個人都知道胡佛是個自大狂，大家總是奉承他。」

實情是，胡佛正在考慮投入一九三六年的總統大選，但他小心翼翼的藏起這些想法。他持續尋求現任總統富蘭克林．德拉諾．羅斯福（Franklin Delano Roosevelt）的支持，因為他知道小羅斯福總統的新犯罪法案會賦予調查局和他本人更多權力和知名度。這位局長認為沒有必要破壞兩人之間的關係。

除了安排考利探員掌管狄林傑的調查，胡佛也採取了特別措施，安排一群射擊好手加入狄林傑行動小組。小波西米亞的槍戰證明了律師和會計師——絕大多數調查局探員具有這兩種職業背景——無法勝任與冷酷無情的罪犯展開槍戰，並且獲勝的任務。因此，他招募了一小群來自德州與奧克拉荷馬州的警探與警員，看中的是他們使用槍枝的高超技能，以及都不認為「先開槍，後提問」有什麼問題的性格。這群人先在華盛頓受訓一個月，而後才前往芝加哥。胡佛的「僱傭槍手」與中規中矩的典型調查處探員形成鮮明對比，前者喜歡戴牛仔帽、穿牛仔靴，戴鑽石尾戒。他們也獲准選擇自己的武器。

其中兩名神槍手此刻就站在傳記戲院大門口的南邊。克萊倫斯・賀特（Clarence Hurt）是前奧克拉荷馬市的總警探。文斯第德，身為調查局出了名的「愛抗命」先生，在受胡佛重新指派任務之前，一九三四年的頭幾個月都在德州境內追捕邦妮與克萊德。儘管擁有好幾把手槍，文斯第德今晚還是選擇了調查處配發的點四五自動手槍。其實文斯第德與賀特原本可以在今晚電影開映前，輕易逮捕狄林傑，因為他經過他們身旁，走進戲院時，距離他們只有幾吋遠。

不過這兩位探員沒有認出易容後的狄林傑，他這才能活著看完最後一部電影。

✦

時鐘在這個悶熱夜晚走得特別慢。《曼哈頓通俗劇》片長九十四分鐘。晚間十點二十分，電影終於播放完畢。

跟普維斯通風報信，告訴他狄林傑要來看電影的，正是這名銀行搶匪的房東阿卡立耶瓦。這名前老鴇正面臨被驅逐出境的指控，被稱作「品行低劣的外國人」。為了繼續留在美國，她透過男友，也就是在印第安納州東芝加哥市擔任警察的馬丁・札科維奇（Martin Zarkovich）聯絡普維斯，表明她可以交出狄林傑。普維斯很快與阿卡立耶瓦達成協議，這使他和他的探員來到傳記戲院[10]。

今天傍晚稍早，當狄林傑在阿卡立耶瓦的公寓和漢米爾頓玩皮納克爾撲克牌遊戲（pinochle）時，這名老鴇以需要出門買更多奶油，才能為他們三人準備炸雞晚餐為藉口，溜出門以公用電話打給普維斯。時間剛過七點，一接到電話，聯邦探員們便迅速在戲院周圍就位。依照胡佛的指示，**這場行動並未知會芝加哥警方**。

此刻，觀眾陸續走出戲院，身穿亮橘色裙裝的阿卡立耶瓦走在狄林傑和漢米爾頓旁邊。該信號表示，她身旁的男人就是狄林傑。普維斯交代阿卡立耶瓦穿紅色衣裳。在歷史記載上，她甚至被稱為「紅衣女子」，但其實橘色才是最接近其衣著的顏色。

普維斯劃了一根火柴。他的雙手抖個不停，但還是設法點燃了雪茄。

狄林傑沿著林肯大道往南走，再次經過文斯第德與賀特兩位探員。他們已經看見普維斯的信號，正尾隨狄林傑前行。漢米爾頓挽著這名匪徒的左手，阿卡立耶瓦則走在漢米爾頓的左側。

第三個探員，年輕的赫曼．「艾德」．侯立思（Herman "Ed" Hollis）加入文斯第德與賀特，並肩走在狄林傑後方。

狄林傑察覺到危險，突然轉身。他看見三個西裝筆挺的男人，懷疑他們是探員，便甩開漢米爾頓與阿卡立耶瓦，衝進附近小巷內。同時間，他伸手掏出口袋裡的槍，放低身體，形成蹲俯姿勢。

日後文斯第德在調查局的官方說法中這樣回憶，「他急忙轉身，並把手伸進右口袋。」普維斯則聲稱他大聲喝斥狄林傑站住。

接著這三名探員全都開了槍。

10 儘管如此，阿卡立耶瓦還是遭到驅逐出境。雖然她因參與追捕狄林傑有功，獲得五千美元的獎勵，但是胡佛不顧她與普維斯的協議，甚至親自監督將她遣返羅馬尼亞。有些人認為，槍殺狄林傑是一場戲，利用無辜的陌生人代替這名銀行搶匪；至於將阿卡立耶瓦驅逐出境，則是讓她不得談論自己在這場行動中扮演的角色。狄林傑的後代曾在二〇一九年六月要求開棺驗屍，查明屍體身分的真相，但印第安納州的法官拒絕簽署許可。本書兩位作者並不相信這種陰謀論。

到底哪個探員的子彈確實殺了狄林傑？這個問題直到今日仍爭論不休。大多數的意見認為，是文斯第德這個以拒絕服從命令聞名的德州人。但不論事實是什麼，頭號公敵現在已死。

六聲槍響——卻沒有任何一槍來自狄林傑。兩槍完全未擊中；兩槍僅劃傷了這個銀行搶匪，沒有造成實質傷害；一槍貫穿了他的左半邊身體；至於第六槍則打碎了他的頸椎、破壞他的脊髓、穿過他的大腦，最後從右眼下方射出。

狄林傑臉朝下重擊地面，倒向小巷入口。當探員俯身傾聽，他的最後遺言盡是胡言亂語。

群眾聚集在死者周圍。聽見這是狄林傑，民眾紛紛將自己的手帕浸入血泊中，作為紀念品。調查處探員把他們往後推開，可是人群又再次往前擠，每個人都用盡全力想看一眼。在場的男男女女開始一遍又一遍的說著同一個詞：**狄林傑**。

✦

胡佛接到了通知。

這名三十九歲的處長一直在華盛頓家中和母親一同等待來自芝加哥的消息。捎來捷報的是普維斯探員，他從戲院辦公室打電話給胡佛。

普維斯說：「我們逮到他了。」

胡佛問：「是死是活？」

「死了。」

胡佛趕到司法部舉行午夜記者會，宣布這樁槍擊事件。他說，「只有死掉的罪犯才是好罪犯。」對於手下探員率先開槍一事，他並沒有向媒體表達懊悔之意。

與此同時，在芝加哥西波爾克街的庫克郡立停屍間（Cook County Morgue），用調查處官方報告的話來說：「芝加哥的每個政治人物和其朋友都病態的擠到停屍間，只為了一睹狄林傑的遺體。」在這場混亂中，當地屍體防腐技術學院的一個年輕化學家說服警方，讓他把溼灰泥塗在狄林傑臉上，製作死亡面具。胡佛把這個面具當作戰勝狄林傑的標誌，將它展示在他的辦公室外，持續好幾十年。有些人至今仍然認為，這是調查處歷史上最偉大的一天。

狄林傑在三十一歲這年去世。他的犯罪生涯持續十多年，但是直到他人生的最後一年，這名銀行搶匪才變得如此惡名昭彰。從一九三三年九月到一九三四年七月他死亡的這段期間，狄林傑幫殺了十個人，造成超過七人輕重傷，三度越獄，搶過十一家銀行，得手超過三十萬美元[11]。

多年後當胡佛被問到，在身為打擊犯罪鬥士的一生中，他「最興奮」的時刻是何時，答案總是立刻脫口而出：「我們逮到狄林傑的那一晚。」

✦

在這場引人注目的午夜記者會上，胡佛抓住機會，將全美的目光從已故的狄林傑身上移開。他向記者保證，他很快就會指名新的頭號公敵——隔天，查理．亞瑟．「漂亮男孩」．佛洛伊德就得到了這個新封號。兩萬三千美元的賞金被標註在佛洛伊德英俊、精心打理過髮型的頭上。

▲由左至右為，查理・亞瑟・「漂亮男孩」・佛洛伊德、他的兒子查理・登普西・佛洛伊德（Charles Dempsey Floyd），以及他的妻子露比・佛洛伊德（Ruby Floyd），拍攝於1930年前後。

這個新頭號公敵早已是銀行劫匪界的傳奇人物。邦妮與克萊德對他的搶劫技巧非常佩服，因此曾與他聯絡，希望能一起合作——但是佛洛伊德拒絕了這項請求，認為這對年輕愛侶是他無法搞定的麻煩人物。

佛洛伊德是個三十歲的喬治亞人，七歲時搬到奧克拉荷馬州。他和妻子露比離婚後就再也沒見過九歲的兒子登普西，這個中間名來自他十分崇拜的職業拳擊手傑克・

11 約合現在幣值五百七十萬美元。

登普西（Jack Dempsey）。他除了搶銀行，還犯下了將近一打的謀殺案，包括聲名狼藉的堪薩斯市大屠殺，四名執法人員在此次事件遭到槍殺。他也被懷疑與狄林傑幫聯手，參與了狄林傑最後一票搶案，也就是搶劫南本得的商業國民銀行。自從那件劫案後，他就不曾公開露面。

儘管某些人認為佛洛伊德是英雄，但他其實是個不知悔改的罪犯。無論去哪，他都帶著自動武器。只要有人與他作對，無論男女，他想也不想就朝對方開槍。

✦

普維斯探員並未指揮漂亮男孩的搜捕，因為他違反了調查處的首要規則——普維斯因拿下狄林傑廣受眾人讚賞，聲望也大增，胡佛處長對此大為光火。胡佛很不樂意公開指明是哪幾個探員擊斃這名逃犯，因為他不想讓媒體和大眾知道，自己僱用一群暴力分子替調查處幹髒活。雖然普維斯從未宣稱自己在狄林傑喪生的那一夜開過槍，但究竟是誰扣動扳機，真相仍不得而知，使得報刊媒體轉而把普維斯當成英雄，並將狄林傑的死歸功於他。

胡佛的反應則是開始百般挑剔普維斯的行為，嚴格規範他的時間和活動。處長和特別探員之間的分歧日益加深。一九三四年九月六日，就在普維斯督導調查處史上最重大的勝利不過六週後，他被正式降職。和胡佛畢業於同一所法學院，有著雙下巴的官僚考利，接掌了芝加哥分處。

難堪的普維斯雖保有工作和辦公室，但被禁止冒險上街調查線索。降職徹底摧毀了他。普維斯單身且沒有小孩，他一生為調查局而活，單調的文書工作此刻卻占據了他所有的辦公時間。恰巧這時正值考利對芝加哥分處的探員施壓，亟欲達成胡佛要求的「在接下來三十到四十五天內」逮到漂亮男孩．佛洛伊德的命令。普維斯暗地裡借酒澆愁，他知道，胡佛絕不會贊成他接下來要做的事。

✦

佛洛伊德的朋友都叫他「喬克」（Choc），這綽號來自喬克托（Choctaw）這個啤酒品牌。他更知名的綽號則來由不明。有人說，是某個前女友都叫他「漂亮男孩」，其他人則說這名字來自某個妓女。不過，這個職業罪犯恨透了「漂亮男孩」這個外號，他更喜歡被稱作查理。佛洛伊德來自世世代代都是棉花佃農的清貧家庭。雖然他父親最終開了一家小雜貨店，可是他仍在窮困中長大，和父母住在「篷車屋」（boxcar house）中。這是一種低矮的平房，屋頂是用瀝青紙鋪成，只有兩個房間：廚房和臥房。他們將報紙糊在牆壁隙縫上防風。屋內沒有暖氣，也沒有自來水。

佛洛伊德一家是虔誠的教徒，活躍於漢森浸信會（Hanson Baptist Church）。他讀完六年級後便離開學校，開始在堪薩斯州和奧克拉荷馬州幫忙收割莊稼。他在那裡結識了一群無賴，成天打架、喝酒、泡妞。二十歲那年，他和十七歲的露比・哈德格拉夫（Ruby Hardgraves）結婚後曾嘗試務農，不過很快就厭煩了。

一年後，也就是一九二五年，他犯下第一樁搶案，目標是克羅格雜貨店（按：Kroger，現為全美最大連鎖超市）。他很快就被逮，並發監密蘇里州立監獄。他在那裡服刑四年，忍受毒打囚禁和每個工作日勞動十二小時的嚴酷要求。露比則在他出獄前就和他離婚了。

但即使離開監獄後，他也不是真正的自由人。他在堪薩斯市定居，當地警察經常以他沒有犯的罪行逮捕他，只因為他是個更生人。後來在一九二九年十一月，也就是他重獲自由八個月後，這個現在綽號叫「漂亮男孩」的人得知，他父親在自家雜貨店被人開槍射殺。

華特．佛洛伊德（Walter Floyd）個性強硬，有時很霸道，可是他的兒子非常敬重他。當殺害華特的凶手被認定是自衛，從而免除罪責後，漂亮男孩進入犯罪世界的洗禮才算完成。攻擊他父親的人很快就消失了，此後再也沒有人見過他。

漂亮男孩報了仇。這輩子他將奪走另外九條人命。每殺掉一人，他就會用刀刃在懷錶上劃出一道刻痕。

✦

一九三四年夏末秋初，狄林傑死後，追捕其他大尾銀行搶匪的行動日益強烈。除了頭號公敵佛洛伊德，全國各地的警察和調查局探員也在尋找像是娃娃臉．尼爾遜，還有與之齊名的卡皮斯－巴克幫（Karpis-Barker Gang）等罪犯。百年來，搶銀行一直是美國文化的一部分，這種快速致富的犯罪方式具有源自西部拓荒時期的獨特浪漫。不過，搶銀行帶來的知名度和榮耀從未如現在這般高漲。

始自一九二九年的經濟大蕭條，讓數百萬美國人對金融業滿懷怨恨。銀行取消了絕望的農民與勞工的抵押贖回權。這些窮人無權無勢，金融家則握有大權。銀行劫匪和其他匪徒反倒變成人民心目中的復仇者。

佛洛伊德甚至因為出身大草原，被暱稱為「不毛之地的羅賓漢」（Sagebrush Robin Hood），而他時常為貧窮家庭購買雜貨，並在搶劫過程中撕毀抵押契據的作為，使整個中西部居民心生仰慕。他最出名的就是在持槍搶劫過程中，總是客氣有禮且打扮入時。他從不戴面罩隱藏自己的身分。他的四顆門牙全鑲了金，偶爾會露出左前臂的玫瑰刺青。佛洛伊德在鄉村地區廣受歡迎的程度如此之高，就連素昧平生的陌生人都時常為他準備食物，並協助他躲避警方追緝。他總是在事後留下一筆錢作為回報，表達自己的感謝。

佛洛伊德的前妻和兒子甚至利用他的惡名，透過演出名為《多行不義必自斃》（*Crime Doesn't Pay*）的舞臺劇維持生計。

然而犯罪必然自食惡果。美國最受人愛戴的罪犯手上滿是現金，花用不手軟，他們經常用武裝搶劫得來的厚厚一捆紙鈔支付購買的物品。可是這些搶匪並非無憂無慮。由於胡佛和聯邦探員在全國各地布下天羅地網，無論劫匪走到哪都倍感壓力。娃娃臉．尼爾遜因為長相廣為人知，無法入住正規旅館，只得在內華達州和加州露營。那些曾經讓尼爾遜借宿的黑道同夥如今拒絕藏匿他，說他現在實在「太熱門」。

佛洛伊德也處於類似困境中。就像狄林傑之前那樣，謠傳佛洛伊德同時現身在許多地方。有人說他在墨西哥，也有人堅稱他加入了中國軍隊。實際上，他從南本得搶案分得的錢已經快用光了，而且他可以感覺到聯邦絞索正勒得越來越緊。他原本躲在紐約州水牛城，但是狄林傑死後，他認為是時候該回奧克拉荷馬州老家了。

途中，他與兩名同夥於一九三四年十月十九日，搶劫俄亥俄州第爾頓斯維爾（Tiltonsville）人民銀行（Peoples Bank）。得手金額只有少少的五百美元。一名四歲女童在搶劫過程中突然哭了起來。佛洛伊德安慰她：「小女孩，別哭。我們不會傷害你的。」

這孩子驚恐的母親也交出她正要存進戶頭的三美元，但他拒絕拿走這筆錢。

隨後的逃亡平淡無奇。等到夜幕低垂時，佛洛伊德已經來到四十英里外。但是翌日週六早晨，就在俄亥俄州韋爾斯維爾鎮外，他的福特轎車因天雨路滑，失控撞上電話線桿。他和犯罪同夥亞當・黎凱提（Adam Richetti），還有他們的女友碧尤拉・貝爾德（Beulah Baird）和蘿絲・貝爾德（Rose Baird）同行。佛洛伊德和往常一樣，帶著一把機關槍。他認為比起兩個大男人，兩姊妹較不引人注目，於是讓她們開車前往鎮上修理。佛洛伊德和黎凱提則躲在附近山坡上等她們回來。

車子故障讓佛洛伊德記起不祥的過往事件。一年前，他和黎凱提一同開車穿越密蘇里州時，車子發生嚴重的機械故障。他們才剛把車子開到當地修車廠，就驚訝的看見當地治安官走了進來。兩人立刻持槍綁架這名執法者，從修車廠偷了一輛車，往北開了五十英里遠才釋放這名治安官。

他們逃到堪薩斯州，在晚間十點抵達堪薩斯市。佛洛伊德曾在那裡住了很久，有好幾個熟人。他們選擇躲在福農・米勒（Vernon Miller）這名暗殺者的家。米勒是南達科他人，也是一戰退伍軍人，他的戰時專長是操作機關槍。

巧合的是，某個芝加哥犯罪集團委託米勒隔天去執行一樁謀殺。他把如何從聯邦看守所營救出法蘭克・納許（Frank Nash）這名職業罪犯的詳盡計畫告訴在家暫住的客人。納許最近從堪薩斯州的萊文沃斯監獄成功脫逃，卻又被逮到，隔天將由兩名調查處探員解送回萊文沃斯。米勒的任務是，在他們從早班火車下車時攔住探員。可是獨自行動很冒險。在佛洛伊德和黎凱提抵達前，米勒花了很長的時間嘗試招募同夥，卻沒有成功。但是佛洛伊德和黎凱提立刻同意幫忙他。

在一九三三年六月十七日早晨，米勒、佛洛伊德和黎凱提開著偷來的雪佛蘭汽車（Chevrolet），前往堪薩斯市的聯合火車站（Union Railway Station）。他們看到聯邦探員和警察拿著霰彈槍，等待火車進站。

探員護送納許下火車後不久，槍戰開打。射擊只持續了三十秒鐘。當槍聲停止，三名堪薩斯市員警和聯邦探員卡佛瑞（R. J. Caffrey）倒地身亡。

這三名持槍歹徒隨即衝過去解救納許，他也中槍了。其中一人大喊：「他們全都死了。咱們快閃！」便任由納許在街頭流血至死。

當雪佛蘭從火車站疾馳而去，沒有人跟蹤這些殺手。佛洛伊德和黎凱提在槍擊中如此高明的隱瞞自己身分，以至於聯邦探員需要花上幾個月的時間，才能在這場被稱為「堪薩斯市大屠殺」的事件中認出他們。

相對的，米勒可就沒那麼幸運，雖然懲辦他的並不是聯邦政府。這名暗殺者未能成功救出納許，對芝加哥黑幫來說是無法接受的事。在這場大屠殺發生五個月後，遭人勒斃的米勒屍體被棄置在路旁水溝中，他的頭遭榔頭反覆重擊至塌陷變形。

✦

由於堪薩斯市的事還記憶猶新，他知道不能冒險和警方再次衝突，於是才派貝爾德姊妹到韋爾斯維爾鎮上修車。

佛洛伊德短暫生命的最後四十八小時就此展開。當地人很快就注意到他和他的幫凶，並向當地執法單位舉報有可疑人物出現。黎凱提馬上遭到逮捕。他才二十四歲，但因參與堪薩斯市大屠殺，不久將在密蘇里州立監獄的毒氣室伏法。

不過佛洛伊德再也沒有回到監獄中。他躲進附近的樹林裡，靠身邊能找到的自然資源撐了兩天。最後又餓又累，敲了敲某間農舍大門，拜託對方給他一盤食物。此時是一九三四年十月二十二日，正午剛過。

佛洛伊德有所不知，調查處緊跟在他背後。有好幾個目擊者看見他的一舉一動。到了下午四點二十五分，兩輛載滿調查處探員和當地員警的雪佛蘭轎車堵住通往農舍的車道。佛洛伊德在屋內剛吃完最後的晚餐，包括豬肋排、麵包和南瓜派。

率領這些探員的人正是普維斯，他被胡佛派去俄亥俄州，作為將功贖罪的機會。探員準備開火時，佛洛伊德跑去躲在玉米穀倉後方。普維斯下了格殺令：「殺了他！」

普維斯用制式左輪手槍射擊了六次，但是都沒有打中佛洛伊德。他飛奔過一整片苜蓿田，跑進安全的茂密林間。探員和警察用手槍、溫徹斯特步槍（Winchester Rifle）和機關槍同時共開了一百多槍。

有三發子彈確實打中了佛洛伊德。由於右臂被一枚子彈擊碎，他持槍的手無法運作。另外兩顆子彈穿過他的軀幹，打斷他的肋骨，切斷多條大動脈，並且破壞他的胃、小腸、右腎，還有胰臟。

漂亮男孩．佛洛伊德倒在地上，一把手槍插在腰帶上，另一把握在他已喪失功能的右手中。

他就快死了。

普維斯特別探員走過田地，俯身靠向這個銀行搶匪。為了確認對方身分，問道，「你是漂亮男孩．佛洛伊德吧？」

「我叫查理・亞瑟・佛洛伊德……。」

片刻之後，他嚥下最後一口氣[12]。

✦

胡佛對這結果非常滿意，立刻指名新的頭號公敵。就在兩萬多人從各地前來奧克拉荷馬州參加佛洛伊德葬禮的時候，胡佛告訴全世界，還有另外一個十惡不赦的殺人犯暨銀行搶匪，「這人是個瘋狂殺手，」胡佛說道：「一個凶殘，但膽小的矮子殺手，他會沒來由的信手開槍。」

確實，這個綽號娃娃臉・尼爾遜的年輕帥哥是個心理變態，但槍法不靈光。對時刻拿著機關槍的人來說，這是個很糟糕的組合。

這名罪犯本名萊斯特・喬瑟夫・吉利斯（Lester Joseph Gillis），在芝加哥長大，是比利時移民夫婦的第七個兒子。他母親瑪莉（Marie）很寵愛這個小兒子，甚至聲稱金髮碧眼的萊斯特是她所有孩子當中長得最俊俏的那個。這家人住在芝加哥西南方叫做「補丁」（The Patch）的地區，這一區的居民幾乎都是第一代移民。這名未來殺手從小就相當憐憫動物，時常將流浪貓狗帶回家。他母親曾是一名教師。讓她很失望的是，萊斯特討厭學校，寧可在街頭遊蕩也不願去上學。

自從南北戰爭在一八六五年結束以來，芝加哥發展出兩種不同的文化。第一個是聯合牲口加工場（Union Stockyards），占地四百七十五英畝，這裡的牛、豬、羊注定要被屠宰、分切並運往全美各地。芝加哥處理的肉品量勝過全世界任何地方。屠宰場和牲畜圍欄的重體力勞動是許多移民唯一能找到的工作。萊斯特的父親以鞣製牛皮維生，夏天得承受酷熱高溫，冬天得忍耐零下的刺骨寒風，終年都得忍受動物糞便和腐爛屍體的刺鼻氣味。這就是年輕萊斯特長大後將迎接他的生活。

定義芝加哥的另一種文化是犯罪幫派。這些黑幫主要由選擇犯罪生活的移民男子組成，他們認為就算被殺或坐牢，都勝過在加工廠工作。許多幫派按照族裔劃分，義

12 東利物浦警察局的卻斯特．史密斯警監（Captain Chester Smith）對佛洛伊德死亡前發生的事，提出不同版本的說法。佛洛伊德被捕時，史密斯人在現場。他向《時代》雜誌（*Time*）聲稱，普維斯命令他的同僚赫曼．侯立思用機關槍掃射佛洛伊德，當時佛洛伊德已經被捕且手無寸鐵。聯邦調查局否認這個說法。

大利人和愛爾蘭人尤其是如此。他們的專長包括敲詐勒索、非法製造販賣酒品，還有偷車。幫派在芝加哥社會也扮演重要角色。在地政治人物與企業主會暗中僱用小流氓去恐嚇競爭對手。黑社會與芝加哥富裕菁英之間的關係為這座城市贏得腐敗無所不在的臭名，這情況將持續數十年。

年輕的萊斯特逃學、在芝加哥街頭遊蕩且樂此不疲，結交犯罪分子不過是遲早的事罷了。

他首次遭到逮捕完全是個意外。那天是一九二一年七月四日。萊斯特和朋友偶然發現了屬於另一個男孩父親的左輪手槍。他們認為在國慶日開個幾槍會很有趣，便拿著槍走到小巷。萊斯特發射的子彈跳射出去，打中了附近孩童的下巴。雖然那男孩活了下來，但十二歲的萊斯特被判得在庫克郡男孩感化學校待一年。

他獲釋後不久，又因偷車而進入伊利諾州男孩感化學校待了十八個月。後來因為偷了第二輛車，又回到同一個矯正機構，接著又偷了第三輛車。這一回，他父親因飽受指責而自殺身亡，留下一貧如洗的萊斯特母親。萊斯特是個顧家的兒子，他承諾母親，等服完刑就會回家照顧她。

雖然為時不長，但他的確實現了諾言。他娶了商店售貨員海倫．瓦澤納卡（Helen Wawzynak）為妻，照顧他母親，並將犯罪活動降到最低。萊斯特喜歡汽車，在標準石油（Standard Oil）加油站工作。他和海倫育有一子，羅納德（Ronald）。但是當海倫懷了第二胎，缺錢的萊斯特認為，能夠勉強維持生計的唯一方法，就是重回犯罪老本行——於是，他組織了一個幫派。

在一九三〇年一月六日到十一月二十三日之間，萊斯特闖入兩個顯赫的芝加哥家族的房屋，偷走價值三十萬美元的珠寶[13]。他還搶了艾塔斯卡州立銀行；在一樁拙劣的劫案中，槍殺一名芝加哥股票經紀人，這是他首次殺人；以及在伊利諾州某家路邊餐館外參與槍戰，導致三名顧客喪生。萊斯特的俊俏臉龐和矮小身材很容易被目擊者記住。「他有張娃娃臉，」一名女子回想道：「長得很好看。幾乎跟小男孩沒兩樣。」

萊斯特．吉利斯過去曾用「尼爾遜」作為化名姓氏。「娃娃臉」．尼爾遜（"Baby Face" Nelson）就此誕生。

13 相當於現代幣值的五百六十萬美元。

一年後，警察在一九三一年逮捕尼爾遜和他的幫眾。他被判得在伊利諾州北部的喬利埃特（Joliet）的伊利諾州立監獄服刑一到十年（按：這種量刑是所謂的不定期刑，指的是如果囚犯表現良好，服刑一年後就可以申請假釋；但若表現不佳，則可能得服滿十年刑期才能出獄）。服刑期間，他被控犯下另一樁罪行，因此必須前往伊利諾州惠頓市受審。他在那裡被判得服刑一年至終身，海倫也到場聆聽判決。

至此，娃娃臉．尼爾遜才二十三歲，他的犯罪生涯似乎即將畫下句點。這天是一九三三年二月十七日。他獲准在法庭上與海倫道別，接著海倫尾隨她丈夫和警衛前往惠頓火車站，目送他離開。在這寒冷的灰暗週三，娃娃臉看起來一點也不堅強，當少量陣雪不斷降落在車站，他不禁微微顫抖。他戴著腳鐐，右手腕則和監獄警衛馬丁（R. N. Martin）的手銬在一起。此外，在他被匆匆推上火車，回到喬利埃特前，副治安官還搜了他的身。

海倫目送火車離開車站。她究竟如何把槍偷偷交給她丈夫的，至今仍是個謎。有人認為她把槍藏在火車站洗手間，而萊斯特藉著獲准免上鐐銬如廁的時候拿到它。其他人猜測，槍也許是娃娃臉到庭聽審的姊姊黎歐娜（Leona）送交的。能夠確定的是，火車抵達喬利埃特後，獄警馬丁攔了一輛計程車，準備把娃娃臉送回監獄。兩人坐進後座。這趟路一開始很安靜，娃娃臉看著窗外，陷入沉思。

等到車子開到能看見監獄巨大石牆的位置時，娃娃臉突然用手槍抵住馬丁的肋骨。他對獄警說：「別讓我有理由殺你。」他強迫馬丁解開他的鐐銬，並命令司機直接開過監獄大門，返回芝加哥。在西塞羅鎮外四英里處，娃娃臉指示計程車司機喬·坎迪克（Joe Candic）把車停靠在小路上。他從馬丁的錢包偷了十美元，就讓這兩人在復活墓園（Resurrection Cemetery）下車。他恢復了自由身，並開車前往芝加哥。

這名二十三歲青年現在是國家級逃犯了，是美國全力緝拿的罪犯。

對此，娃娃臉·尼爾遜真是再開心不過，他喜歡這樣的劇情發展。

✦

接下來的兩年間，尼爾遜來回開車穿梭全美各地。有時候，他和海倫及兩個孩子同行，有時候，他們與家人同住。

尼爾遜習慣在舊金山和雷諾這些正快速擴張的城市中躲藏，因為他在這些地方比較不會被人認出來。等他缺錢，再開車到中西部搶銀行。可是他也變得越來越難以捉摸，開始喜歡在逃跑時用機關槍四處掃射，也毫不在乎擊中無辜路人。

然而比起狄林傑，娃娃臉仍是個不起眼的小流氓。伊利諾州在一九三三年十二月二十八日公布全州通緝要犯名單時，狄林傑拔得頭籌，尼爾遜則敬陪末座，排名第二十一。

一九三四年三月，娃娃臉透過共同友人得知，傳說中的狄林傑希望他出手幫忙。儘管兩人素未謀面，狄林傑的夥伴仍請求娃娃臉幫忙資助行賄的錢，希望這麼做能讓他逃離雷克郡監獄。手頭拮据的狄林傑承諾，會用未來搶劫所得償還。

因此，聯邦探員在一九三四年四月包圍小波西米亞時，兩人同時都處在那間旅舍裡。海倫在那一夜遭到逮捕並被拘留。娃娃臉逃離時，和調查處特別探員卡特．包姆（W. Carter Baum）近距離交火，最後殺了對方。尼爾遜殺掉的聯邦探員人數遲早會超過其他頭號公敵，一共三人。

殺害包姆探員提升了尼爾遜在調查局裡，還有在黑社會中的地位。他不僅結識了狄林傑，也和漂亮男孩．佛洛伊德，以及另一個通緝要犯艾爾文．卡皮斯（Alvin Karpis）成為朋友。這四人的共同點，是日後他們都會被冠上頭號公敵的封號。

娃娃臉和狄林傑與佛洛伊德在一九三四年六月三十日，結夥搶劫印第安納州南本得的商業國民銀行。這項行動等於公開羞辱了調查局，因為它代表這三個全美通緝要犯可以隨心所欲的搶劫銀行。

不過，南本得搶案幾乎可說是一場災難。當狄林傑、佛洛伊德與其他幫眾流暢專業的各司其職，執行精心準備的計畫，娃娃臉卻顯得焦躁不安。他被一名當地珠寶商開槍擊中胸膛，差點沒命。但驚人的是，鐵製背心擋下子彈救了他一命。出於報復，他用手中的機關槍大肆掃射，沒打到那個珠寶商，卻誤傷了某個路人。接著，在這夥人從銀行飛奔至等候接應的車輛途中，一名青少年跳上尼爾遜的背，試圖抓住他，直到尼爾遜用槍托猛砸男孩的頭，這場扭打才結束。

最後，尼爾遜逃走了。他開車橫越美國，消失在美國西部，隱跡埋名。海倫在小波西米亞案遭到定罪後，最近獲得假釋，她前去與他會合。這對夫婦小心不犯下會洩露行蹤的罪行。令人難以置信的是，一次娃娃臉和海倫竟然因為超速而被猶他州小鎮警察拘留，但是在付清五美元的罰款後，尼爾遜就被釋放了。一如往常，他車上載滿了機關槍和彈藥，卻未被搜索。

娃娃臉．尼爾遜知道自己很走運。

可惜這份運氣很快就會耗盡。

✦

一九三四年七月二十二日，狄林傑在芝加哥被聯邦探員槍殺身亡。

一九三四年十月二十二日，漂亮男孩．佛洛伊德在芝加哥郊外，同樣被聯邦探員槍殺身亡。

兩天後，娃娃臉．尼爾遜決定從內華達州前往芝加哥。他身上的錢快用光了，而且聽說調查處探員正在搜索當地的露營地，他們知道那是他偏好的藏身處。

十一月二十六日這天，娃娃臉與海倫，還有名叫約翰．保羅．蔡斯（John Paul Chase）的罪犯開車前往芝加哥。海倫在北區下車，打算去看場電影。接著尼爾遜偷了一輛全新的福特V8。那天晚上，娃娃臉和海倫睡在車上，但是嚴寒的天氣逼迫他們往室內移動。娃娃臉知道在伊利諾州和威斯康辛州交界處，有個叫做科摩湖旅社（Lake Como Inn）的熱鬧場所，他曾在那裡暫住過。他有把握，如果那家旅館冬天歇業，他們就可以躲在那裡，且不必擔心會被發現。

十一月二十七日早晨，娃娃臉和海倫開著偷來的福特汽車，從芝加哥一路北上，同行的還有蔡斯。下午兩點，三人抵達科摩湖旅社老闆荷巴特・賀門森（Hobart Hermanson）的家。賀門森以前是個私酒販子，和芝加哥黑社會素有往來，可以信任他為可疑的客人保持緘默——至少尼爾遜是這麼認為的。

娃娃臉把車停在車道上，注意到有個年輕人瞇起眼睛看車。他認不出對方是誰，這讓他覺得事有蹊蹺，因為他曾在這旅社住了相當長的時間，認識所有員工。他沒有關掉引擎，而是搖下窗戶，客氣的寒暄幾句，打聽賀門森的事。

場面很平和，門廊上的那人完全不知道赫赫有名的娃娃臉・尼爾遜正緊握著一把點三八手槍，準備一有任何差錯，就開槍殺了他。

娃娃臉聽說賀門森去度假後，便倒車離開。而讓海倫非常驚訝的是，他整個人開始驚慌失措。

「那傢伙是條子（G-man），」他用黑幫術語稱呼那名政府探員：「我們的出現讓他措手不及。」

✦

特別探員詹姆士・麥特卡爾菲（James Metcalfe）焦急的自言自語道：「那是娃娃臉・尼爾遜。」

麥特卡爾菲是狄林傑行動小組的老手，已在賀門森家中盯梢三週，屋子裡還有另外兩名探員。他們得到密報，指出尼爾遜計畫在此過冬。他們靠運氣在舊金山逮捕蔡斯的女友，而她把科摩湖旅社和尼爾遜計畫的細節全盤托出。賀門森隨後被盤問尼爾遜之前來訪的事，他對前房客的真實身分故作驚訝，但表示願以一切可能的方式幫助調查局。因此，三名調查局探員住進賀門森的家。

下午兩點半，麥特卡爾菲探員用當地付費電話連絡芝加哥辦公室。山繆・考利接起了電話，而在他準備立刻前往科摩湖前，先到了普維斯探員的辦公室，告訴他有人目擊娃娃臉出現。

「那還等什麼，咱們動手吧！」普維斯說。

可是考利提醒普維斯，娃娃臉已經駕車離開旅社。雖然麥特卡爾菲探員打電話報告了一組車牌號碼，但是要在高速公路上找到尼爾遜恐怕很困難。考利命令特別探員萊恩（W. C. Ryan）和麥克達德（T. M. McDade）停下手邊工作，立刻由十二號高速公路前往威斯康辛州。

普維斯打電話到華盛頓通知胡佛這個狀況。由於胡佛對普維斯探員仍舊抱持著負面看法，所以聽取尼爾遜最新位置簡報的是一名助理。

✦

整件事發生得非常快。

下午四點，這輛黑色福特V8在十二號高速公路上朝東南方行駛，往芝加哥方向走，娃娃臉和海倫坐在前座，蔡斯則坐在後座。這條路的中央分隔帶是一片草地。

特別探員萊恩和麥克達德在伊利諾州福克斯河格羅夫（Fox River Grove）北方半英里

處，發現了那輛被偷的福特汽車，掛著伊利諾州車牌六三九－五七八。他們沿著道路再開兩百碼（約一百八十公尺），就會抵達一個轉彎處，接著準備迴轉去追那輛福特。麥克達德剛從訓練學校畢業，這是他的第一次行動，而萊恩則是參與過小波西米亞和傳記戲院槍戰的老手。麥克達德開車時，萊恩從槍套中取出他的點三八超級手槍（Super pistol）。

尼爾遜懷疑自己被跟蹤。他迴轉，直直朝兩位探員開過來。幾分鐘過去，娃娃臉・尼爾遜把車開到麥克達德和萊恩探員旁邊。蔡斯毫無徵兆的從後座靠過來，用白朗寧步槍（Browning rifle）對準兩名探員，他開槍掃射，但都沒有射中。

眼前情勢對聯邦探員來說似乎沒指望了。此刻幾乎與正常情境完全顛倒，控制了高速公路的是這些不法分子，麥克達德和萊恩相較之下沒有足夠的火力，他們僅攜帶了隨身武器。

麥克達德探員並沒有減速靠邊停，反而踩下油門，在設法遠離尼爾遜的時候，為了閃避一輛牛奶貨車突然急轉彎。蔡斯再度開火，近距離射中這輛聯邦公務車後方，但沒有擊中任何一個探員。麥克達德和萊恩低著頭往前開了三百碼，接著萊恩轉身，對尼爾遜的車連開七槍。其中一槍射穿了福特的散熱水箱。

娃娃臉沿著高速公路小心駕駛，麥克達德和萊恩則加速超過，接著停在一塊田地旁邊，等著歹徒的福特汽車出現。然而他們的等待卻徒勞無功，因為娃娃臉．尼爾遜為了避免衝突，下了高速公路。

同時間，山繆．考利和艾德．侯立思探員也抵達了現場。侯立思是射殺狄林傑的三位探員之一，而今也準備將槍口瞄準娃娃臉。他們看著尼爾遜的車從公園路出口下了高速公路，考利和侯立思便追了上去。隨著探員逼近，失去動力的福特停了下來。

考利和侯立思還來不及停下他們的哈德森轎車（Hudson sedan），尼爾遜與蔡斯已站在福特的車身側踏板上開槍射擊，海倫則是把自己擠進水溝裡找掩護。尼爾遜拿機關槍掃射時，蔡斯用他那半自動的白朗寧步槍瞄準對手[14]。考利和侯立思轉向停下車時，兩人都並未被擊中，接著，他們把車當成盾牌，從四十碼外開槍回擊。

---

14 白朗寧自動步槍最初由約翰．白朗寧（John Browning）在一九一七年設計，供美軍用於第一次世界大戰。這種武器在二戰和韓戰中仍廣泛被使用。

接下來十分鐘內，特別探員考利和侯立思在槍戰中殉職。來自尼爾遜機關槍的一枚子彈刺穿侯立思的額頭，並將他的後腦勺轟出一個大洞，令他當場喪命。考利的腹部中了七槍，在當地醫院撐了十小時後仍不幸離世。除了考利的妻子與幼子，普維斯探員也守在病榻旁。

與此同時，娃娃臉偷走兩位探員駕駛的哈德森轎車，其車尾和後擋風玻璃彈痕累累三人開車前往當地一名神父的家，他們之前曾與對方見過幾次面。但是菲利浦・考夫蘭神父（Father Phillip Coughlan）因為擔心連累他姊姊，也就是這房子的屋主，而拒絕他們在此落腳。於是娃娃臉只好繼續往前開，抵達尼爾斯中心（Niles Center）附近小鎮的一間安全住處。時間剛過下午五點，此時天色已暗，三人下車走進位在胡桃街一六二七號的那幢灰色外牆住家時，完全沒被人看見。

娃娃臉・尼爾遜又再次逃脫——至少調查處是這麼認為的。大規模的聯邦搜捕行動立刻展開。

而他們的第一個好運是，當兩位探員的哈德森轎車被人發現棄置在伊利諾州溫內特卡（Winnetka）時，它的前座沾滿血跡。

一抵達安全住處，海倫立刻剪開尼爾遜被血浸透的衣服，以便處理傷口，可惜已經太遲了。他在晚間七點三十五分死亡。至於蔡斯，那時他早已開著偷來的哈德森轎車逃走，留下兩夫妻面對他們的厄運。凌晨一點半，安全住處的屋主堅持得把屍體處理掉。他們用一條紅、綠、黑三色的納瓦荷族毛毯把尼爾遜赤裸的屍體包裹起來，搬上奧茲摩比汽車（Oldsmobile），運送到小鎮邊界。接著，他們把屍體放在聖保羅墓園外，海倫堅持要把他放在大門附近的草地上，而不能放在人行道上。離開前，她沿著丈夫的軀體把毛毯塞得周密嚴實，想讓他保持溫暖。日後她作證時說：「我希望萊斯能舒服點。他向來討厭寒冷。」

✦

那天早上，尼爾斯中心鎮上的薩多斯基葬儀社（Sadowski Funeral Home）接到一通匿名電話，告訴他有具遺體被扔在聖保羅公墓外。

這具屍體一絲不掛。大型鉛彈造成的傷口如斑點般散布在兩條腿上，一發機關槍子彈撕開了腹部。景象十分駭人。

這是娃娃臉・尼爾遜的遺體。

✦

接著，海倫被載到芝加哥北區，她在街頭遊蕩了整整兩天。報紙頭版頭條大幅報導她這位美國首位女性頭號公敵，胡佛也下令：「找出這女子，絕不寬貸。」最後，她投案自首。海倫後來因違反小波希米亞槍擊案的假釋條件，被判得在密西根州米蘭（Milan）的女子矯正農場服刑一年又一天，但無須面對其他起訴。當她被問到為什麼參與她丈夫的那些邪惡作為，海倫回答道：「我愛萊斯。當你愛上一個人，你就是愛他。就這麼簡單。」

海倫・吉利斯從未再婚。在剩下的生命裡，她都自稱是海倫・尼爾遜。

✦

接到通報娃娃臉遺體所在位置的匿名電話後，這具屍體被送到庫克郡法醫師辦公室——狄林傑的屍體也被送到同一個地方。在公開瞻仰遺容時，社會大眾被允許可以列隊經過。在一九三四年十二月一日，二十六歲的萊斯特·吉里斯長眠於里弗格羅夫（River Grove）的聖若瑟公墓，安葬在他父親旁邊。有兩百人出席這場葬禮，六名抬棺者全都是芝加哥黑幫成員。

沒有悼文、沒有神父、也沒有音樂。

唯一的聲音來自娃娃臉·尼爾遜哭泣的母親[15]。

✦

胡佛幾乎立刻發起了另一場對抗。新頭號公敵是名叫艾爾文·卡皮斯的綁架犯、銀行搶匪暨殺人犯。二十七歲的「毛骨悚然」·卡皮斯（"Creepy" Karpis）在加拿大出生，擁有過目不忘的記憶力，且將自己的職業描述為「搶銀行、減少員工人數，以及綁架有錢人」。卡皮斯與犯罪家族巴克一家結盟，成員包括兄弟檔「博士」（"Doc"）和佛列德（Fred），還有他們的母親，凱特（Kate），簡稱為「媽」（Ma）。他們聯

15 海倫·吉利斯和瑪莉·吉利斯後來安葬在娃娃臉旁邊。

手成立的卡皮斯—巴克幫讓中西部大多數地區驚恐不安。卡皮斯目前行蹤不明，但是胡佛感覺逮到或殺了他的日子應該不會太遠了。卡皮斯在一九三四年三月接受整容與指紋消除手術，不過兩項手術都沒有成功，這代表他的長相不僅容易辨認，也透過通緝海報在全美各地廣為流傳。

但是，如果說追捕卡皮斯為何對胡佛而言有別於其他頭號公敵，是因為小羅斯福總統開始親自介入此案。一九三四年一月十七日，愛德華・喬治・布雷默（Edward George Bremer）在明尼蘇達州聖保羅市遭到卡皮斯—巴克幫持槍綁架，並要求二十萬美元的贖金[16]。

布雷默是重要的在地金融家、美國國民銀行（American National Bank）董事長，也是屋主貸款公司（Home Owners' Loan Corporation）的經理。在大眾眼中，黑髮的布雷默是惡棍，是大蕭條時期常見的那種，還不出錢就法拍或收回你家的銀行家。這幫匪徒趁布雷默送九歲女兒赫姿（Hertzy）到私立學校後的短短幾秒鐘，在行人穿越道上持槍溜進他的林肯大陸（Lincoln Continental）座車裡，讓他體驗到全國各地無數家庭此刻感受的痛苦。其實，布雷默是出了名的自私且脾氣暴躁。調查局的報告指出：

「他非常沒有人緣，不僅家人不喜歡他，社會大眾也討厭他。」

布雷默猛烈反擊，剛遭綁架時，他差點就成功脫逃，等到歹徒劫持了他的車後，先是頭部遭到手槍反覆猛擊，接著又被推倒在地，還被戴上護目鏡。在槍柄反覆敲擊下，布雷默流了很多血，調查人員不禁懷疑他是否還活著。

假如愛德華．布雷默只是個普通銀行家，這宗犯罪可能不會變成全國頭條。但他可是雅各．施密特啤酒廠（Jacob Schmidt Brewing Company）業主阿道夫．布雷默（Adolph Bremer）的兒子。老布雷默是小羅斯福總統在即將到來的一九三六年競選連任的主要金主，被認為是非常重要的支持者，他的公司很快就會拿下一份獨家合約，供應啤酒給美國軍隊。

得知綁架消息後，深表同情的小羅斯福總統公開談論布雷默的綁架案，稱它「攻擊我們珍愛的一切」。

調查局探員對布雷默的下落毫無頭緒，因此，他的家人用調查局提供的做了記號

---

16 約合目前幣值三百八十二萬六千七百七十六美元。

的紙鈔，很快付了贖金。二月七日，綁架案發生後三週，布雷默終於獲釋。

當然，追捕行動持續進行中。靠著布雷默提供的細節和卡皮斯—巴克幫在犯罪現場留下的關鍵指紋，調查處逮捕了「博士」，他最終被判終身監禁。一九三五年一月八日，佛列德和惡名昭彰的「媽」在佛羅里達州韋爾湖（Lake Weir）的藏匿處遭到調查局探員槍殺身亡[17]。許多人認為，「媽」是眾多搶劫案和綁架案的幕後策劃者。

但是頭號公敵卡皮斯依然逍遙法外。

而胡佛完全不知道哪裡可以找到他。

✦

「你逮捕過人嗎？」田納西州參議員問胡佛。這天是一九三六年四月十一日。去年胡佛大獲成功，藉由不實指控普維斯探員於公共場所醉酒，強迫對方辭職。而且在他的堅決要求下，調查處於一九三五年七月一日更名為聯邦調查局，希望這個新名字能讓社會大眾更容易記得。距離布雷默綁架案已經過了十五個月，但是卡皮斯仍舊杳無蹤跡。

聯邦調查局長胡佛站在參議院撥款委員會面前，大膽要求應將聯邦調查局的年度預算提高一倍，至五百萬美元。他有備而來，帶著各式圖表和厚厚一疊統計數據支持他的要求。但是參議員肯尼斯・麥凱勒（Senator Kenneth McKellar）對胡佛深惡痛絕，因為他不僅拒絕僱用更多田納西人擔任特別探員，還做了完全相反的事——在麥凱勒提出要求後不久，就開除了三個來自田納西州的特別探員。

參議員正準備報一箭之仇。戴著金邊眼鏡、身穿深色西裝的麥凱勒生性好戰，身為參議院撥款委員會主席，他有權詳細詢問胡佛。但是參議員的重點不是預算，而是公開貶低胡佛，甚至連密蘇里州參議員哈利・杜魯門（Harry Truman，後成為第三十三位美國總統）都看不下去而出手干預，希望緩和質詢的方式。

可是麥凱勒步步進逼，要求了解胡佛有無資格領導聯邦調查局。

「議員先生，我沒有逮捕過人，」胡佛對麥凱勒的逮捕提問回應道：「我負責進行調查。」

17　亞瑟・「博士」・巴克（Arthur "Doc" Barker）在惡魔島聯邦監獄服刑四年後企圖越獄，卻被獄警開槍打死。

「你逮捕過幾個罪犯？抓過誰？」

胡佛為了轉移焦點，談起他經手過的許多案件。

「你動手逮過人嗎？」麥凱勒再次質問。

「逮捕行動……在我的監督下，由探員執行。」

「我說的是真正動手逮捕……你其實從未逮捕過這些罪犯，對吧？」

胡佛沒有回答這個問題。

麥凱勒要徹底摧毀胡佛，他總結道：「這人從來沒有抓過任何一個歹徒，從來沒有偵破任何一宗案件。」

胡佛終其一生都會牢牢記住這一天。並不是因為麥凱勒參議員否決了他追加撥款的要求，而是這種公開羞辱會一直跟著他。胡佛認為，這和公開去勢不相上下。

對他來說，正面的社會觀感極為重要，他的形象比什麼都重要。

於是他立刻採取行動。

大家都找不到手銬。

就在胡佛於參議院慘敗後不過兩週，有人在紐奧良目擊卡皮斯，當地居民向聯邦調查局通報這名歹徒的所在位置。探員確認這項消息屬實後，並沒有立即逮人，而是打電話到華盛頓給胡佛。一收到通知，胡佛就立刻飛到南方，準備親自逮捕嫌犯。五月一日下午五點剛過，卡皮斯和同夥離開他們位在運河街的公寓，坐進普利茅斯雙門小轎車（Plymouth Coupe）中。卡皮斯才剛就座，五名特別探員便拔槍包圍這輛車。

胡佛穿過圍觀群眾，煞有介事的說：「來人哪，給他銬上手銬。」

但是**沒有人想到該帶手銬**。後來改用特別探員克萊倫斯・賀特的領帶綁住卡皮斯的雙手。

第四個，也是最後一個聯邦頭號公敵如今遭到拘押候審，胡佛局長終於有了逮捕罪犯的實績。

✦

卡皮斯飛往聖保羅為綁架案受審，被判處終身監禁。他在舊金山灣中央的惡魔島聯邦監獄（Alcatraz Federal Penitentiary）服刑，他的獄友是另一名頭號公敵——艾爾·卡彭（Al Capone）。

「公敵」這個詞因為胡佛而大紅大紫，但這根本不是他首創的。早在一九三〇年，芝加哥犯罪委員會就點名卡彭是該市的頭號公敵。他的犯罪型態不是搶銀行，而是更加錯綜複雜的犯罪網路，從私酒販售到勒索敲詐、買凶殺人等等。而且卡彭的做法跟那些銀行搶匪不同，其運作並非隨意而行。有一大群重罪犯試圖控制整個城市的犯罪事業，卡彭便是其中一員。

這些人有很多名字：黑手黨（Mafia）、美國黑手黨（Cosa Nostra，義大利文意指「我們自己的事」）、黑手（Black Hand）、組織（the Organization）。或是簡單明瞭的：黑幫（the Mob）。

儘管胡佛認為，邦妮與克萊德、狄林傑、漂亮男孩·佛洛伊德和娃娃臉·尼爾遜的死亡，顯示他在打擊犯罪的戰爭中贏得了勝利，但實情是「黑幫」遠比個別歹徒更加危險。

胡佛很快就會從慘痛的經驗中領略這一點。

影視作品中的「娃娃臉」．尼爾遜、「漂亮男孩」．佛洛伊德

- 一九五七年，電影《娃娃臉尼爾遜》便以尼爾遜為主角。
- 一九五九年，電影《聯邦調查局》中出現尼爾遜角色。
- 一九六〇年，電影《漂亮男孩佛洛伊德》（*Pretty Boy Floyd*）描繪了佛洛伊德的犯罪生涯。
- 一九七〇年，電影《漂亮男孩的子彈》（*A Bullet for Pretty Boy*）中，由青少年偶像法比安諾．「法比安」．福爾特（Fabiano "Fabian" Forte）飾演佛洛伊德。
- 一九七三年，電影《狄林傑》中，尼爾遜、佛洛伊德皆以配角出現。
- 一九七五年，電視電影《堪薩斯市大屠殺》（*The Kansas City Massacre*）中，尼爾遜與佛洛伊德皆以主角現身。
- 二〇〇〇年，越獄喜劇電影《霹靂高手》（*O Brother, Where Art Thou?*）中，尼爾遜以配角登場。
- 二〇〇九年，電影《頭號公敵》中，史蒂芬．葛拉翰（Stephen Graham）飾演尼爾遜、查寧．塔圖（Channing Tatum）飾演佛洛伊德。

5 芝加哥地下市長

一九三六年六月二十三日上午九點四十五分

惡魔島聯邦監獄

艾爾．卡彭放鬆了戒備。

早餐時間結束後不久，這個綽號「疤面」（Scarface）的男人正在值班，拖著監獄淋浴間的地板。他曾身穿昂貴西裝、手戴碩大鑽戒，如今一身標準的惡魔島制服，藍色水手布襯衫、長褲、皮帶和皮鞋。卡彭今年三十七歲，是惡名昭彰、每年獲利超過一億美元的芝加哥犯罪集團前任老大[18]。過去為了確保人身自由，他買通法官、警察和政治人物，因此從不擔心被逮捕。但是慢性梅毒感染正逐漸侵蝕他的心智，管理

▲ 一張攝於佛羅里達自宅外的家庭合照。由左至右依序為卡彭的兒子亞伯特．法蘭西斯．「桑尼」．卡彭、他的兒媳露絲、卡彭本人，以及他的妻子梅伊。

犯罪事業必需的敏銳心思如今已超出卡彭的能力。儘管艾方索．蓋布里歐．卡彭（Alphonse Gabriel Capone）曾是美國最教人畏懼的黑幫老大，據說親手殺了三十多人，而今他只是舊金山灣多風島嶼上，這座無人能逃脫監獄中的又一名囚犯罷了。

卡彭知道他在惡魔島有不少敵人。這裡的囚犯都知道，他想方設法，希望能得到典獄長詹姆士．姜斯頓（James A. Johnston）的特殊待遇。這位典獄長曾大剌剌的宣稱惡魔島的囚徒「有權獲得食物、衣服、住所和醫療照顧。此外的一切，都是特權」。

這個信條，同時也是囚犯管理手冊當中的第五條規定，便是姜斯頓典獄長拒絕給予卡彭特別照顧的理由。

但是這無法阻止他繼續嘗試。有一次，他在監獄理髮店企圖插隊。獄友詹姆斯・盧卡斯（James Lucas）說：「滾去隊伍最後面啦，你這懶鬼。」這名二十二歲的德州人是大家公認的性急魯莽之人。

矮壯的卡彭咆哮道：「小混混，你知道我是誰嗎？」

盧卡斯抓起一把理髮剪，將刀刃抵在卡彭的頸靜脈上。「對，死老外，我知道你是誰。但如果你不滾回隊伍最後面，我就讓你看看你下輩子是什麼模樣。」

經過這次事件後，兩人成了死對頭；一個是銀行搶匪暨偷車賊，另一個是美國最有名的黑幫分子。卡彭放話說，凡是殺死盧卡斯的人，必有重賞。

沒想到先發制人的是盧卡斯。當卡彭在淋浴間拖地時，這名德州青年從後方用剪刀攻擊他。卡彭快速轉身，舉起雙手想保護自己，可是盧卡斯不停將剪刀用力戳入對方的胸、背和手掌，使得鮮血流了滿地。

打鬥聲招引獄警湯瑪斯・桑德思（Thomas J. Sanders）匆匆趕來。他用警棍狠狠痛毆盧卡斯，制止了這場謀殺未遂。盧卡斯很快就被送到D區單獨監禁，卡彭則是被送進監獄醫務室處理傷口。他活了下來。不過，一組新傷疤伴隨其他三道瘡疤在他的左頰留下一道長長的痕跡。卡彭因逃稅被判刑十一年，如今已服刑四年，他很快便回到惡魔島囚徒的日常生活。夜間，他就像其他囚犯一樣，深受舊金山市的歡聲笑語所折磨——這些聲音乘著舊金山灣的冰冷海水前來，彷彿夜生活就在隔壁咫尺。

但事實並非如此。舊金山其實距離這座被受刑人稱為「巨石」（The Rock）的島嶼超過一英里遠。

✦

卡彭的毛病，就是他永遠管不住自己的嘴。

十八歲那年，他在布魯克林區康尼島（Coney Island）一家名叫哈佛小酒館的夜總會擔任酒保和保全人員。這個年輕人平時可能還算挺有魅力，但在這天晚上，對一位

18 價值超過現代幣值的一百八十億美元。

女客人一見鍾情的他，卻表現得十分愚蠢。卡彭對這名與男伴坐在圓桌旁的黑髮女子耳語道：「寶貝，妳的俏臀真美，我這話是讚美。相信我。」

這位美女叫做莉娜．加盧喬（Lena Galluccio），身旁的男伴是她哥哥。醉醺醺的法蘭克．加盧喬（Frank Galluccio）一聽見這下流的評論，就朝卡彭撲了過去。卡彭反擊，法蘭克拿出袖珍折刀，朝年輕酒保揮砍，劃破了他的左臉。當法蘭克和莉娜急著離開舞池，想避免進一步衝突，神智恍惚且血流不止的卡彭被緊急送往醫院。他出院後不久，臉上的傷口縫線都還沒癒合，這個未來的黑幫成員就跑去找法蘭克尋仇。

結果發現兩人都為犯罪家族工作。一個名叫查理．「幸運」．盧西安諾（Charles “Lucky” Luciano）的流氓安排他們在哈佛小酒館坐下來協商，想促成雙方停戰。

卡彭被吩咐要為冒犯莉娜而誠心道歉，也被交代日後不得尋仇。他對這樣的裁決不敢有意見，他明白若不遵守就得死。

他也聽說了自己的新綽號：「疤面」。

這就是組織犯罪世界的生活方式。犯罪集團以家族自居，發生衝突時會尋求領袖的意見。卡彭十四歲輟學後就踏入了這個世界。他最初隸屬於布魯克林街頭幫派「開膛手」（Rippers），他們幹的勾當主要是偷香菸。但是沒多久，二十五歲黑幫成員法蘭西斯柯・伊奧（Francesco Ioele），人稱法蘭基・耶魯（Frankie Yale），就把年輕的卡彭納入自己麾下。

耶魯對犯罪事業很有遠見，是第一個使用「家族」一詞，描述從事詐欺、勒索和殺人行為的義大利移民的黑幫分子。他並不反對與在地愛爾蘭幫派合作，因為他知道儘管存在族裔差異，但聯手能讓雙方都得利。為了與他經營的哈佛小酒館名稱調性相符，他採用耶魯這個姓氏。他對卡彭的人生產生重大影響。

卡彭知道，若他想靠自己的力量掙出一片天，就得離開布魯克林。一九二〇年，新婚的卡彭在耶魯的祝福下移居芝加哥[19]。他和同樣從紐約移居芝加哥的強尼・「狐狸」・托里奧（Johnny "the Fox" Torrio）在那裡加入柯洛西莫（Colosimo）家族。狐狸是「大吉姆」・柯洛西莫（"Big Jim" Colosimo）的外甥，後者掌控超過一百家妓院，裡頭的工作人員全是性奴隸。而此刻大吉姆正遇上一個問題。

有個來自義大利的幫派叫做「黑手」（Black Hand），他們不斷對柯洛西莫提出過分的敲詐勒索。大吉姆派狐狸去了結這件事，因為狐狸是大家公認的鐵腕執行者

（enforcer）。

三十八歲的喬凡尼・托里奧（Giovanni Torrio）比卡彭年長七歲。他生於義大利南部，為了讓名字聽起來更像美國人，年輕時便改了名。托里奧是天生的領袖，以富有謀略和為人狡猾著稱。然而，搬到芝加哥後不出幾週，狐狸就和他的姨丈大吉姆發生衝突。托里奧認為，柯洛西莫把事業全都押在賣淫上限制了家族的未來發展。

《禁酒法案》（*Volstead Act*）這部新法在一九二〇年一月十七日生效。它禁止人民銷售或持有酒精飲料。禁酒時期起初看起來不像能成為犯罪家族的新營收來源——至少大吉姆不這麼認為。可是狐狸的看法完全不同，他認為暗中供應酒給焦渴的美國大眾很可能獲得巨額財富。假如犯罪集團不參與「走私酒類」（bootlegging）——也就是將酒走私到全國，並以高昂價格售出——的新潮勾當，就是犯下了大錯[20]。

狐狸別無他法，只能採取極端作為。他安排了一場與吉納（Genna）犯罪家族的商務會議，後者表面上是大吉姆的盟友。會議中，托里奧大膽的告知吉納家族，他打算將事業擴張到私酒販售的計畫，並尋求他們默許他做掉姨丈。這個黑幫由人稱「恐怖吉納」（Terrible Gennas）的六兄弟領軍，控制芝加哥的小義大利區。他們生於義大利西西里島，擁有生產工業用酒精的聯邦執照，連同聖餐酒，是極少數可在美國合法販售的酒類產品。托里奧的計畫將會把這些合法販售擴張到私酒市場，而吉納兄弟很快就同意謀殺大吉姆。

這不是個輕率的決定。柯洛西莫是芝加哥最有名的人物，和政商名流關係密切。他在南區開設的餐廳「柯洛西莫之家」（Colosimo's），總是擠滿這座城市最富有和最有名的居民。

一九二〇年五月十一日，大吉姆走進他的餐廳，被躲在衣帽間的刺客開槍擊斃。有證據顯示，槍手可能就是卡彭。不過直到今日，仍沒有人知道其真實身分。

但可以確知的是，托里奧隨後立刻繼任為柯洛西莫犯罪集團的首腦，卡彭則成了他的二把手。身為狐狸的替角，他可以自由開設妓院、地下賭場和祕密酒吧

19 卡彭在一九一八年娶了來自中產階級家庭的愛爾蘭女子梅伊．考格林（Mae Coughlin）。儘管他經常與情婦和妓女廝混，這對夫婦在卡彭有生之年從未分離。他們育有一子，亞伯特．法蘭西斯．卡彭（Albert Francis Capone），小名「桑尼」。

20 「走私酒類」的原文是個十九世紀的術語，源於走私者將酒瓶藏在靴子裡的手法。

（speakeasy）——美國人在禁酒時期去喝酒的祕密場所[21]。

托里奧在一九二五年一月十二日被開了四槍，事情自此起了不尋常的變化。敵對的愛爾蘭幫派成員執行謀殺時，他正坐在車裡，其胸、頸、右臂和鼠蹊部分別中槍；但當槍手用槍抵住他的太陽穴，準備了結事情時，卻發現槍膛裡沒子彈了；槍手逃之夭夭，確信自己已完成任務，但是狐狸不負其名聲，硬是活了下來。然而他知道自己死期將近，於是幾週後，他決定金盆洗手，搬回紐約定居。

離開前，他指定卡彭作為接班人。

✦

當疤面真好。芝加哥犯罪集團（Chicago Outfit）的新首腦，現年二十六歲，掌控著由賣淫、祕密酒吧、非法啤酒廠和賽馬場組成的帝國，每週進帳數十萬美元。

這名新任老大的體重迅速增加，五呎十吋（約一百七十八公分）的身軀承載了兩百五十磅的重量。他成了芝加哥名流，控制著這座城市的犯罪次文化。卡彭挑釁的發言也引來媒體的關注，像是「一句好話加把槍，威力遠勝說好話」。儘管語中畫面如此暴力，卻仍逗得許多芝加哥人哈哈大笑。

在大眾眼中，卡彭是身穿怪異西裝，頭戴寬簷紳士帽，坐著防彈轎車在城裡四處穿梭的黑幫分子。只要事情合他的意，這名黑幫老大也很慷慨，比如給服務生出奇豐厚的小費，以及在寒冷冬夜提供保暖衣物給這座城市的窮人。

當然，卡彭的權力並非建築在仁慈寬厚之上。赤裸裸的殘忍行徑才是他的特色。他很快便與芝加哥的北區幫（North Side Gang）發生衝突，並槍殺了對方老大——厄爾・「海米」・魏斯（Earl "Hymie" Weiss）。

由於卡彭好鬥尋釁，他一直害怕會遭到暗殺，也因此，任何有背叛嫌疑的人都會遭到嚴厲懲罰。一九二九年，他邀請三個他認為正準備出賣他的人共進晚餐。等到毫無戒心的三人吃飽喝足後，他們馬上遭到攻擊。三人的雙手雙腿都被綁在椅子上，他們立刻明白自己的生命有危險了。

卡彭握著棒球棍，走近約翰・史卡萊斯（John Scalise）、亞伯特・安塞米（Albert

21 祕密酒吧的原文，指的是完全不可談論這類場所的行為，以免警察有所警覺。

Anselmi）和約瑟夫．「跳蟾蜍」．瓊塔（Joseph "Hop Toad" Giunta），然後開始揮棒。球棒粗暴的砸在三人腦袋上。接著他轉動手指與前臂，球棒轉而重重落向這些被指控是叛徒的男人們的鼠蹊部。尖叫和骨頭碎裂的聲音響徹雲霄，但卡彭可不准這些人現在就死。直到他氣力放盡，再也無法揮動球棒，這樁暴力行為才停止。

不久之後，這三名黑幫成員的屍體在印第安納州哈蒙德（Hammond）郊外被人發現[22]。當地驗屍官鄭重聲明，他從未見過人類被破壞得這樣面目全非。

但這只不過是個開始。

✦

一九二九年二月，卡彭焦躁不安的坐在他佛羅里達的深宅大院裡。他剛被告知，他最大的競爭對手喬治．「瘋子」．莫蘭（George "Bugs" Moran）的手下正密謀殺害他。因此，在佛羅里達的燦爛陽光下，他決定先出手。卡彭從芝加哥以外的地方僱了四名刺客，所以沒有人知道他們的身分。他的計畫是，假意要以低價將一批頂級老木屋威士忌（Old Log Cabin whiskey）賣給對方，引誘莫蘭幫的人到當地一處車庫。瘋子莫蘭本人理應也會在上午十點半抵達SMC運輸公司（SMC Cartage Company），協助另外七名幫派成員領取這批烈酒。但也許因為這天是情人節，莫蘭遲到了。他的姍姍來遲救了自己一命。

這些暗殺者開著一輛偷來的警車前往車庫，其中兩人穿著警察制服。起初，莫蘭幫認為這只是普通的臨檢。

但這並不是。

莫蘭幫被趕到車庫裡，靠牆排成一排。他們完全無法反擊，因為他們早就全都被繳械了。接著，這些殺手用湯普森衝鋒槍和短管霰彈槍向每個人開了至少十五槍。知道鄰居可能會聽見機關槍開火的雷鳴般巨響，身穿警察制服的兩名殺手押送另外兩名刺客走出車庫，彷彿要逮捕他們。這四人坐進偷來的警車揚長而去。

沒有人會報警。

這場血腥殺戮成了芝加哥傳奇，日後在歷史上被稱為「情人節大屠殺」（St.

---

22 史卡萊斯、安塞米和瓊塔確實計畫要出賣卡彭。由於卡彭非常多疑，才能注意到不利於他的密謀。

Valentine's Day Massacre）。

謀殺發生時，卡彭遠在千里之外，但是每個人都知道這筆帳得算在他頭上。也由於報紙的大肆報導，這場大屠殺讓卡彭變得比從前更加出名。

但這也宣告他垮臺的開始。

✦

八十五號囚犯抵達惡魔島的那天是一九三四年八月二十二日。由於無法以情人節大屠殺或其他罪行將卡彭定罪，聯邦官員努力尋找任何能讓他坐牢的方法。一九三一年，艾略特・內斯探員（Agent Eliot Ness）率領的財政部終於用逃稅的罪名，判了他十一年徒刑。起初他在亞特蘭大聯邦監獄服刑，在那裡他運用自己的巨額財富收買監獄官員，得到他想要的任何享受。但是來到惡魔島後，情況完全不一樣。

除了遭到盧卡斯襲擊，卡彭還得承受極度嚴厲的日常操練，他的心智開始迅速惡化。終於，卡彭在抵達惡魔島五年後，因表現良好而在一九三九年十一月十六日假釋出獄。此時他的心智能力僅相當於十二歲孩童[23]。

隨著一九三〇年代的黑幫幾乎已經掃蕩殆盡，胡佛確信他的新聯邦調查局已有效控制了美國的犯罪活動。他現在要轉向一組完全不同的執法問題。

✦

由於歐洲爆發了第二次世界大戰，聯邦調查局得到授權，要完全掌握來自敵國潛在間諜的所有動態，胡佛局長興味盎然的接下這份全新任務。但他不知道的是，這項戰時授權其實很快就會幫助一種新的犯罪組織崛起，將恐懼和腐敗散布到全美各地。

黑手黨正在路上。

影視作品中的艾爾・卡彭

- 一九五九年，電影《艾爾卡彭》（*Al Capone*），由奧斯卡影帝洛・史泰格（Rod

23 有則關於卡彭囚禁於惡魔島的趣聞是，他的室友正是被胡佛逮捕的頭號公敵艾爾文・卡皮斯。卡皮斯編號三二五，是美國監獄史上服刑最久的受刑人——整整二十七年。惡魔島聯邦監獄在一九六三年三月二十一日永遠關閉，卡皮斯則移監到另一個監獄。他在一九六九年假釋出獄，並在一九七九年死於意外（過量服用藥物及酒精）。

Steiger）飾演。

- 一九六七年，電影《情人節大屠殺》（*The St. Valentine's Day Massacre*）中，由另一名影帝賈森·羅巴茲（Jason Robards）飾演。
- 一九七五年，電影《地方聞人》（*Capone*）。
- 一九八七年，在電影《鐵面無私》中（*The Untouchables*），由又一名奧斯卡影帝勞勃·狄尼洛（Robert Anthony De Niro）飾演。
- 二〇〇二年，英國電影《艾爾與小夥伴》（*Al's Lads*）。
- 二〇〇九年，在電影《博物館驚魂夜２》（*Night at the Museum: Battle of the Smithsonian*）中以配角出現。
- 二〇二〇年，在電影《疤面教父》（*Capone*）中由湯姆·哈迪（Tom Hardy）飾演。

第二篇

光明正大的腐敗

6 不得不承認，我們需要黑手黨

一九四三年三月六日晚間八點半
突尼西亞梅德寧

陸軍元帥艾爾溫．隆美爾（Erwin Rommel）正處於劣勢。一整天漫長的戰鬥造成嚴重的破壞。當夜幕低垂，沙漠的風捎來死亡和德國坦克燃燒的氣味。五十一歲的隆美爾是職業軍人，多年的沙漠戰事令他面部晒傷，嘴脣因高溫龜裂，雙眼則因戴著防沙塵的護目鏡而留下壓痕。他是盟軍最狡猾的對手，也是納粹德國最高戰場將領，英國記者更稱之為「沙漠之狐」（Desert Fox）[24]。

隆美爾以前吃過敗仗，但是與今天不同。他人稱「非洲軍團」（Afrika Korps）的軍隊，不僅被擊敗，而且死傷慘重。他可不打算眼睜睜看著德軍全軍覆沒，於是他做出了可能改變二戰進程的算計，他的新計畫將以某個軍事現實為中心。

今天理應迎來一場巨大的勝利——隆美爾大膽偷襲英國將領伯納德．勞．蒙哥馬利（Bernard Law Montgomery）率領的盟軍。

結果事與願違。

沙漠之狐不知道英國的密碼破解人員攔截了他的作戰計畫。英軍在清晨五點三十六分，也就是隆美爾的軍隊發動第一次轟炸前二十四分鐘，得知了他的策略。盤算好的出其不意完全失靈，英軍在這場十四小時激戰中總是領先一步，超過三萬枚砲彈如雨點般落在德軍陣地。這天早晨，隆美爾還有一百四十輛坦克，但此刻只剩下五十二輛。他身經百戰的裝甲部隊（Panzer）陣亡，在北非沙漠中燃燒。此外，有三百多名德國步兵身亡、負傷，或被英軍俘虜。

蒙哥馬利的軍隊沒有損失任何一輛坦克。

---

24 隆美爾因一九四〇年納粹對法國的閃電戰而一舉成名。

此刻，夜晚降臨沙漠，精疲力竭的隆美爾下令撤退，他知道該是逃走的時候了。德國裝甲坦克和運送步兵的卡車轉而向北，逃往地中海沿岸城市加貝斯（Gabès）。他後來寫下：「這場仗輸了。無邊的愁悶籠罩著我們。」

兩年來，隆美爾主導了北非的戰局。他利用咄咄逼人的坦克戰，拿下東起埃及，西至突尼西亞的領土——相當於整個西歐的寬度。但隨後，就在一九四二年七月，隆美爾的非洲軍團差點就奪下埃及首都開羅時，卻首次被蒙哥馬利與駐守阿萊曼（El Alamein）的英軍擊敗。不久之後，又兩度栽在英軍手裡。為了拯救自己弟兄的性命，隆美爾下令撤退。非洲軍團撤退數百英里至突尼西亞，希望能再次與英軍對壘。

而今天就是那場決戰。

英軍和大英國協盟軍一直以來都是隆美爾唯一的對手，但是現在美國人也加入了戰局。兩週前，隆美爾在凱賽林隘口（Kasserine Pass）輕取美軍，不過他知道，那場戰役並不是由美國最優秀的將軍指揮，那樣的事不會再次發生。出色的戰術家，也是美國最富攻擊性的戰鬥將軍喬治・巴頓（General George S. Patton）剛剛抵達非洲統領美軍。據說他無情的作戰方式大量參考了隆美爾的手法[25]。

沙漠之狐很確定，德國失去北非不過是遲早的事。他在梅德寧（Medenine）一役戰敗後回憶道，「裝甲軍團（Panzerarmee）留在非洲，無疑是自殺。」

✦

隆美爾將軍在三月九日上午七點五十分，也就是他下令坦克撤退後不到四十八小時，飛往東歐進見德國元首阿道夫・希特勒（Adolf Hitler）。美國指揮官德懷特・艾森豪（Dwight Eisenhower）日後寫到這個短暫片刻時，指責隆美爾「預見必然發生的事，卻不顧他人只管自己逃命」。但是隆美爾認為，這次離開不是永久的。他是元首（führer）最喜愛的將軍，沒有其他人能傳遞北非戰爭的頹勢已無法扭轉的重大新聞。他計畫親自傳達訊息後，便返回非洲。

希特勒和隆美爾在烏克蘭的元首總部「狼人」（Werwolf）會面，此處的俄羅斯前線是激烈且無情的戰鬥現場。元首的森林大院是用厚實的鋼筋混凝土建造的，冰雪

25 巴頓和隆美爾這兩位二戰最傑出的坦克指揮官，從未在戰鬥中正面交手。

仍覆蓋著地面，隆美爾從非洲的乾熱直接來到此地，他的晒傷看起來格外不協調。儘管身穿厚重的軍裝大衣，他仍冷得發抖。在戰略討論開始前，希特勒把一枚鑽石橡葉佩寶劍騎士鐵十字勳章（diamond-studded Knight's Cross）授予隆美爾，令這位將軍成為第三帝國（Third Reich）史上獲得此一殊榮的第六人。

儘管獲得厚重的獎勵，隆美爾沒有忘記他千里迢迢來到這處寒冷、遙遠烏克蘭森林的原因。當兩人坐下來喝茶，沙漠之狐簡要說明非洲毫無希望的局勢。戰術高明的隆美爾主張，與其讓寶貴的老練部隊喪命或受俘，不如將他們從非洲移往歐洲堡壘（Fortress Europe），而西西里島是他們最合理的目的地。這個義大利南部海岸外的島嶼是歐洲與非洲大陸最接近的地方。從突尼西亞首都突尼斯（Tunis）到西西里島首府巴勒莫（Palermo），兩地距離不過幾百英里之遙。從後勤調度上來看，這樣的撤離令人生畏，但是對德軍未來的成功卻極為重要。隆美爾計畫立刻展開部隊運輸，留下坦克和其他車輛。

希特勒不同意這麼做。

「他不願聽取我對突尼西亞的任何論點，還想用我竟變成悲觀主義者的說法駁回這些論據，」隆美爾日後寫信給妻子露西亞（Lucia）時提到：「他就是沒辦法理解發生在突尼西亞的狀況。」

隆美爾再也沒有回到非洲，但是他的預測很快就一一兌現。在他拜見希特勒不過兩週後，巴頓將軍率領的美軍在愛爾圭塔戰役（Battle of El Guettar）擊潰了德國坦克部隊。這標誌著美軍首次擊敗非洲軍團，不過對巴頓來說，這還不夠。他渴望打敗著名的沙漠之狐，得知隆美爾根本不在戰場上，讓他非常失望[26]。

如同隆美爾的預測，愛爾圭塔一役敲響了德軍在非洲的喪鐘。德軍在一九四三年五月十三日向盟軍投降。第三帝國永遠的失去了數千名士兵。

✦

隨著北非的軍事行動結束，盟軍的戰事規畫人員將關注焦點轉移到，為終結納粹對歐洲箝制的下一個戰場：西西里島。這項入侵行動的代號是「哈士奇行動」

26　隆美爾獲准返鄉探親，接著奉令前往北法，阻止盟軍入侵。

（Operation Husky）。

西西里島是地中海最大的島嶼，幾個世紀以來歷經希臘人、羅馬人、阿拉伯人、諾曼人和汪達爾人（Vandals）占據。西西里在地人透過形成極度緊密團結的社會，從不斷遭到侵擾與征服的歷史中存活了下來。這裡不歡迎外來者。島上溫暖的氣候和單純的農耕生活型態掩蓋了西西里島罕為外人所知的日常生活內情。

因此，雖然西西里島距離義大利南岸僅十英里遠，盟軍戰事策劃者對島上狀況並不理解。不過他們**確實**知道，西西里島被義大利法西斯軍政府統治了將近二十年。德國非洲軍團的少數部隊已成功逃離突尼西亞，這代表超過二十萬名德國與義大利軍隊等著與盟軍開戰，他們盤踞在崎嶇的火山地形上，十分有利於採取防守策略。

哈士奇行動想要成功，必須有人實地協助英軍和美軍。他們需要的人選是熟知內部真實情況，有能力指出不只可行且最有效率的當地進攻路徑、敵軍兵力多寡和火炮掩體位置的人。

他們需要黑手黨。

但這些令人恐懼的義大利黑幫分子大多已移居紐約市。

出走潮始於一九二四年五月後不久，導火線是義大利法西斯總理貝尼托・墨索里尼（Benito Mussolini）。元首（Il Duce）是個個頭不高、身材矮胖、喜歡裝腔作勢的禿頭男子。他決心透過極權手法和殘暴剷除所有異己，以控制義大利。在西西里島，這意味著掃蕩黑手黨[27]。

「Mafia」（黑手黨）的詞源已不可考。有些人認為這個詞源自一八六三年名為《監獄英雄》（*I Mafiusi di la Vicaria*）的戲劇，內容講述一群要求尊重的囚犯。其他人認為它是法國在一二八二年入侵西西里後，「Morte Alla Francia Italia Anela」（法國人去死是義大利的呼聲）一口號的首字母縮略詞。還有些人認為它來自西西里方言的形容

27 西西里島在一八六〇年之前是由法國統治。那一年，西西里人起義，趕走了法國人，讓這座島嶼歸屬於義大利。一九四六年，西西里島在三千年來首次成為自治區。然而，它的外交和財政利益都與羅馬的利益緊密結合。

詞「Mafusu」，意思是大膽的行為。

義大利文「Mafiosi」指的是尋求他人施恩的人。不過歷經幾百年後，這些恩惠往往演變成犯罪行為。在這座島嶼上，幫派用各種方法脅迫窮人。例如，看醫生這樣簡單的行為可能涉及得支付一小筆錢給當地的黑手黨首領。如果某個西西里人想找工作、想嫁女兒，或者想買一頭新騾子耕種田地，黑手黨往往都要「分一杯羹」。

西西里的企業被迫支付保護費（pizzo），以便確保顧客光顧他們的店鋪。不願付錢的人會遭到毆打甚至殺害。但嚴厲的緘默法則（omertà）意味著西西里人不會挺身而出，凡是膽敢與緘默法則作對的人處境都十分危險，有可能立即遭到處決。

獨裁者墨索里尼誓言要阻止黑手黨的壓迫。但是西西里與他作對，墨索里尼最後只得罷手。有些法西斯領袖對此並不認同，一名重要的法西斯激進分子在一九二三年四月寫信給元首表示：「如果我們想拯救西西里，就必須摧毀黑手黨」。

翌年，墨索里尼進行了一場武力展示，意在提醒黑手黨，掌權的是他。他搭乘主力艦「但丁·阿利格里號」（Dante Alighieri）來到西西里島。天空有義大利戰鬥機盤旋，潛艦則在阿利格里號周圍的地中海水域來回逡巡。墨索里尼在大批隨扈的戒護下上岸，拜訪皮亞納德格雷西（Piana dei Greci）這個小鎮。其鎮長法蘭西斯柯．庫西亞閣下（Don Francesco Cuccia）竟然嘲笑元首的隨扈。庫西亞除了治理本鎮，同時也是黑手黨成員。他對墨索里尼這樣說：「你跟我一起的。你受我保護。你要那些傢伙幹什麼？」

獨裁者聽了大吃一驚，但什麼也沒說。然而他永遠不會忘記這件事，開始稱庫西亞為「那個惡劣透頂的鎮長」。

庫西亞閣下當然很無禮。這個黑手黨老大運用權勢，確保墨索里尼上臺演說時，鎮上廣場幾乎空無一人。到場的鎮民只有二十個流浪漢和傻子，他們全都是庫西亞精心挑選，用以表達對墨索里尼的輕蔑。

幾天後，獨裁者繼續他的西西里之旅，而黑手黨卻密謀偷走他的帽子，再一次提醒他自己是多麼不被尊重[28]。

墨索里尼因此向西西里黑手黨宣戰。惱羞成怒的他一回到羅馬，便授權切薩雷．

28 這頂帽子被偷走後，再也沒有歸還。

莫里（Cesare Mori）率領一支特種警察部隊掃蕩黑手黨。莫里是個矮壯敦實的北義人，以非常鄙視組織犯罪聞名。莫里與自己的特務團隊聯手，搜捕數百名黑手黨。他的策略很簡單：包圍某個村莊，封鎖所有道路，接著出動他手下的警察逮捕匪徒。假如嫌犯逃走，莫里的部下就會開始一頭接一頭的射殺黑手黨擁有的牛。受到收入損失的威脅，許多黑手黨成員只得現身投降。嫌犯一旦被扣押，就會遭到中世紀式的刑求：用電線電擊、用火燒灼、用皮鞭抽得皮開肉綻，把人綁在刑具架上伸展，將他們的肢骨從骨窩中拔離——這一切全是莫里為了套出姓名與資訊，以便進一步推動追捕。

西西里黑手黨勢力幾乎立刻瓦解。庫西亞鎮長和超過一千兩百人遭到逮捕，在一九二三年發生兩百二十四樁謀殺案的巴勒莫就此被平定。謀殺案在五年內降到只剩三十五起。

很快的，許多黑手黨頭目乘船前往美國尋求庇護。他們宣稱自己是受到法西斯主義迫害的難民。這個託辭讓黑手黨成員能規避一九二四年的《移民法案》（*Immigration Act*），這項法案限制每年移民美國的外國人數目上限為十五萬人。如果移民是難民，美國官員就不會詢問這個西西里人的出身背景，或他們打算從事什麼工作。

美國在一九二〇年代有七十個入境口岸，但是西西里人對蓋文斯頓（Galveston）或紐奧良之類的地方不感興趣，而是選擇在紐約市下船。在那裡，只要通過自由女神像附近的埃利斯島審核後，就能不受限制，隨意進入紐約市。

此時紐約市的人口接近七百萬，幾乎是整座西西島人口的兩倍，而且非法賺錢的方法呈現指數性成長。除了敲詐勒索、索討保護費，和其他形式的詐騙錢財，西西里黑手黨現在又增加了走私酒類、賣淫，以及控制碼頭工會。

而且緘默法則始終存在，這意味著如果有人膽敢公開反抗黑手黨，就必死無疑。

✦

包括巴頓將軍和蒙哥馬利元帥在內的盟軍準備入侵歐洲時，有人和留在西西里島的極少數罪犯取得連繫。他們將有助於擊退法西斯義大利軍隊和其德國盟友。他們能捎來訊息，能摧毀軍事設施，甚至能代表盟軍殺人。對黑手黨來說，墨索里尼和希特勒遠比美國人或英國人更加糟糕。為了報答這些人出手相助，西西里的黑道分子很快就會獲得豐厚的報酬。

7

用整個紐約的安危，換來自由

一九四三年七月十日破曉
紐約州康斯塔克
大草原監獄

當英美聯軍攻占四千五百英里外的西西里島海灘時，查理·「幸運」·盧西安諾焦急的等著被釋放。自從這名黑幫老大獲判三十年至終身的徒刑後，已經服刑七年。他因經營賣淫集團而被定罪，但他一長串的犯罪行為無所不包，從敲詐到謀殺，再到賄賂。然而，盧西安諾最近一筆賄賂據說發生在他坐牢期間：他「捐」了兩萬五千美元給曼哈頓地方檢察官湯瑪斯·杜威（Thomas E. Dewey），確保自己能得到減刑。這

▲ 被定罪的前紐約犯罪之王盧西安諾（身穿白衣者）得到州長湯瑪斯．杜威赦免，而遣送回出生地西西里島。照片攝於 1964 年 3 月 1 日，他前往義大利那不勒斯（Naples）親戚家拜訪時。

筆預付款將作為杜威的州長競選經費。等他獲釋，還欠杜威另外一筆六萬五千美元的尾款[29]。

那天終將到來。釋放盧西安諾的條件已經談妥。為了避免著名幫派分子逍遙法外引來負面的媒體關注，杜威的條件是，他出獄後就會立刻遭到驅逐出境；盧西安諾從未取得美國公民身分，他還是西西里人。不過，此時德軍仍然占據西西里島和義大利本土，在盟軍於歐洲戰場贏得勝利之前，盧西安諾必須繼續待在牢裡，杜威因此安排將他從最高安全級別的監獄，轉送到康斯塔克（Comstock）猶如「鄉村俱樂部」一般的大草原監獄（Great Meadow Correctional Facility）。日後這名黑幫老大向傳記作家解釋道：「由於兩國還在交戰，而且義大利是敵對國家，他們沒辦法把我送回去。」

盧西安諾決心要幫助美國和盟軍贏得第二次世界大戰。一幅巨大的歐洲戰場地圖掛在他牢房的牆上，他在上頭標出軸心國前線位置，預測盟軍的進攻行動。他在坐牢期間大量閱讀，專心投入軍事策略與戰術研究。他最喜愛的美國指揮官是巴頓將軍。他會評論盟軍最高統帥艾森豪的弱點來逗訪客開心，並且推導出以黑手黨風格謀殺希特勒，就能為他換來自由身的結論。他向來訪的黑道分子喬．阿多尼斯（Joe Adonis）和湯米．盧切斯（Tommy Lucchese）感嘆道：「要是有人能幹掉那狗娘養的，這場戰爭不出五分鐘就能結束。」

當這個建議招來笑聲時，他的反應也很直接：「你們笑屁啊？我們有全世界最厲害的職業殺手——維托．吉諾維斯（Vito Genovese）。那頭骯髒的豬仔欠了我一條命，現在該是他兌現的時候了。」

不過，盧西安諾在二戰扮演的角色遠遠超過暢談計畫和理論。正當他享受著悠閒的週六，得知典獄長弗農．莫浩斯（Vernon Morhaus）可能再次同意今晚放他外出幾個小時，去奧爾巴尼（Albany）享用牛排與親密接見時（按：conjugal visit，指受刑人表現良好，特別獲准與訪客獨處數小時或數天的接見。這名訪客通常是受刑人的合法配偶，且這類接見的目的多半是發生性行為。世界各國對這類接見的看法不一，有些國家將這類接見的訪客擴充為受刑人家屬，乃至於親密伴侶。臺灣目前沒有這樣的制度），同時也聽見來自歐洲的消息指出，巴頓今天親自率領盟軍進攻西西里島，這令他倍受鼓舞[30]。

身為嶄露頭角的軍事策略家，知道有自己的出手幫忙才讓這場反攻成真，令他

29 杜威和杜魯門在一九四八年角逐總統大位。許多專家認為杜威會勝出，但是他在選舉人團投票時，卻以三百零三票對一百八十九票輸給杜魯門。杜威終其一生都否認曾收受盧西安諾的賄賂。

30 進攻西西里島時，約十六萬名美、加、英國軍隊登島上岸，其中約有五千五百人陣亡、一萬四千人受傷。

非常自豪。少了他的介入，巴頓將軍的第七軍團恐怕無法在傑拉（Gela）、斯哥利提（Scoglitti）和利卡塔（Licata）等地的沙灘登陸。盧西安諾運用他在紐約市的人脈，下令他的犯罪集團匯集能協助巴頓將軍入侵的資訊。他甚至開出一份名單，列出能指望對方幫助盟軍的西西里黑手黨。

盧西安諾的動機很簡單：出獄。但是殘暴囚犯是如何在二戰中拯救許多性命的這則史詩，劇情還遠遠曲折離奇得多。

✦

盧西安諾第一次坐牢是一九三六年。

這個有權有勢的黑幫老大在柯林頓監獄的高聳灰牆內開始服三十年徒刑。這座最高安全級別的監獄位在紐約州偏遠的丹尼莫拉村。這裡的環境條件很惡劣，因而有「西伯利亞」的外號。入獄前，他掌管自己的犯罪家族，個人淨收入每年可達數百萬美元，如今他卻淪為州政府監禁的階下囚[31]。

「幸運」・盧西安諾在西西里島出生，本名薩爾瓦多（Salvatore）。九歲那年，他隨父母移民美國，改名查理。而「幸運」這個綽號則來自年輕時混跡幫派的他，在遭到一次致命痛毆後卻存活了下來。

他跟卡彭一樣，從曼哈頓下東區的義大利幫派五點幫（Five Points Gang）起步。後來他漸漸領略到與其他族裔合作的威力，便籌組了全國犯罪集團（National Crime Syndicate），將義大利、愛爾蘭和猶太犯罪家族串聯起來，既可避免流血，又能提高組織獲利。為了進一步確保這個集團的凝聚力，他創立了「謀殺公司」（Murder, Incorporated）這個專門的執行部門，負責暗殺敵人和告密者。被鎖定的對象無論怎麼躲，永遠無法脫離危險。有人說，以前曾是碼頭工人，後來變成盧西安諾手下頂尖職業殺手的艾伯特·安納斯塔西亞（Albert Anastasia）親手殺了一千多人。

也有人說這數字未免太過低估。

盧西安諾喜愛和他的犯罪名聲相稱的奢侈享受，比如由專門的廚師準備他最愛的餐點。柯林頓監獄位在曼哈頓北方三百英里外，這使他很難在獄中經營他的組織[32]。

---

31 盧西安諾在一九二五年的總收入超過一千兩百萬美元，淨收入為四百萬美元。後者相當於現在的五千七百萬美元。

▲ 艾伯特·安納斯塔西亞（左）和律師安東尼·柯連卓（Anthony Colendra）一同離開聯邦地方法院。安納斯塔西亞被指控在1947年和1948年逃漏所得稅11,742美元。照片攝於1955年5月23日，紐澤西州肯頓市。

但是他仍然發揮著影響力。他的心腹愛將會定期從紐約長途奔波到丹尼莫拉村。接見時間是每天上午八點半到下午三點，他獲准可在每個時段與四名訪客會面。定期來見這名相貌堂堂、橄欖色皮膚的黑幫老大的人包括猶太犯罪首領邁爾·藍斯基（Meyer Lansky），以及盧西安諾犯罪家族的代理老大法蘭克·卡斯特羅（Frank Costello）。

盧西安諾喜歡這些接見，可是他已經坐牢坐得快要發瘋，很渴望能恢復自由身。在他入監服刑的頭兩年，花了很多力氣嘗試上訴，但是都沒有成功。美國最高法院在一九三八年拒絕審理他的上訴，逼得他不得不找出更巧妙的方法重獲自由。

不久後，美國政府接手法國豪華郵輪「諾曼第號」（SS Normandie），盧西安諾意識到這艘雄偉的大型客輪代表著絕佳良機。

諾曼第號是法國的驕傲，它比大名鼎鼎的「鐵達尼號」（Titanic）還大上三分之一，也是藍絲帶獎（Blue Riband）得主，這個獎項頒給最快橫渡大西洋的紀錄保持船舶。但是法國已落入納粹魔掌，於是諾曼第號現在由美國海軍控制。

隨著戰爭席捲全世界，豪華大型客輪已不適合在海上航行，特別是紐約與英格蘭之間這片受到納粹U型潛艇（U-boat）控制的險惡海域。光是過去一個月內，就有十三艘盟軍貨船被魚雷擊沉。因此，能快速移動的諾曼第號跟英國豪華郵輪「瑪莉王后號」（Queen Mary）和「伊莉莎白王后號」（Queen Elizabeth）一樣，都被重新改造以便將士兵送往戰場。這三艘實力強大的船舶最高速度都超過三十節，許多人都認為，它們能跑得比任何U型潛艇更快（按：不同型號的U型潛艇最大航速各有不同，

---

32 這座最高安全級別的監獄建於一八四五年，目前仍持續運作中。其著名的囚犯包括饒舌歌手圖帕克（Tupac Shakur）。

參與二戰的U型潛艇最大水面航速約為十二至十九節。節〔knot〕是個速度單位，一節即每小時行走一海浬，相當於每小時行走一．八五二公里）。

諾曼第號與瑪莉王后號和伊莉莎白王后號一同停靠在曼哈頓，儘管它們的體型無比巨大，卻占不了多少碼頭空間。因為紐約港規模龐大，有一千八百座碼頭，七百五十英里長的海岸線，每年有一萬艘船隻進出——所有運作全都得仰賴三萬五千名碼頭工人（longshoreman）。

而黑手黨控制了這些工人。

沒有黑手黨的同意，碼頭上什麼事也不會發生。這套做法在西西里島運作得很順暢，現在只不過是施行在更大範圍上。而這個系統的核心，是管控港口的工會。

「碼頭工人」一詞指的是從事裝卸船上貨物，並將貨物放上貨車、火車和飛機等工作的人。黑手黨控制了這些人，就能完全支配進出紐約市的每一個商業行為。

這個過程是由下而上的，從找工作這個簡單的動作開始：所有碼頭工人要想就業，先決條件是必須加入工會。然而光憑工會會員資格並不足以找到工作。為了謀得一職，得先支付犯罪集團一筆特別費用。等到碼頭工人開始領薪水，其收入的一部分會流入工會老大的口袋，也就是回扣。由於黑手黨握有工會高階職務的人選決定權，工會管理幹部會支付當地犯罪家族一大筆津貼，作為其特權職位的保障。

此外，工會領袖有權力竊取或延誤任何貨物。典型的實例之一是紐約的富頓魚市場（Fulton Fish Market），這是全美最大的海鮮批發配送中心。那裡的老大是喬瑟夫．「襪子」．藍薩（Joseph "Socks" Lanza），又名喬．柔克斯（Joe Zox），他的權力來自盧西安諾的犯罪集團，自然也向其效忠。在他的強制要求下，富頓的批發商為了在這個市場做生意，必須先支付一筆高昂的賄賂；為了迅速自船隻和卡車裝卸貨物，還得另外支付一筆小費。每艘漁船入港，收取一百美元；每輛卡車運送漁貨到市場，就收取五十美元。這些錢全都流入柔克斯手中，接著他會上繳盧西安諾應得的那一份。假如有魚販選擇不付錢，新鮮漁獲就準備在船艙裡放到爛掉。

紐約市警察、政治人物和法官都知道最好不要干預這檔事。那些管閒事的人不是人間蒸發、頭部中槍並被埋在紐澤西樹林間的大量生石灰底下，就是被載出海並推入水中，屍體還被綁上重物，以確保能快速沉入海洋深處。

於是，盧西安諾編造了一個「破壞事件」劇本。假如諾曼第號發生什麼事故，美國政府肯定會明白，它需要有人幫忙管控紐約港區。而那就是盧西安諾的機會。

顯然，與黑手黨密切合作，確保港口安全，才符合聯邦官員的最佳利益。如果政府真的提出這個要求，盧西安諾肯定會配合——但前提是完全赦免並且讓他出獄。

這是他的預想。不過什麼事也沒發生。

但接著迎來了珍珠港事變。

美國向日本和德國宣戰後，紐約市就成了納粹發動類似攻擊的最合理目標。

珍珠港事變後不到一週，在一九四一年十二月十三日，三十三名德國杜肯間諜團（Duquesne Spy Ring）的成員因從事間諜活動，在布魯克林聯邦法庭被判有罪。在審判過程中，才揭露出他們的主要目標是獲取能進行破壞活動的情報。胡佛早已將聯邦調查局的工作重點從追捕銀行搶匪，改為追蹤外國間諜。他宣稱，聯邦調查局探員能夠「守護國家機密，讓陸軍和海軍能在戰場上發揮驚人的力量」。

但即使是聯邦調查局也無法守護紐約海濱。盧西安諾離開監獄的精心計畫關鍵就在這裡。大家都知道，親納粹分子在布魯克林十分活躍，而且許多德國移民在港區工作。同樣的，擔任碼頭工人的某些義大利移民也可能支持希特勒的盟友墨索里尼。

在珍珠港事件發生幾週後，美國海軍情報局代號B-3的特殊部隊派遣一百名探員到港區廣泛蒐集情報，此舉正中盧西安諾的下懷。他們很氣餒的發現，碼頭工人謹守緘默法則，拒絕透露任何消息。

美國海軍別無選擇，只得公開承認其對德國和義大利人向紐約港口下手的擔憂。

盧西安諾在珍珠港事件後一個月，也就是一九四二年一月傳送消息給卡斯特羅，讓他來丹尼莫拉村接見。擔憂美國本土遭到襲擊的焦慮達到有史以來最高峰，當前的局勢非常適合提醒美國聯邦政府，黑手黨擁有的權力不同於國內任何其他組織。

衣著時髦瀟灑、剛滿四十一歲的卡斯特羅帶來消息，國際碼頭工人協會領袖人物之一，「硬漢東尼」．安納斯塔西亞（"Tough Tony" Anastasia）已同意對停泊在紐約港的三艘大型郵輪其中之一進行破壞行動。執行計畫的人會是他哥哥艾伯特．安納斯塔西亞，此人是謀殺公司惡名昭彰的職業殺手。

盧西安諾後來回憶道：「艾伯特認為，假如諾曼第號發生什麼事，那真的會讓每個人嚇得屁滾尿流。」

盧西安諾同意了這項計畫。

他回想道：「這是個很棒的主意，我真的看不出來它會對戰時後援造成什麼傷害，因為這艘船根本還沒準備好。再說，沒有美國大兵或船員會受到牽連，因為他們還沒要被送到任何地方。」

諾曼第號預計將在一九四二年二月中旬載著第一批美國戰士出航。

但這趟航程永遠都不會發生了。

✦

諾曼第號正熊熊燃燒。

「好一個安納斯塔西亞，」盧西安諾在監獄中讚嘆道：「他真的把它毀了。」

紐約市消防隊員緊急前往撲滅大火，熾烈火舌不斷從著火的豪華郵輪裡冒出來。即便黑色濃煙從這艘船上層構造的每個孔洞滲出，甲板下的船員仍忙著往火上澆水。

撲滅大火不只從岸上，也從海上著手。紐約市消防員和消防艇朝火舌澆灌大量的水。他們擔憂火勢可能會蔓延到城市本身，這促使他們決心奮鬥到底。從消防水管噴出一加侖又一加侖的水攻擊熊熊烈火，大量的水從上層甲板流向船體最底部，總計有六千公噸的水傾瀉在諾曼第號上。這艘船的設計師弗拉基米爾·尤爾克維奇（Vladimir Yourkevitch）為了指導翻新改造，此刻正在紐約市。他匆匆趕到港口，堅持打開船底閥以拯救這艘船。這麼做能使船體立刻沉入港口沉積物中穩定下來，但是港務警察禁止慌亂的設計師靠近這艘船。

夜幕低垂時分，烈火終於被撲滅。可是進水的船艙已使諾曼第號失去平衡、正向左舷嚴重傾斜，這艘船已經被放棄了。午夜過後不久，諾曼第號翻覆沉船。隨後它會被打撈起來當作廢料賣掉，再也無法往返於大西洋上。

美國海軍中有許多人

▲ 法蘭克·卡斯特羅在 1952 年 4 月 8 日得知，自己因藐視美國參議院被判處 18 個月有期徒刑，併科罰金 5,000 美元後，於紐約聯邦法院大樓接待室拍照時，露出一抹微笑。

尚未從五週前珍珠港事變帶來的震驚中恢復，而諾曼第號的沉沒明顯是個破壞行動。美國此刻正在打仗，在紐約繁忙的港口建造與維護軍艦是最重要的。可是海軍情報局很快就明白，許多碼頭工人效忠的對象是工會，而非美國。除了蓄意破壞的行為，工人很有可能罷工或延誤戰時後援急需的貨物。而海軍情報局最害怕的是納粹特務搭乘潛艇上岸，不難想像，假如碼頭工人工會允許，這類事件就有可能發生。

因此，讓盧西安諾很開心的是，美國政府迫不得已，得和它一度努力起訴並送進監獄的人結盟。

「黑社會行動」（Operation Underworld）就此展開。

✦

一九四二年三月七日，來自美國海軍情報局的少校查爾斯・哈芬登（Charles R. Haffenden）和曼哈頓地方檢察官杜威辦公室攜手合作，與管理富頓魚市場的幫派分子藍薩會面。時間是午夜時分。地點在曼哈頓西城河濱大道上的格蘭特將軍墓。藍薩依據準備好的說辭表示，他會幫助海軍把探員安插在港區和商業漁船上。

接著藍薩告訴哈芬登少校，真正統領港區的其實是盧西安諾。他暗示，關押中的黑幫老大可能樂於幫助政府，以換取從獄中釋放。

不一會兒就達成了協議。

盧西安諾在一九四二年五月十二日移監至大草原監獄，等待戰爭結束。接著，盧西安諾幾乎是立刻就安排了一個由線民和密探組成的網路，負責監視港區所有的可疑活動，就連酒保和保管寄存衣帽的年輕女子也被吩咐要偷聽可疑的對話。結果在戰爭結束前，紐約都沒有發生進一步的破壞行動。同時間，出身西西里島的碼頭工人也奉命提供可能為盟軍所用之人的姓名與個人資料。

隨後盟軍在一九四三年八月十七日，將德國與義大利守軍逐出了西西里島。

✦

將近三年半後，紐約州長杜威在一九四六年一月三日將盧西安諾的刑期減為他已服完的時間長度。那天《紐約每日鏡報》（*New York Daily Mirror*）的頭版標題便是**〈「幸運」．盧西安諾出獄〉**（*Lucky Luciano walks*）。

五週後，在一個寒風刺骨的日子，盧西安諾登上勞拉．基恩號（SS Laura Keene）這艘老舊貨船，前往義大利熱那亞（Genoa）。

他在美國土地上做的最後一件事，就是付清收買杜威的尾款。後來他回想起自己還欠杜威六萬五千美元的競選經費，那是交易的一部分。「一踏上會將我載到義大利的那艘船，我們就確實付清了欠款。用小額紙鈔付現[33]。」

✦

提前釋放盧西安諾一舉極具爭議性，對杜威州長和海軍都造成負面影響。雙方立刻設法淡化盧西安諾在戰時後援中的作用。

隨後，針對盧西安諾事件展開了為期八個月的調查。為了釐清提前釋放盧西安諾的事，杜威州長本人委託紐約州調查特派員威廉．賀蘭茲（William B. Herlands）進行調查。賀蘭茲在一九五四年提出的這份機密報告中總結道：「由於盧西安諾及其中間人的安排，才有這個由人脈和線民組成的網路可供海軍情報局差遣使用。

「他們提供的服務包括取得港區可疑活動的情報和舉報可疑活動；留意破壞與間

諜活動；取得工會帳簿和工會通行證，讓海軍情報局探員能被安插（假稱是雇員）在旅館、餐廳、酒吧和燒烤店、突堤碼頭、船塢、貨車、工廠和其他地方。」

一九五四年十一月二十二日，也就是盧西安諾報告發表六週後，海軍情報局代理局長海軍少將卡爾・艾斯培（Carl F. Espe）要求不公開這份兩千九百八十四頁的文件。他這麼做，即是承認這些發現「歷歷可考」且記錄得「非常翔實」。

這份報告在二十三年後才公諸於世。

✦

盧西安諾自由了。勞拉・基恩號一讓他在熱那亞下船，他就擬定計畫，要鞏固自

✦

33 「後來，我開了張九萬美元的支票，」盧西安諾日後爆料杜威收了錢，才讓他出獄。「當然，這筆錢從未出現在我們納稅申報用的帳簿上，但它也從未出現在杜威的競選經費申報書上。」如前所述，杜威否認自己有任何不當行為。

己在黑社會的個人勢力。可一旦回到紐約市，他肯定得重回監獄服刑。

因此，他決定在不踏上美國領土的前提下，盡可能靠近美國。

時間是一九四六年的聖誕節，地點則在位於古巴哈瓦那的全國大飯店（Hotel Nacional），離佛羅里達九十英里遠，此時在表演廳唱歌的藝人名叫法蘭克・辛納屈（Frank Sinatra，美國男歌手，在華人世界綽號「瘦皮猴」）。

但真正的明星是「幸運」・盧西安諾。此刻，他將美國最成功的犯罪家族聚在一起，討論全新的經商方式。

在接下來的幾天，組織犯罪會策劃出一場隱形戰爭，目標是在美國和世界各地奪得權力。

盧西安諾腐化社會的夢想將要實現，他心知肚明。

8 回不了國，就插不了手

一九四六年十二月二十一日上午九點
古巴哈瓦那

「幸運」．盧西安諾想要絕對的掌控權。

二十多名組織犯罪圈中最有權勢的人被召集來到這處海島樂園。距離盧西安諾從紐約監獄獲釋已經過了十個月。他在義大利站穩了腳跟，而今要朝鞏固自己在黑社會的勢力邁進。每個出席的黑幫分子都交給他一個厚厚的信封袋，裡頭裝滿現金以示敬意。盧西安諾會用這些錢買下全國大飯店的所有權，也就是眾人現在聚集的這座宏偉的濱海賭場和旅館，持有這間大飯店的所有權讓他得以在古巴定居。

這場為期一週的「哈瓦那會議」（Havana Conference）是自從一九三二年以來，美國犯罪集團最高首腦的首次聚會。只需要一個放置得宜的爆炸裝置，就能徹底改變組織犯罪的領導班子，保安工作也因此做得滴水不漏，武裝保全在會議室外的走廊來回巡邏。全國大飯店是為了國外遊客、而非本地人建造的，古巴人甚至不得進入飯店用地內。這些限制在會議期間變得更加嚴格。整個樓層都禁止其他飯店客人進入，方便這些老大會面、飲用蘭姆酒和用餐都不受干擾。此外，這棟六層建物的上方四層樓都被保留給這些幫派分子和他們的手下住宿。

哈瓦那會議是最高機密，當年與會的實際人數至今仍有待商榷。不過可以確知的是，來自紐約、芝加哥、紐奧良和坦帕（Tampa）的黑手黨領袖都出席了。他們的妻子和女友則得等到平安夜才能加入。

這些黑道分子名義上是來看法蘭克・辛納屈在樓下表演廳的演出。這名年輕義大利情歌歌手的成名之路曾獲得盧西安諾的個人資助。他來自紐澤西，但是他的祖先住在盧西安諾出生的同一個西西里小鎮，盧西安諾非常渴望和這名削瘦的三十一歲歌手見上一面[34]。

權勢極大的盧西安諾坐在擦得光亮的木製會議桌首。儘管身在熱帶，他還是穿著深色西裝並打了領帶。他在哈瓦那絕非沒沒無聞的人物，不過為了保持低調，他現在用本名薩爾瓦多自稱，在場的每個人都被明確要求，不得叫他查理或幸運。他已經四十九歲，但仍舊健康苗條且大權在握，擁有一頭黑亮鬈髮。

哈瓦那會議最理想的舉辦地點是紐約，可惜盧西安諾被禁止進入美國。他認為這個禁令只是暫時的，只要打點好州長杜威，便可以返回紐約。他知道野心勃勃的杜威在一九四四年輸給小羅斯福總統後，正計畫再次競選總統。捐贈一筆可觀的政治獻金作為杜威的競選經費，應該足以讓他重返美國。

34 據說辛納屈與組織犯罪交往甚密，這也一直是眾人討論的話題。盧西安諾非常具體的指出，他剛出道時，曾接受過黑手黨的資助。「他曾為湯米．多西（Tommy Dorsey）的樂團工作，」盧西安諾回想道：「那時他每週大約能賺一百五十美元。不過他需要宣傳、表演服裝、各種特殊的音樂設備，這些全都很花錢。我想，總數大約是五到六萬美元。我批准了這筆錢，它來自這筆基金，儘管有些人自掏腰包又多添了一點進去。這些全都幫助他變成大明星。」

在那之前，他必須保持耐心，在古巴等地經營事業，不受聯邦調查局或國稅局的干擾。

這個島國向來歡迎黑手黨。只要某個地方歡迎黑手黨，它很快就能在那裡找到賺錢的方法。蔗糖是古巴的主要農作物，不過哈瓦那也是數百家妓院的所在地，這使得性交易成為黑手黨的一種收入來源。古巴人也很喜歡毒品，有個在地作家指出：「古巴在硬性毒品（按：硬性毒品即烈性麻醉藥物，如海洛因等；軟性毒品則指溫和成癮物質，例如大麻）消費國當中，高居第一位。」到目前為止，黑手黨尚未涉足毒品走私生意，但這只是遲早的事。

這些匪徒知道古巴人沒有什麼閒錢，他們真正的收入來源是美國人。借用某個記者的話來說，美國公民把古巴視為充斥著「娼妓、雪茄、墮胎、度假生活和色情電影」的島嶼。

美國知名劇作家亞瑟・米勒（Arthur Miller）筆下的古巴則是「無可救藥的腐敗之地，黑手黨的遊樂場，美國人和其他外國人的紅粉青樓」。

美國人在禁酒時期曾湧入古巴，迫不及待的享用莫吉托（mojito）和自由古巴

（Cuba libre）——哈瓦那酒保為美國遊客特調的蘭姆雞尾酒。可是禁酒時期早在十多年前就結束了，黑手黨知道，光靠賣淫和毒品不足以持續引誘美國人回來。

未來會是賭場度假村的天下。如果安排得當，比起敗德的嫖妓和吸毒，賭博是獲利豐厚、穩定且更加光彩的勾當。而且跟美國不同，賭博在古巴是合法的。

古巴政府當然歡迎川流不息的美國人，他們有錢又不檢點，能有效促進該國的旅遊經濟。

當前的古巴是由拉蒙・格勞・聖馬丁（Ramón Grau San Martin）總統治理，他在一九四四年上任。許多人認為他的前任，富爾亨西奧・巴蒂斯塔（Fulgencio Batista）自己就是個不法之徒，在任期屆滿前洗劫國庫，導致聖馬丁政權必須開闢非常規的收入來源，為國家財政籌措資金。黑手黨很樂意提供巨額賄賂並參與一部分行動。

聖馬丁總統在競選時一度被視為充滿理想的救世主，其支持者甚至這麼喊到：「他是上天派來，為我們年輕人實現道德解放的。」但他執政的這兩年顯示，這位總統的貪腐程度只比無情的巴蒂斯塔略略輕微一些。聖馬丁很清楚，允許這些黑幫在哈瓦那大搖大擺的聚會，總有一天會讓這個島國與黑手黨形成有利可圖的夥伴關係[35]。

與會的黑幫老大陸續在長桌旁就座，盧西安諾抽著菸。離他僅六英尺遠處，坐著的正是阻撓他被所有人尊為「教父」（Capo Di Tutti I Capi，義大利文「老大的老大」之意）的傢伙——維托・吉諾維斯，盧西安諾一生的宿敵，他時常用「肥豬」來代稱此人。

吉諾維斯是個殘忍的神經病，因偏愛暴力勝過交際手腕而惡名遠播。他曾經愛上一個已婚女子，為了解決愛人已嫁的障礙，他選擇在曼哈頓某處屋頂勒死女子的丈夫。十二天後，這名新寡婦女便嫁給了吉諾維斯。

他雖然只比盧西安

▲ 惡名昭彰的幫派分子維托・吉諾維斯的嫌犯檔案照，攝於1946年7月，紐約市。取材自紐約市警察局（New York City Police Department）提供的傳單照片。

諾早三天出生，卻有張表情緊繃的臉孔和年長男人才會有的退縮髮際線。他比盧西安諾矮了三吋，腰腹肥胖，眉毛濃密。他的西裝皺巴巴的，表面覆蓋了薄薄一層他正在抽的雪茄菸灰。

然而，吉諾維斯靠奸詐狡猾的個性，大大彌補了自己在外貌儀態上吃虧的地方。他曾和盧西安諾並肩經歷一場紐約黑幫戰爭，當時他還認為對方是朋友。事實上，只要透過這兩人的經歷，便可以勾勒出一部紐約黑手黨的近代史。

吉諾維斯和盧西安諾都參與了一九三一年發生在布魯克林某家義大利餐廳的傳奇謀殺案，謀殺對象是「喬老大」·馬塞里亞（"Joe the Boss" Masseria）。盧西安諾那時是馬塞里亞的左右手，而密謀策劃這場錯綜複雜的謀殺，確保盧西安諾能直接接管馬塞里亞犯罪家族的，正是吉諾維斯。

魁梧的馬塞里亞通常由四名保鑣護衛，此時卻不可思議的被獨留在新塔瑪羅別墅

35 這果然成真。在哈瓦那會議後，古巴政府與黑手黨結盟，導致哈瓦那設立了好幾家由黑幫經營的高檔賭場，也讓黑手黨在這個島嶼國家擁有強大的勢力。直到斐代爾·卡斯楚（Fidel Castro）在一九五九年把美國黑手黨攆出古巴，這種情況才減少。

（Nuova Villa Tammaro）的桌邊，就連盧西安諾也去了洗手間。接著，由吉諾維斯、「小蟲」・西格爾（“Bugsy” Siegel）和喬・阿多尼斯組成的謀殺小組突然間闖入餐廳，開槍射殺馬塞里亞。背上四槍，頭部一槍。

這場暗殺行動讓盧西安諾和吉諾維斯躍上紐約黑社會的領導階層，但是兩人的友誼在一九三六年盧西安諾入監服刑時畫下了句點。吉諾維斯在盧西安諾缺席期間，成了盧西安諾家族的代理老大，且他認為這個角色是終身職，而非臨時暫代。盧西安諾從未原諒他。一九三七年，吉諾維斯為了躲避謀殺的指控逃往義大利，於是盧西安諾指派他的門徒法蘭克・卡斯特羅在他出獄前掌管家族事業。

吉諾維斯在流亡時發達起來，在二戰期間成功開創黑市生意。完全沒有道德觀念的他從英軍和美軍那裡一點一滴的竊取財物與貨物，接著再將它們輸送給納粹德國。等到盟軍控制了義大利本土後，他竟然被任命為那不勒斯美軍總部的聯絡官。這個變化讓他有膽量在戰爭結束後回到美國，面對一九三七年的謀殺指控。

對他來說，事情進展得很順利。兩名主要證人在出庭作證之前，就已遭人殺害。這個案子因此被駁回。

✦

盧西安諾與吉諾維斯昨天在全國大飯店幾個街區外、「幸運」的別墅裡相會，這是兩人十年來第一次碰面。

「你離開很久了，」吉諾維斯在午餐後開口說道：「你不知道事情變了很多。」

「維托，你自己也離開了很久。你在暗示什麼？」

「我認為你應該罷手——我是指，退休。」吉諾維斯建議。他來哈瓦那是想奪回控制權，因為他很有把握，這個對手永遠不會被准許重返美國——因此，所有的權力最終都會是他的，而且為他一人獨有。

盧西安諾憤怒極了。「你現在是為我工作，而我不想退休。你要是再讓我聽見這種話，我可要發飆了。」

吉諾維斯知道最好不要強迫對方馬上做出決定，他閉上嘴，沒再說話。過了一會兒，他要求搭便車回飯店。

盧西安諾後來回想道：「我讓司機送他回去。當然，我明白他離開的時候不大開心，可是我才不在乎。我知道有夠多人站在我這邊，讓他不敢太放肆。所以那個肥雜種唯一能做的，就是做夢。

「儘管如此，我得告訴你：要控制我的雙手不去勒住他的肥喉嚨，可一點都不容易。他永遠不知道自己離死亡有多近。」

✦

盧西安諾用幾個笑話和一段歡迎詞為哈瓦那會議揭開序幕。他拐彎抹角的提到，美國黑手黨已經有十五年以上沒有教父這樣的人物了。他提醒與會者，這個角色曾經是他的。不過，為了讓黑手黨家族更加團結，他長期以來一直選擇不接受這個榮譽。但時代已然改變。如今戰爭已結束，禁酒令和非法販賣私酒的日子早已過去，「Cosa Nostra」需要單一領袖指導其事務。

與會者全都靜靜聆聽盧西安諾的發言。遴選出教父，決定是否更積極投入毒品交易，是這次會議最重要的兩大主題。

坐在盧西安諾右邊的是他的副將，衣冠楚楚的卡斯特羅。他在盧西安諾入獄期間負責主持盧西安諾犯罪家族，不過他無意把這當成永久的安排。卡斯特羅這一生都在組織犯罪中打滾，不只為義大利家族工作，也和猶太黑幫與愛爾蘭黑幫聯手。除了擅長持槍械鬥，他也和紐約、紐奧良與洛杉磯的組織犯罪集團密切合作，從事許多非法事業，但多半與賭博有關，比如吃角子老虎和賽馬。卡斯特羅擔任盧西安諾犯罪家族頭目的那些年正值繁榮時期，他也是個很受歡迎的領袖，但是他對於奉還家族控制權給老大沒有半點不情願。在義大利出生的他對盧西安諾是百分之百的忠誠，而他也很滿意參謀（consigliere）這個受人信賴的顧問頭銜。

✦

坐在盧西安諾左邊的是邁爾．藍斯基。即使盧西安諾身陷囹圄多年，這名俄國出生的四十四歲猶太黑幫分子仍舊對他忠心耿耿。哈瓦那會議便是由藍斯基安排的，會議議程也是由他決定。

身高五呎（約一百五十二公分）的藍斯基住在邁阿密，人稱「小巨人」和「黑幫會計師」，是全國犯罪集團背後的金流主腦。他的專長是管理賭博營運，無論是合法或非法賭博，這些都已成為巨大的收入來源。

藍斯基對古巴有種特殊的迷戀。他不只享受這個島國的生活方式和氣候，還有意將不同種類的賭場博奕引入這座島嶼。古巴的賭博目前時常仰賴發牌員的巧妙手法。藍斯基知道，普通遊客可能會受這類花招吸引，把錢押注下去，但是將數千美元押在單一注上的豪賭客則會與這種荷官保持距離，這類玩家要的是誠實的比賽。一旦建立起黑手黨觀光賭場，藍斯基想在哈瓦那成立學校，訓練發牌員坦誠行事。

藍斯基和來自紐奧良的猶太代表「丹迪．菲爾」．卡司特爾（"Dandy Phil" Kastel）跟在座的義大利老大不同，他們無權就本週討論的任何議題

▲ 美國黑幫分子邁爾．藍斯基，攝於1973年2月28日，佛羅里達州邁阿密聯邦法院大樓的臺階上。

進行投票，因為他們不是西西里聯盟（Unione Siciliana）的成員。但是出於尊重，他們可以說出自己的想法。

特別是藍斯基有非常緊急的事需要和大家討論。這個大麻煩是他信賴的童年好友，同為猶太黑幫分子的「小蟲」．西格爾。

藍斯基長久以來都支持西格爾將內華達州南部一處蒙塵的貨車休息站，改裝成以觀光賭場為賣點的度假旅館。內華達州在一九三一年正式讓博奕合法化，作為應對大蕭條時期財政困難的預算補救措施。其他各州雖然也有合法的賭博活動，比如賽馬和賓果遊戲，但是內華達州決定開放全州博奕活動，使它成為美國唯一模仿古巴、擁抱觀光賭場的州。

由於內華達州地處偏遠的沙漠，這項立法迄今尚未產生巨大

▲ 黑幫分子「小蟲」．西格爾，在 1941 年 4 月 17 日於洛杉磯被捕後所攝。

盈利。但是航空業的成長意味著，未來的潛在賭客不必再為了擲幾個骰子，而接連開好幾天的車，這也引起了藍斯基的注意。

西格爾計畫中的博奕聖地拉斯維加斯離洛杉磯不遠，萬人景仰的好萊塢名流也能輕易前往。

他運用向黑手黨借來的錢，打造一處名為紅鶴（Flamingo）的嶄新觀光賭場度假村。在那裡，訪客可以用最低的價格，就享受到最精采的娛樂和奢侈享受，因為賭博收益將會為它帶來利潤。

不過西格爾對建造的管理很差勁，黑幫的耐心因此頻受考驗。成本也超支非常嚴重，造價從原本的一百萬美元出頭暴增到接近六百萬美元。他還向黑手黨以外的人借錢，此舉等同於把他的事業帶進了公眾領域。

此外還有令人擔憂的謠言，指稱他汙錢自肥。有人看見他的情婦維吉尼亞・希爾（Virginia Hill）飛到瑞士，將巨款存入銀行帳戶。她最近還在瑞士租下一間公寓，讓有些人懷疑希爾和西格爾正密謀逃離美國。

「有件事是我們每個人都確信的，」盧西安諾日後回想道：「小蟲跟她同枕共眠的那些夜晚，不知朝她粉嫩耳朵洩漏了多少犯罪集團和眾家老大的情報，那可能會造成很多麻煩。最合理的做法，就是除掉她。」

這做法也同樣適用於小蟲。

儘管紅鶴酒店大多數房間尚未裝修完成，但是再過六天賭場就要開張了。黑手黨對這宗投資的盈利越來越不耐煩。雖然選擇聖誕節隔天開張對新旅館或餐廳而言是個再糟糕不過的時間點，但小蟲急著想證明自己構想的新事業大獲成功。開幕當天深夜，從拉斯維加斯打來古巴的電話中，他將會向眾人報告他的進展。

如果紅鶴酒店成功了，這個房間裡的每個人都會同聲歡呼。

▲ 身穿貂皮大衣的維吉尼亞．希爾曾是西格爾的女友。她在 1951 年 3 月 15 日聆聽參議院犯罪調查員提出的問題後，用意味深長的手勢作為回答。

但如果失敗，小蟲就會被做掉。

✦

坐在藍斯基隔壁的是朱塞佩・安東尼奧・多托（Giuseppe Antonio Doto），又名喬・阿多尼斯。座位安排是權力的展示，意在提醒房間裡的所有人，阿多尼斯是盧西安諾又一個極度忠誠的追隨者。盧西安諾、西格爾、藍斯基和阿多尼斯於青少年時期，在布魯克林經營他們自己的私酒生意。阿多尼斯跟盧西安諾和卡彭一樣，曾為法蘭基・耶魯工作。耶魯在一九二八年遭到暗殺後，接管其事業的，就是阿多尼斯。

即使阿多尼斯如此自負且自戀不已，在某次一個敵對幫派表明願意暗殺盧西安諾，讓他取而代之時，他反而警告他的老大這場襲擊。這樣的忠誠表現從未被遺忘。

✦

沿著會議桌往下依序是：紐約的喬瑟夫・博南諾（Joseph Bonanno）和湯米・盧切斯（Tommy Lucchese）；來自芝加哥，前途無量的三十七歲山姆・詹卡納（Sam

Giancana）；來自紐奧良的卡洛斯・馬塞羅（Carlos Marcello）；來自坦帕的小山多・特拉菲坎特（Santo Trafficante Jr.），以及其他人。

可是眾人的目光都聚集在盧西安諾和吉諾維斯身上，後者坐在阿多尼斯的旁邊。

當盧西安諾正要結束他的開場白時，諾曼第號事件的執行者兼職業殺手艾伯特・安納斯塔西亞說：「查理，原諒我打斷你的話。」這名樂於開槍的黑幫分子坐在吉諾維斯的正對面，後者巴不得他去死。吉諾維斯一直暗中探詢其他黑幫領袖對於做掉安納斯塔西亞的看法。

不過「瘋狂艾伯特」（Mad Albert）可沒在怕，現在他還自作主張，要擁立盧西安諾做教父。

「我想在會議往下進行前先說清楚。對我來說，不管你喜不喜歡，你就是老大哥。這就是我的看法，我想聽聽在場有沒有人持不同的意見。」

安納斯塔西亞瞪著吉諾維斯瞧，看他敢不敢主張他要攻頂。房間裡充滿靜默。

盧西安諾毫不顧忌的說：「我在義大利的時候，就聽說了維托跟艾伯特之間的爭執。我還聽說其他人也想接手。」

▲ 佛羅里達州坦帕市的前觀光賭場經營者特拉菲坎特（左），於1959 年 6 月 10 日在古巴哈瓦那遭到警察拘留。由警察隊長塞爾吉奧・馬丁・威達爾（Sergio Martin Vidal，中）和伊格納西歐・巴蹦（Ignacio Barbon，右）負責看押。

他接著又滔滔不絕的說了一個小時，提醒眾人他們最大的敵人是嫉妒。「幹我們這一行，能賺的錢多的是，用不著去妒嫉其他人。」

盧西安諾按照計畫將話題從兩人相互較勁，轉而集中在他領導下的黑手黨未來。在座許多人贊同將走私毒品納入收益來源。其中領頭的就是吉諾維斯，他強力主張應將黑手黨事業版圖擴張到毒品。以海洛因為例，比起黑手黨在禁酒時期走私的酒類，海洛因更容易運送，而且利潤率也高出許多。硬性毒品還有另一個優點，它們可以用來奴役和脅迫他人。

可是盧西安諾堅決反對走私毒品。他質疑道：「我很清楚，我們擁有的其他東西可以賺很多錢，為什麼要冒險瞎搞，用毒品來毀掉這一切？毒品只會給我們招來那些聯邦探員。

「大眾想賭博，我們幫助他們賭博；民眾在戰時需要酒精、香菸和肉品，我們負責提供。的確，我們會四處勒索某些人。可是另一方面，看看我們投入流通的所有資金，這些錢是從其他正派商人購買我們提供的保護得來的……沒有一個政客或警察能留住我們收買他的錢……他們總是左手進右手出，對振興經濟非常有利。」

盧西安諾看向他的左側，直視藍斯基的雙眼。

兩人放聲大笑，在場的其他人也都跟著笑了。但是隨著緊張氣氛化解，盧西安諾知道他已經輸掉反對涉足毒品生意的辯論——這全是因為吉諾維斯在會前暗中與每個代表溝通，安排他們投票贊同毒品走私。

這局，吉諾維斯領先。

盧西安諾知道最好不要和大多數人對著幹，只好默默吞下這場失利。

諷刺的是，他很清楚一旦黑手黨開始販賣海洛因，他的名字就會和毒品牽連。身為教父，聯邦政府會將他視為毒品交易的煽動者。

盧西安諾重返美國的努力也會因此變得更加困難。吉諾維斯設計了這整件毒品的事來擊垮他。

知道自己被打敗，盧西安諾頹然坐下。卡斯特羅靠過來咬耳朵說：「查理，別拿頭去撞牆。早在這場會議開始前，維托就做了手腳。」

「法蘭克說得沒錯，」盧西安諾日後回憶道：「維托贏了那一回合。」

不過吉諾維斯可沒打算就這樣罷手。

盧西安諾折騰了一整晚，好不容易能上床睡覺時，已經是凌晨四點。拉斯維加斯的紅鶴酒店終於在一個冰冷雨夜開幕了。儘管包括吉米．杜蘭特（Jimmy Durante）、賽維爾．庫加（Xavier Cugat）和喬治．傑西爾（George Jessel）等重量級藝人到場，但僅有寥寥可數的賓客從好萊塢穿越沙漠前來參加盛大的開幕典禮。西格爾卻只會雪上加霜，他出言威脅顧客，甚至還趕走一整組客人。

他幾乎注定在劫難逃。

藍斯基孤注一擲想彌補黑手黨虧損的錢，希望能保住好友西格爾的小命。他說服盧西安諾和其他代表給西格爾多一點時間，想出拯救紅鶴酒店的最後一招。不過暗殺的時鐘正滴答作響。

✦

隨著哈瓦那會議即將接近尾聲，盧西安諾覺得很沮喪。一名老友可能很快就會被殺，而他可能會在拉斯維加斯損失數百萬美元。他開始從聚會會場緩緩朝外走。

但是吉諾維斯攔住他，問他們能否聊一聊。他邀請盧西安諾到他的閣樓套房，兩人不發一語的搭電梯上樓。吉諾維斯一走進房間，就直白的告知盧西安諾：「我要義大利的一半。」

「你在說什麼？」

「我在歐洲開創了這整番事業，」吉諾維斯告訴盧西安諾：「黑市！通往德國的卡車貨運路線，一切的一切。事情都準備好了，就等你回去。」

「維托，你瘋了。我沒打算回去，我要留在古巴。」

「我知道的可不是這樣，」吉諾維斯回應道：「聽說華盛頓知道你在哈瓦那，他們脅迫古巴的那些王八蛋趕你離開。到時候壓力可不小，沒有人能做什麼幫助你。查理，你必須離開這裡，回去義大利。按理說，那裡的一切，有一半是我的——我想要我的那一半。」

盧西安諾最擔心的事得到了證實。他幾乎敢肯定吉諾維斯向美國政府通風報信，說他人在哈瓦那。「那卑鄙的渾蛋想要幹掉我，」盧西安諾回想道：「維托認為他可以強迫我離開，站上梯子的最後一階，成為教父。」

盧西安諾對家族成員向來秉持非暴力的個人準則。違背信譽的暴力行為可能會為他招來殺身之禍，但他實在克制不了自己。此刻，他打破了自己的規則。

「我做了以前從未做過的事，」盧西安諾回想道，「我把他推到牆上，狠狠痛揍一頓。

「他是個強硬的小混蛋，可是我身材高大，比他更加強悍。更別提當時我根本氣瘋了。我動手一直扁他，彷彿他是顆橡皮球。我沒打他的臉——我才不想提高他的身價。我只猛捶他的肚子和腰子，等他倒在地上，我就用力踢他的胃。而且每次出拳或出腳，我會告訴他，他不過是垃圾貨色、狗娘養的、卑劣噁臭的那不勒斯蝨子——更爛的是，他是個告密的美國人，像個該死的叛徒背叛自己的國家。

「我把他揍得半死，他整整三天都出不了房門。」

吉諾維斯斷了三根肋骨，左手臂骨折。飯店醫生在死亡威脅下，奉盧西安諾之命，對外說吉諾維斯是淋浴時不慎跌倒。

哈瓦那會議結束了。

但是吉諾維斯和盧西安諾之間的事還沒結束。

✦

時間是一九四七年二月二十三日。盧西安諾正在全國大飯店附近的哈瓦那新城區（Vedado）享用週六午餐。美國政府得到吉諾維斯的密報，對盧西安諾出現在哈瓦那大為光火。聯合專欄作家華特・溫切爾（Walter Winchell）報導盧西安諾人在哈瓦那時髦豪奢的郊區美麗華（Miramar），使得《時代》和《新聞週刊》（*Newsweek*）等雜誌紛紛報導這位知名黑幫老大的故事。

美國很快便要求古巴將盧西安諾驅逐出境。然而，古巴政府才不甩這個命令。古巴祕密警察頭子貝尼托・賀雷拉（Benito Herrera）以維護古巴主權為由，拒絕逮捕他。古巴內政部長阿弗雷多・佩克諾（Alfredo Pequeño）甚至正式提醒美國駐哈瓦那大使，他目前並沒有從事任何不法情事。

可是盧西安諾很緊張，他可沒忘記自己和吉諾維斯最近才發生過衝突。他後來回想道：「我沒辦法擺脫維托在華盛頓檢舉我的那種感覺。」

他的直覺很準。

✦

哈瓦那會議結束後已經過了兩個月。自從會議上決定要進軍毒品世界，黑手黨迅速進口更多海洛因和其他硬性毒品至美國。

聯邦麻醉藥品管制局（Federal Bureau of Narcotics，簡稱ＦＢＮ）局長哈利・安斯林格（Harry Anslinger）認為，盧西安諾在哈瓦那現身是毒品湧入美國的主因。這名五十四歲的執法官員從一九三〇年起一直擔任這個職務，他曾向酒精和大麻發動猛烈的戰爭；兩者都被視為社會罪惡。現在他把關注焦點轉向海洛因。

但是安斯林格並非依照平等的根據追捕嫌犯。他是公開的種族主義者，認為毒品錯誤的促進黑白種族間的關係。更糟的是，它鼓勵種族平等。他曾寫道：「大麻菸讓黑鬼認為他們跟白人一樣優秀。」

安斯林格還認為爵士音樂家「帶有難聞的下流氣味」，以涉嫌吸毒為名，逮捕了路易斯・阿姆斯壯（Louis Armstrong）和比莉・哈樂黛（Billie Holiday）等知名巨星。

他深知這類搜捕能提升聯邦麻醉藥品管制局的知名度，讓該局能和胡佛的聯邦調查局爭奪威信。體格強壯的安斯林格跟胡佛一樣，與歷任總統保有密切關係，這使他能追求高度個人化的執法目標[36]。

安斯林格局長對爵士音樂家與少數族裔的蔑視，和他對義大利人與黑手黨——尤其是盧西安諾——的憎惡不相上下。

他告訴《真實》雜誌（*True*）：「盧西安諾是今日美國走私毒品的最大尾人物。」其實，安斯林格對盧西安諾**非常著迷**，把他視為聯邦麻醉藥品管制局歷史中最受矚目的嫌犯。安斯林格對他入迷到很快將動手撰寫一本關於他的書，並將這部尚未出版的作品命名為《黑手黨老大》[37]。

因此，儘管古巴保護盧西安諾，但是安斯林格拒絕讓步。他面見杜魯門總統，說明由於盧西安諾的緣故，最近兩個月從哈瓦那流入美國的毒品數量遽增。

杜魯門批准安斯林格可以採取任何必要措施，以便將盧西安諾逐出古巴。結果，所有藥品都被禁止從美國運往古巴，意味著哈瓦那醫院中的病患將受病痛折磨，甚至直至死亡。

古巴政府故作姿態的公開宣稱，盧西安諾和毒品非法流入美國毫無瓜葛。但是腐敗的政客只能堅守至此。

最後，古巴向安斯林格和杜魯門屈服。古巴祕密警察以走私毒品的罪名逮捕了盧西安諾。他被遣送回義大利，一抵達熱那亞，就被關進監獄。雖然最後獲釋，但是盧西安諾再也算不上是組織犯罪的一股勢力了[38]。

然而，吉諾維斯仍舊不是家族老大。再次接管犯罪家族的，依然是卡斯特羅。不過，成為黑手黨成員（Mafioso）是個終身承諾。因此，吉諾維斯甘願耐心等候時機，等待出擊的時刻到來。當那一刻來臨，將會血流成河。

---

36 在安斯林格去世四十多年後，FBI和FBN之間的競爭仍舊十分明顯。緝毒總署（Drug Enforcement Agency，即昔日的FBN）的網站聲稱，安斯林格「早在FBI承認黑手黨存在美國之前很久」，就著手追查黑手黨的毒品活動。

37 安斯林格的作品後來並未發表於市。這些文章目前被保存在密蘇里州獨立市（Independence）的杜魯門總統圖書館（Harry Truman Library）中。

38 盧西安諾後來定居那不勒斯。他沒有重拾犯罪生活，最後錢財耗盡。他拜託紐約的老朋友給予財務援助，但是他們都拒絕了。

9

「紅鶴」與「小蟲」

一九四七年六月二十日晚間十點四十五分

加州比佛利山莊

「小蟲」．西格爾終於能偷閒放鬆一下。

這個週五讓人疲憊不堪，這名渾身散發魅力的猶太黑幫分子期盼過個安靜平和的週末。午夜過後，「班」（他喜歡朋友這麼叫他）從拉斯維加斯飛來，接著開了一整天的會。他和電影製作人艾倫．史邁利（Allen Smiley）在聖塔莫尼卡南方的鮮魚餐廳共進晚餐。此刻，西格爾坐在情婦租下的比佛利山莊豪宅沙發上，讀著《洛杉磯時報》（*Los Angeles Times*）晨版。他老婆最近剛向內華達州法院訴請離婚，而脾氣火爆的紅髮情婦，維吉尼亞・「金妮」・希爾（Virginia "Ginny" Hill）前幾天飛往巴黎。幾個月前，他把這名年方三十的阿拉巴馬美女揍到需要進行整形手術。從此，他們的感情再也回不去了。

他認為希爾飛到法國，為的是幫他新開張的賭場挑選葡萄酒。但事實並非如此。多年來，她一直是芝加哥黑幫的交際花，西格爾根本不知情。幾週前，一名芝加哥黑幫分子「建議」她離開洛杉磯一陣子。

她立刻打包走人。

除了西格爾和史邁利，希爾的弟弟查克（Chuck）和他女友潔莉・梅森（Jerri Mason）當時也在豪宅裡。事後兩人作證表示，小蟲喜歡這棟有七間臥室、摩爾風格的粉紅色豪宅，感覺當天他「心情很好」。

儘管情婦和老婆都讓他煩心，對四十一歲的西格爾來說，生活終於安定下來。他擁有巨額財富且作風高調，令這名時髦有型的英俊藍眼黑道分子成為紐約和洛杉磯兩地八卦專欄的固定常客。不惜大膽冒險也要成立高級的紅鶴酒店這項舉措，更強化了他獨具魅力的黑幫花花公子形象。他的長相和言談舉止在大眾眼中很有辨識度。在華納兄弟（Warner Bros.）最近發行的《樂一通》（*Looney Tunes*）卡通中，兔巴哥（Bugs Bunny）短暫冒充的黑幫分子，其外貌和動作都神似西格爾[39]。

不過，小蟲的真實樣貌遠比卡通呈現的黑暗許多。他生性傲慢，動輒暴怒。出身貧窮的奧匈帝國移民家庭，從小就在紐約街頭混。他在布魯克林的青少年幫派中名聲響亮，十二歲時與邁爾．藍斯基結盟。火爆脾氣和暴力傾向為年輕的西格爾贏得「小蟲」（Bugs）這個終身外號，意指「像蝨子那樣瘋狂」。

他很討厭這個外號，總設法確保沒有人敢當面這樣叫他。

西格爾與藍斯基兩人聯手成立「小蟲與邁爾幫」（Bugs and Meyer Gang），向流動攤販強收保護費，除此之外，也和義大利與愛爾蘭幫派爭奪街頭活動的控制權。隨著兩人年紀漸長，那些相互較勁逐漸平息。到了二十五歲左右，兩人都與「幸運」．盧西安諾及更有權有勢的義大利黑幫家族結盟共事。

後來，西格爾成為職業殺手，參與了幾起著名的謀殺案。儘管他殺害的確實人數值得爭論，不過眾人皆知他在謀殺公司的殘酷世界裡，與安納斯塔西亞、吉諾維斯及盧西安諾等人並肩合作。建造紅鶴酒店期間，他甚至拿黑手黨謀殺案開玩笑，讓承造人惶惶不安。戴爾・韋伯（Del Webb）被這番言論嚇得臉色發白，西格爾還安慰他說：「安啦，我們只會自相殘殺而已。」

雖然小蟲與邁爾幫發展得相當成功，足以讓他在曼哈頓的華爾道夫酒店（Waldorf Astoria Hotel）擁有一套公寓，但他惡名昭彰，很快就引來聯邦調查局的關切。他因此接受藍斯基的建議，在一九三六年搬到洛杉磯去。黑幫勢力此時正從紐約、芝加哥、克里夫蘭等傳統基地向外擴張，他迅速採取行動，掌控了西岸的黑手黨活動。

他和米奇・柯罕（Mickey Cohen）合作，照看加州的賭博、賣淫、場外賭馬和販毒等勾當。身高五呎五吋（約一百六十五公分）的柯罕過去曾是羽量級拳擊手，也是卡彭的打手。西格爾與同為猶太移民之子的知名演員喬治・拉夫特（George Raft）私交甚密，這使他能在好萊塢建立人脈。他很快就和克拉克・蓋博、賈利・古柏（Gary Cooper）及卡萊・葛倫（Cary Grant）等演員成為好友。

西格爾熱愛追求刺激，導致他進行了一些注定失敗收場的計畫，其中包括向義大

39 卡通短片《敲詐兔》（*Racketeer Rabbit*）於一九四六年九月十四日上映。

利獨裁者墨索里尼兜售軍火。但現在，這些牽強附會的方案都早已被擱置一旁。他已經把所有身家全都押在紅鶴酒店上。

✦

內華達州在一九三一年立法讓博奕合法化，觀光賭場和酒店隨即紛紛進駐拉斯維加斯。打頭陣的是一家只能賭博、無法住宿，名為「一對骰子夜總會」（Pair-O-Dice Club）的賭場。緊隨其後出現的是「維加斯牧場」（El Rancho Vegas）、「最後邊境酒店」（Last Frontier Hotel）等住宿設施。很快的，連結它們的道路被稱為賭城大道（Las Vegas Strip）。這裡就是西格爾構思的賭博聖地。他著手深耕拉斯維加斯，與在地政治人物共進晚餐，設法討好他們。

不過，西格爾的犯罪經歷實在太出名。他想買下一家搖搖欲墜、名叫科特斯（El Cortez）的賭場，結果遭到市政府否決。接著他聽說，《好萊塢報導》雜誌（*The Hollywood Reporter*）創辦人比利·威爾克森（Billy Wilkerson）率領的賭場開發案坐落在市區邊緣，正面臨資金短缺問題。他假扮有意投資者，買下三分之二的股權，此案便是後來的紅鶴。他在極短時間內取得全面控制。

他以女友希爾為靈感，為新取得的度假設施命名。她的勻稱長腿讓他想起那些雙腳修長、粉紅色的佛羅里達鳥兒。

可是許願要謹慎，當心願望會成真。多年的工程延宕對西格爾造成嚴重損失，令他與長期盟友盧西安諾和藍斯基的關係變得緊張，跟他們在一起往往讓他變得暴躁易怒。他對哈瓦那會議毫無所悉，也不知道自己因為酒店成本超支，差點丟了性命。對於藍斯基暫時保住他，為他爭取時間償還黑手黨投資一事，也渾然不覺。

藍斯基的計畫確實挽救了他朋友的命。紅鶴酒店在三月中旬重新開張。到了六月它開始獲利，每月進帳數百萬美元。西格爾開始償還黑手黨的借款，任何人提出即刻償還的要求都能馬上兌現。賭場每晚都擠滿了人，水療設施佳評如潮，一百零五間客房幾乎全被預訂一空。此外，該店的表演廳已成為拉斯維加斯的娛樂焦點。

所以他此時能輕鬆自在的離開那個度假設施，在別處享受一頓安靜的晚餐和輕鬆的閱讀。他知道聯邦調查局正緊盯著他，他與墨西哥毒梟交易的國際毒品事業則引來安斯林格和聯邦麻醉藥品管制局的注意。

他終其一生從未因任何一樁重大犯行而被判有罪，也從未因他的暴力行為而被追究責任。他比狄林傑、佛洛伊德和尼爾遜三人加起來還要更富裕，也更加出名。實際上，若要說哪個黑幫分子的人生算得上總能逢凶化吉，恐怕就數小蟲・西格爾了。

至少他是這麼認為。

✦

在希爾身旁的男人都得小心提防。

長相美麗、身材凹凸有致、且患有躁鬱症，這名騾馬販子的女兒出身美國南方，在十二歲初嘗禁果後，首次領略她的肉體具有何等力量。這名未來的「黑幫皇后」在十四歲時嫁給名叫喬治・羅傑斯（George Rogers）的男子，其命運早已被歷史遺忘。十七歲時她住在芝加哥，於萬國博覽會期間在聖卡羅義大利村（San Carlo Italian Village）擔任女服務生。她在那裡引來黑幫分子喬・艾普斯坦（Joe Epstein）的注意。這個賭馬莊家是個同性戀，但他認為，希爾的過人美貌與慵懶南方腔調會是很有潛力的資產。後來艾普斯坦向邁爾・藍斯基透露：「一旦愛上那女孩，就像是得了癌症，無藥可醫。」

她很快就變成芝加哥黑幫的性玩物，從這個黑手黨成員傳到另一個成員手上。她在一九三六年的聖誕派對上，為至少半打黑幫成員吹喇叭，讓圍觀者全都驚呆了。她二十歲時成了艾普斯坦的私人密探。她佩戴珍珠、身穿皮草，頻繁穿梭在芝加哥與紐約兩地，蒐集東岸犯罪事業的情資。那段期間，她本是喬·阿多尼斯的床伴，但很快移情別戀，和小蟲·西格爾打得火熱，兩人熾熱的戀情維持了十年之久。

他們在一起時，希爾並非完全忠於西格爾。她曾先後與墨西哥倫巴舞者卡洛斯·岡薩雷茲（Carlos Gonzalez），以及十九歲的大學橄欖球員奧茲·格里菲斯（Ossie Griffith）共結連理，與此同時，她也接受艾普斯坦的金援，資助她豪奢的生活方式。她淺嘗經營自己的墨西哥毒品生意，不過她的專長還是利用性服務換取內線消息。

緘默是她的優點。芝加哥黑幫分子傑克·卓格納（Jack Dragna）曾經表示，她是「唯一能被信任、會緊閉嘴巴的女人」。

儘管西格爾時常把希爾揍得遍體鱗傷，但她還是認定他是自己的頭號情人。在一九四四年的某回爭吵中，他先是對她拳打腳踢，接著在她拒絕求歡後強暴了她。她後來吞下一整瓶安眠藥，企圖自殺，等他火速將她送醫洗胃時，差點就沒保住性命。

兩人經常激烈爭吵，在比佛利山莊靜謐的夜晚，鄰居不時聽見可怕的陣陣尖叫與咒罵聲。然而，她對西格爾的愛足以讓她甘願捨身冒險，帶著他從紅鶴酒店汙來的錢飛到瑞士，將好幾十萬美元現鈔存進一個不具名的私人瑞士銀行帳戶中。西格爾告訴她，有天要離開美國，去歐洲享受這些錢財，而她相信他。

儘管如此，她與小蟲曾數度分手，而且發誓她發自內心鄙視拉斯維加斯——當她逮到他與紅鶴的香菸女郎調情，甚至氣得出拳痛毆對方的臉，讓金髮的貝蒂·戴克斯特（Betty Dexter）脊椎骨斷了兩節，被送進克拉克郡立醫院。她總是很仔細聆聽西格爾說的每句話，接著回報給艾普斯坦。

一九四七年六月八日這天，艾普斯坦命令她立刻搭機前往芝加哥。稍後她告訴當局，她因「情人間的爭吵」離開洛杉磯。她隨後從芝加哥飛往巴黎，留下她在比佛利山莊北林登大道八一〇號承租的七千平方英尺住家，供西格爾前來此地度週末使用。

十二天後，西格爾接受了她的提議。

此刻，西格爾一邊閱讀《洛杉磯時報》，一邊把左手臂搭在沙發靠背上。客廳窗戶就在他右側四英尺外。旁邊有架平臺鋼琴，上頭擺著一尊羅馬酒神巴庫斯（Bacchus）的赤陶土雕像。牆上掛著一幅油畫，畫中裸女端著一只酒杯。

窗簾敞開著。一盞閱讀燈照亮了西格爾的臉龐。

就在此時，紐約黑手黨的莫伊．賽德威（Moe Sedway）和蓋斯．格林包姆（Gus Greenbaum）剛抵達拉斯維加斯。他們奉藍斯基和盧西安諾家族的命令，進入紅鶴酒店辦公室接管營運。

✦

在芝加哥，希爾背後的藏鏡人艾普斯坦準備再過幾個小時，就要搭早班飛機前往拉斯維加斯，協助「整頓」紅鶴酒店。

✦

在巴黎，希爾打算在塞納河上一艘豪華船屋徹夜狂歡到早上。

回到比佛利山莊。夜色幾近漆黑，眉月的月光微微照亮大地。客廳窗戶外，有個槍手站在鄰居的車道上，將他的點三〇口徑軍規M1卡賓槍（military-style M1 carbine）靠在覆滿玫瑰的格柵籬笆上穩住。最近的街燈在一百碼外，確保這項暗殺任務是完全隱蔽的。持槍歹徒扣動扳機時，距離西格爾不到十英尺遠。

一共九槍。

✦

西格爾還沒來得及感受鋼殼子彈鑽進頭顱的極度痛苦，就已魂歸西天。槍手發射的九槍當中，有一槍貫穿了史邁利的西裝外套。這位製作人立刻臥倒在地板上蜷縮著。

其餘四槍未擊中目標，而是摧毀了酒神巴庫斯的雕像和牆上的裸女畫像。這幾槍是故意射偏，好讓史邁利在刺客逃走後過了很久，還在地板上定住不動。打中西格爾軀幹的那兩槍並沒有造成致命傷。

從右頰射入，頸部左側射出的那一發子彈也未奪走他的性命。

然而，從鼻子底部貫穿臉龐的那一枚子彈接著衝進他的大腦，強大的力道使得他的左眼球從眼眶彈了出去，他這才一命嗚呼。

在屋外找到的彈殼有兩吋長。考慮到射擊距離很近，暗殺者未擊中的機率很小。洛杉磯警方隨後發表結論，其中提及這名殺手肯定是個神槍手，不禁令有些人認為希爾的弟弟就是這名槍手，彼人此時正在比佛利山莊南方僅一小時車程的彭德爾頓海軍陸戰隊基地（Camp Pendleton）服役。

其他人則說，是紐約黑手黨對西格爾的作為感到厭煩，終於還是執行了藍斯基六個月前在哈瓦那成功擋下的謀殺令。

直到今天，沒有人知道究竟是誰殺了小蟲。然而就在暗殺後不久，藍斯基擴大了自己的地盤，最終成為拉斯維加斯博奕世界最強大的勢力。

至於希爾，她很快就嫁給一位滑雪教練，搬到愛達荷州太陽谷（Sun Valley）。不過這段婚姻沒有持續很久，希爾小姐最後又返回歐洲。

雖然她試圖逃離黑手黨世界，卻無法真正與犯罪集團切割開來。

而隨之而來的後果將令人驚愕不已。

10 我是這個法庭的被告嗎？

一九五一年三月十六日晚間六點三十分
紐約市

維吉尼亞・希爾辯稱自己是無辜的。

黑幫成員的女友在參議院委員會調查組織犯罪時出席作證，讓全美各地的電視觀眾全都看得津津有味。自從六年前二戰結束後，美國一直對共產主義和原子彈疑神疑鬼，這場聽證會對眼下的美國而言，無疑是令人愉快的休息。美軍此刻正在朝鮮半島向「紅色威脅」（Red menace）宣戰，而威斯康辛州參議員約瑟夫・麥卡錫（Joseph McCarthy）則直接聲稱，美國政府充斥著共產黨支持者。

如同一九三〇年代出名的銀行劫匪讓社會大眾暫時忘卻大蕭條帶來的苦惱不幸，此刻，基佛爾聽證會（Kefauver hearings）掩蓋了美國對核毀滅的恐懼。

何況沒有任何證人比希爾更囂張。

小蟲西格爾去世四年後，他的情婦坐在弗利廣場（Foley Square）聯邦法院大樓狹窄的聽證室中，面對成堆的鏡頭。她現年三十四歲，育有一名新生兒，毫不畏懼來自皇后區的首席法律顧問，年輕的魯道夫．哈雷（Rudolf Halley）。她穿著深V低胸黑色洋裝，披著價值五千美元的銀貂皮披肩，戴著絲質手套，一面輕而易舉的化解掉他的問題，還不忘表現得自己一無所知。

「我身邊那些送我東西的男人，不是黑道大哥，也不是敲詐勒索者。只有外出玩樂的時候，我才會收到他們餽贈的東西，比如幾件小禮物。」她在宣誓要據實作證後仍堅持這麼說。她的人身自由危在旦夕。調查員推斷，希爾這一生從未實實在在的做過一天工作，稅也繳得不多，然而她的身家淨值估計有數十萬美元。國稅局調查人員知道，在一九四二年到一九四七年間，她的開銷超過二十五萬美元，但是她每年的收入只有一萬六千美元。因此，除非她能解釋這些錢的來源，否則可能會因為逃稅，而得面對漫長的監禁，就像卡彭那樣。

「我對他們的生意一無所知，」談到她的黑手黨朋友，她補充道：「他們沒告訴我這部分的事。他們為什麼要告訴我？首先，我根本不關心他們的事業。我又不懂。」

「我這麼問，」哈雷巧妙的迴避道：「是因為妳似乎很擅長處理金錢事務。」

「誰？我嗎？」

「你說不認識西格爾在紅鶴酒店的合夥人，這真的不太合理。」律師繼續說道。

「因為我沒出門呀，」希爾回應道：「首先，我得了花粉熱。我對仙人掌過敏。每次去那裡我都會生病。」

她接著補充說，去拉斯維加斯的時候，她多半都待在旅館房間裡休息。「班的朋友……我從來沒有見過他們，或接近過他們。」

法庭上擠滿了參議員、調查員和記者。這些聽證會以參議員艾斯特斯・基佛爾（Estes Kefauver）的名字命名，因為這個委員會是由這名散發著學者氣息，卻沉溺女色、獵豔成性的田納西州立法人員率領。這些聽證會的電視轉播成為美國第一起轟動全國的收視率奇蹟。此時，組織犯罪不再是大城市獨有的麻煩，而是已經滲透到小型城鎮，問題已經嚴重到美國市政聯盟（American Municipal Association）請求聯邦政府調查這類禍害。

諷刺的是，聯邦調查局胡佛局長反對舉行這些聽證會。他認為根本沒有必要，並宣稱組織犯罪是一種毫無事實根據的錯誤猜想。他認為應是個別的敲詐勒索者被誤認為組成了一個全國性犯罪聯盟。對此，他斷定地方警察局應該負責起訴這類犯罪。相較於黑手黨，胡佛反而期望美國參議院的調查焦點能鎖定日益升高的共產黨威脅。聯邦調查局紐約分局有四百名探員負責揪出「顛覆分子」，也就是共產黨支持者，卻只有四名探員負責處理組織犯罪。同樣的，胡佛針對美國最有影響力的人逐一建檔，保存其詳盡的個人資訊，卻不認為有必要授權調查黑手黨領袖。

基佛爾聽證會的助理法律顧問約瑟夫．奈利斯（Joseph Nellis）後來提到胡佛否認組織犯罪的存在。「我們和他私下開了很多次會。他在會中告訴我們：『我們對黑手黨或紐約犯罪家族一無所知。我們沒有關注這件事。』他說我們聽到的黑手黨訊息都不是真的。」

基佛爾委員會無法從胡佛那裡得到協助，只好轉向他的競爭對手，聯邦麻醉藥品管制局的安斯林格，想借重他對黑社會的深入見解。然而，當兩名關鍵的黑手黨證人在出庭作證前夕遭到謀殺後，基佛爾參議員再次向胡佛求援，拚命要求聯邦調查局保障未來作證的證人安全。「我很抱歉，聯邦調查局無權執行維安工作。」胡佛冷淡的回絕，進一步拉開自己與這項重要事件的距離。

✦

然而聯邦調查局內部有些人質疑胡佛這麼做的真正動機。有些人覺得很怪，當年持續猛烈追捕不法之徒，透過逮捕或槍殺作惡多端的匪類，建立聯邦調查局威信的人，現在為何在這場公開的組織犯罪調查中，連扮演一個小角色也不肯？

少數探員懷疑，莫非胡佛其實已遭到黑手黨控制。當他搭火車北上到紐約度週末時，經常會造訪鸛鳥俱樂部（Stork Club）這個黑手黨的安樂窩，他在邁阿密喜愛的一家海鮮餐廳也是藍斯基和卡斯特羅資助的店家。

少數探員間甚至私下談論著，藍斯基和其他黑社會大老握有足以毀壞胡佛名譽的照片，而傳聞照片中的另一人，則是聯邦調查局高層克萊德・托爾森（Clyde

Tolson），同時也是胡佛局長將近二十年的忠實夥伴。兩人的關係是如此密切，據說有人曾目擊，在四下無人時，他們會偷偷牽手。胡佛的大型豪華轎車每天早晨會固定前往托爾森的公寓，接他一起搭車上班。這兩個單身漢不僅一同去度假，每週還會一起吃晚飯五次。長久以來，胡佛一直以不道德的罪名起訴同性戀者，還存有有力的政治人物，甚至總統的個人祕密檔案——其中也包括基佛爾參議員。這個來自田納西州的男人以酗酒、愛收賄，以及習慣將參眾議會的桌椅作為臨時起意的性愛場地出名[40]。

聯邦調查局探員也知道，胡佛造訪曼哈頓時，常與卡斯特羅在中央公園祕密會面。

▲ 聯邦調查局長胡佛（右）和助理局長托爾森（左），大約攝於 1939 年。

談話主題不得而知，但胡佛喜歡賭馬是人盡皆知的事——儘管金額都很小，運動博奕在華盛頓仍是非法的，這代表這名全國首要執法官員不惜觸法，也要從事這個愛好。有些探員認為，黑手黨利用局長的這項惡習，讓他不去調查他們的犯罪活動。卡斯特羅後來承認：「胡佛永遠不知道，為了那些區區十美元的小賭注，我得在多少場比賽動手腳。」

✦

說句公道話，胡佛和黑手黨人物的互動對執法官員而言並非那麼不尋常。西格爾死前常與聯邦探員在洛杉磯暗地裡會面，把他死對頭的犯罪活動細節透露給對方知道。但是由於胡佛否認組織犯罪的存在，聯邦調查局洛杉磯分局無法採取行動，只能把黑手黨的情報交給當地警方。而且洛杉磯警察局跟聯邦調查局不同，他們對組織犯罪的存在深信不疑，還因此成立一支菁英小組，致力於消滅洛城的黑幫分子。

「掃蕩黑幫小組」（Gangster Squad）成立於一九四六年，起初是因應不法之徒從美國東岸往西岸擴張，敲詐勒索本地餐廳，如莫坎柏夜總會（Mocambo）和布朗德比餐廳（Brown Derby）等知名洛城餐酒館的老闆都被迫將收入的四分之一交給這些「外來者」或其他人。

小組成員全都是孔武有力的壯漢，不是前運動員就是打過二戰的軍人。他們拿著湯普森衝鋒槍、抽著雪茄、開著車底板彈痕累累的老舊福特汽車四處逡巡。他們擅長將可疑罪犯逼入困境，接著「強烈建議」對方離開，再也別回來。

這個小組運用電話竊聽、破門而入和飽以老拳恫嚇這些「惡人」，成績斐然。傑克·歐瑪拉（Jack O'Mara）警官是最初被選中、負責執行這項職務的八人之一。他記得有一種典型手法：「我們會敞開心扉和這些人談心。強調這裡不是紐約，不是芝加哥，也不是克里夫蘭的事實。接著我們會給他們施加點壓力，你懂我的意思嗎？我們會在夜黑風高的晚上開上好萊塢山（Hollywood Hills）、冷水峽谷（Coldwater Canyon）附近，或那裡的任何地方。」

40 從托爾森在一九三一年進入調查局工作後，關於胡佛和托爾森的流言就一直跟隨兩人。他們究竟是戀人，或只是單身漢同事，仍有爭議。胡佛死後，他的住家和幾乎全數財產（五十五萬一千美元）都留給了托爾森。

他繼續說道：「我們會用槍指著他們的耳朵，說：『想打噴嚏嗎？你是不是快要打噴嚏了？一個又大又響的噴嚏？』」

✦

社會大眾跟洛杉磯警察局一樣，完全相信組織犯罪**確有其事**，不過此些場面著實帶給大眾許多娛樂。

「一九五一年三月十二日這一週，將在歷史上占有特殊地位，」《生活》（*Life*）雜誌的封面報導寫道：「眾人突然間全衝進室內，坐在客廳、小酒館、俱樂部、禮堂、後臺的辦公室，彷彿被魔法控制，在怪異的昏暗光線下，盯著數百萬個小小的冰冷螢幕。全國民眾的注意力從未如此徹底被單一事件吸引住……。

「聽證會舉行期間，髒碗盤堆在水槽、嬰兒沒人餵、買賣量驟減、百貨公司沒人上門。」

大眾對黑手黨隱密的運作機制無比著迷，達到前所未有的強烈：全國各地的學校讓學生提早下課，以便觀看電視轉播的法庭訴訟。而在紐約，來觀看百老匯表演的觀眾寥寥無幾。黑手黨的存在已有數十年之久，美國民眾對黑社會十分迷戀，熱衷於把盜賊或殺手捧為名人，甚至英雄。曾經凸顯犯罪不軌行為的電影新聞片，如今已被電視直播取而代之。

這些聽證會是如此廣受歡迎，甚至令基佛爾參議員贏得由電視藝術與科學學院頒發的艾美獎（Emmy Award）。而他也選擇參與一九五二年的總統大選，基佛爾在新罕布什爾州初選中擊敗杜魯門總統，讓杜魯門決定放棄競選連任。

但是以他為名的這些聽證會對他來說並非是全面勝利。委員會在芝加哥停留期間，他與黑手黨律師悉德尼．柯夏克（Sidney R. Korshak）私下會面。柯夏克並非同意作證，而是讓已婚的四十七歲參議員瞧瞧幾張他和兩名妙齡女子在芝加哥德雷克飯店（Drake Hotel）翻雲覆雨的照片。即使當時他仍正在角逐總統大位，從這一刻起，基佛爾已正式淪為黑手黨的俘虜[41]。

當然，希爾不是唯一出席作證的人。過去一年來，基佛爾委員會在十四個城市聆聽證詞，並傳喚了六百多名證人。其實，這項調查理應在一九五一年二月結束，但是這些聽證會太受歡迎，大量的民眾投書湧入參議院，要求電視轉播節目繼續下去。

因此，紐約市的加開場是最後一站。

被傳喚前來這棟聯邦法院大樓說明的其他黑幫分子包括卡斯特羅，目前負責掌管盧西安諾犯罪家族。儘管盧西安諾將永遠缺席，但卡斯特羅仍不把家族名稱改成自己的姓氏，以示尊重。此刻，社會大眾不僅看見這個黑手黨成員衣著多麼時髦瀟灑，也聽見他帶有義大利腔的沙啞嗓音，這是他切

▲ 英格蘭人床墊公司（Englander Mattress）的律師悉德尼．柯夏克告訴參議院調查員，在管理顧問納森．薛佛曼（Nathan Shefferman）為了觀察並檢查工廠員工而支付工錢後，該公司將 2,800 美元退還給他。照片攝於 1957 年 10 月，華盛頓特區。

除聲帶息肉的手術失敗所致。他拒絕承認美國黑手黨存在的舉動，大大增加了這齣戲的可看性。

「我的身體狀況不允許我作證，」他在某個時機點告訴基佛爾。

「你拒絕進一步作證嗎？」

「我是這個法庭的被告嗎？」卡斯特羅問。

「不是。」

「那麼我要離開了。」卡斯特羅回答道，接著便站起來走出法庭。

然而這些聽證會對他極為不利。最終，他會因藐視參議院而被送進監獄。

對黑手黨二當家威利．莫雷提（Willie Moretti）來說，情況更加糟糕。他在聽證會上選擇不行使第五修正案（按：根據美國憲法第五修正案，刑事案件被告有權拒絕

---

41 基佛爾輸掉一九五二年的總統競選後，仍留在參議院服務，並且在一九五六年第二度挑戰白宮寶座。結果民主黨提名阿德萊．史蒂文森（Adlai Stevenson）為總統候選人，基佛爾則以副總統候選人的身分搭檔參選。一九六三年，他在參議院議席上心臟病發。他延後手術時間，想等待和他們女兒在科羅拉多州度假的妻子南希（Nancy）趕回來陪在病榻旁。兩天後，南希．基佛爾的飛機降落在華盛頓時，他卻因主動脈瘤破裂而撒手人寰。

自證其罪），並認為告訴參議院專家小組某些「好漢」（按：made man，指完成黑手黨入會儀式的正式成員）常在「杜克家」（Duke's）俱樂部交際應酬是件無傷大雅的小事。這個當下看似無害的舉動，卻讓他在七個月後，某天在紐澤西吃午餐時，遭人朝臉部開槍並當場喪命[42]。

儘管卡斯特羅表現得誇張造作，但是一夕爆紅的卻是希爾。面對檢察官的各式花招，她故作天真，用天不怕地不怕、滿不在乎的態度回應。基佛爾形容，她說話時那阿拉巴馬州的拖腔混合了「南方貧窮白人和芝加哥黑幫的腔調」，其中渾然天成的魅力，深深吸引著全美的觀眾。而在出庭作證結束後，她摀著臉，推擠穿越高聲提問的大批記者一舉，更增添了整件事的戲劇色彩。

「你那該死的鏡頭別對著我的臉拍。滾開，別擋我的路，」希爾喝斥著。可是《紐約新聞報》（*New York Journal–American*）的記者瑪莉喬．法恩斯沃斯（Marjorie Farnsworth）才不打算照做，她擋住希爾去路，結果換得了臉上一記右勾重拳。《紐約時報》（*The New York Times*）記者李．莫帝默（Lee Mortimer）的小腿也挨了一腳，引來旁觀群眾的大聲歡呼。

「我希望他媽的原子彈落在你們頭上。」希爾在上車離開法院前，轉頭大聲嚷道。

儘管這樣的行為可能有些厚顏無恥，尤其對一名試圖反抗一九五〇年代傳統性別規範的女子來說，但是希爾接著發表的意見將完全顛覆這場調查。

新罕布什爾州參議員查爾斯．托比（Charles Tobey）是委員會五名成員之一。各家記者都在場，但是場內沒有電視攝影機。托比對希爾與喬．艾普斯坦，還有其它給她大筆金錢的男人之間的關係很感興趣。

「為什麼他們這麼做？」托比問，企圖讓希爾上鉤。

她巧妙閃避這個問題，托比試著再問一次。

「為什麼他會把那些錢全交給妳？」參議員問，他指的是艾普斯坦。

「你真的想知道？」

42 莫雷提在黑手黨和娛樂圈都很吃得開，與有力人士素有往來。他是辛納屈的教父，也是喜劇演員狄恩．馬丁（Dean Martin）和傑利．路易斯（Jerry Lewis）的好友。這三人都在他女兒的婚禮上表演。馬丁和路易斯在莫雷提被殺的那天本來要和他共進午餐，卻因為路易斯那天早晨染上流行性腮腺炎而臨時取消。

「對，我想知道原因。」

委員會急切的等她作答。他們似乎感受到勝利就在前方。

「好吧，我告訴你為什麼。」

希爾的答案跟他們預期的不大一樣。

「因為我是城裡一等一的吹喇叭高手。」

✦

在紐約市南方四百英里外的維吉尼亞州大學城沙洛茲維爾市，一名志向遠大的律師和他懷孕的妻子被黑手黨聽證會吸引住了。

來自麻薩諸塞州的羅勃．「巴比」．甘迺迪（Robert "Bobby" Kennedy）今年二十五歲，身高五呎七吋（約一百七十公分），體重一百五十五磅，是個懷抱理想主義的愛爾蘭裔天主教徒。他有著保守派的政治傾向與道德思維，個性則是出了名的百折不撓。威斯康辛州參議員麥卡錫是他有權有勢的朋友之一，此刻正因推動共諜獵巫而聲名大噪[43]。

▲ 麻州參議員約翰・甘迺迪（左）和他弟弟，也是他的競選總幹事巴比（右），兩人在 1960 年 7 月 10 日討論競選事宜。這位參議員正在角逐民主黨總統候選人提名。

甘迺迪很少喝酒，也不抽菸，他新婚未滿一年的妻子艾瑟兒（Ethel）也是如此。他在維吉尼亞大學攻讀法學院學位時，這對夫妻住在一間三房的房子裡。因為兩人都來自富裕家庭，艾瑟兒不禁悲嘆道：「我們家隨便一棟招待所的客廳都能裝得下這個地方。」不過甘迺迪夫婦對他們的臨時環境還算滿意。

屋子裡經常是一片混亂。艾瑟兒不煮飯也不打掃，所以女傭沒來的那幾天，廚房和臥室就會很凌亂。

43　巴比・甘迺迪曾任麥卡錫委員會工作人員，在負責調查共產黨支持者時，實際上是受僱於麥卡錫。

他們還養了一隻叫做托比・貝爾奇（Toby Belch）的英國鬥牛犬，沒有受過訓練，規矩不太好。這些因素加上完成學業的艱辛，以及等待第一個孩子的誕生，可以說巴比・甘迺迪人生的這段時間相當騷動不安。

甘迺迪同意基佛爾參議員所說，打擊組織犯罪應該是「全國性的運動、重要的辯論盛會、也是喚醒輿論對美國道德狀態關切的好方法」。由於心中清教徒的價值觀與精神，巴比選擇成為一名律師，希望運用法律杜絕犯罪活動。等到取得律師資格後，他期盼能為司法部刑事司效力。

然而，隨著基佛爾委員會一次次揭露意外內幕，他逐漸意識到自己家族的名聲可能很快就會遭人敗壞。在聽證會上，有人提及他父親與組織犯罪的關聯，但並沒有提出證據。

事實上，他的童年之所以能過得富足寬裕，便是他父親選擇遊走在道德的灰色地帶。雖然基佛爾聽證會是繞著義大利裔美國人的犯罪活動展開調查，但是愛爾蘭裔的喬瑟夫・甘迺迪（Joseph Kennedy）是個千萬富翁，他握有的權力跟任何黑手黨閣下（Mafia don）一樣多。這位甘迺迪家族的大家長在有生之年創立了雷電華電影公司

（按：RKO Pictures，美國電影製片與發行公司，也是好萊塢黃金年代〔一九三〇年代早期到一九四〇年代晚期〕的五大製片廠之一）、擔任美國駐英國大使，以及出任美國證券交易委員會的首任主席。

喬瑟夫·甘迺迪不僅強烈仇恨猶太人，甚至推崇希特勒的政治見解。此外，他還在某個信賴的醫師建議下，讓患有學習障礙的女兒接受腦白質切除手術。黑幫成員卡斯特羅日後將會鄭重聲明，他和喬瑟夫·甘迺迪在禁酒時期曾合作運送私釀威士忌。據說有人曾一度打算在底特律謀殺甘迺迪，也是卡斯特羅出手干預，救了他一命[44]。

儘管備受矚目的喬瑟夫·甘迺迪有這些不同凡響的事蹟，但是巴比·甘迺迪將會選擇一條不同的道路。他很快就會成為聯邦政府中反黑手黨派的領袖。

而殘暴的犯罪分子將會為此恨透了他。

44　儘管卡斯特羅和藍斯基指證歷歷，卻沒有可靠的證據能證明喬瑟夫·甘迺迪過去曾走私酒類。他的父親在禁酒時期之前曾是烈酒進口商，他自己也拿到好幾個烈酒品牌的合法進口權，一旦禁酒令被廢除，就能派上用場。值得注意的是，今日甘迺迪家族仍否認這位大家長曾涉入任何犯罪活動。

11 心虛的抱頭鼠竄

一九五六年八月十八日晚間六點
紐約市
阿斯特大飯店

自從組織犯罪在全國電視網曝光以來，已經過了五年。黑手黨不但沒有收斂，反而更加壯大——尤其是在紐約。

三千名賓客擠滿了時報廣場的大飯店宴會廳。全美二十四個主要犯罪家族的頭頭都已到場，包括黑手黨要人維托・吉諾維斯、艾伯特・安納斯塔西亞、山姆・詹卡納和喬・普羅法奇（Joe Profaci）[45]盧西安諾家族的卡斯特羅，此時正因逃稅得在獄中服刑十一個月，顯然無法出席。黑手黨大咖、同時身為卡斯特羅盟友的喬・阿多尼斯也缺席，在被美國政府驅逐出境後，他目前定居在義大利米蘭。

儘管五年前的基佛爾聽證會曾引起社會大眾的注意，但眼前這場奢華的正式晚宴，便是黑手黨早已蓬勃發展的證明。賭博和非法毒品是他們日漸富裕的基礎，而像拉斯維加斯和哈瓦那這樣的安樂窩則使得黑手黨能在擁護他們的環境中繁榮興旺。然而，一九五六年的美國正處於轉型期，不法之徒也得隨著整個國家一起改變。

有些歷史學家日後會將一九五六年視為一九五〇年代最關鍵的一年。美蘇冷戰越演越烈，人們對核子末日的恐懼也相當明確。艾森豪總統很快將會連任，儘管他冷靜的性格和中間路線的政策，似乎和當前肆虐南方腹地（按：Deep South，指阿拉巴馬、喬治亞、路易斯安那、密西西比和南卡羅萊納五個南部州，是美國最保守的一片地區。過去長期是民主黨的鐵票區）的黑白暴力衝突脫節。此外，國會已通過一項法案，將會建造州際公路系統，此舉不僅能促進郊區的發展，也將會帶來汽車旅館和汽車電影

---

45 電影《教父》（*The Godfather*）中，維托・柯里昂（Vito Corleone）一角的原型就是普羅法奇。

院等新發明。

但是在美國文化的轉變，遠遠超越種族與道路。貓王（Elvis Presley）在一月時推出了大受歡迎的熱門金曲〈傷心旅館〉（*Heartbreak Hotel*），並開創了搖滾樂，使得黑手黨鍾愛的辛那屈這類情歌歌手不再當道。這股新興狂熱，伴隨著人稱「垮掉的一代」（Beat Generation）的低調運動發生，它揚棄美國的傳統價值觀，轉而擁抱開放性關係和娛樂用藥。雖然今晚在宴會廳的黑手黨成員沒人想戴著貝雷帽打邦哥鼓，但他們很樂意提供大麻與海洛因，助長某些「披頭族」（beatnik）的行為。

不過在這宴會廳的舞臺上，可沒有搖滾樂出場的份。在臺上為賓客柔聲低吟的，是歌手東尼・班奈特（Tony Bennett），本名安東尼・多米尼克・貝內德托（Anthony Dominick Benedetto）。三十歲的班奈特在歌壇大紅大紫，不過出於敬意，今晚的表演是無償演出。另一位知名的義大利人尤金・瑪麗亞・若望・派契利（Eugenio Maria Giovanni Pacelli）則從羅馬捎來他的滿滿祝福，八十歲的他，正是全球知名的教宗庇護十二世（Pope Pius XII）。教宗為何參與黑手黨婚禮的動機並不明確，但是新娘和新郎已計畫度蜜月時在梵蒂岡短暫停留，以示致意。

這場在阿斯特大飯店（Astor Hotel）舉行的盛會是蘿莎莉・普羅法奇（Rosalie Profaci）和薩爾瓦多・「比爾」・博南諾（Salvatore "Bill" Bonanno）的婚禮，結合了紐約兩大最有勢力的犯罪家族。這是自從哈瓦那會議後，規模最盛大的黑手黨顯要人物聚會，但今天的氛圍是慶祝，而非公事。新郎的父親喬瑟夫・博南諾，人稱「瘋狂的喬」（Joe Bananas），守護著典禮進行，很驕傲自己能將黑手黨再次團聚在一起，哪怕只是一個晚上。他仔細審視座位安排，確保互看不順眼的競爭敵手能分別坐在宴會廳的兩端。

但是無論他們坐在哪兒，都能輕易看見十七呎高（約五・二公尺）的結婚蛋糕。「至少他們願意賞光，」博南諾後來回憶道：「他們都努力保持友善。」

✦

不過這「友善」並未持續太久。

一九五七年五月二日，法蘭克・卡斯特羅此時已交保獲釋，暫時離開了他口中的「小牢房」（the jug）。在基佛爾聽證會前，他唯一的前科是四十年前的攜帶槍枝案。

但他在電視轉播時的表現改變了他的人生，他從此成為政府密集嚴查其商業交易的重點對象。在一九五四年，他因逃漏兩萬八千五百三十二美元的聯邦稅賦而被判有罪。直到今年三月，他才以兩萬五千美元交保，暫時重獲自由，等待法院裁定他的實際刑期究竟應該是五年，或是目前已服刑的時間。

紐約市長久以來被所謂的五大家族瓜分，他們全都是西西里島移民後代。博南諾、盧切斯、盧西安諾、甘比諾（Gambino）和普羅法奇家族也是黑手黨委員會（the Commission）這個全國性組織犯罪集團的一部分。這五大家族的老大，加上水牛城、紐奧良和坦帕的黑幫，以及芝加哥犯罪集團的領袖，在排解爭端上有極大的影響力。為了避免地盤爭奪產生的衝突，五大家族分據紐約的五個行政區，紐澤西則是集體共治。假如有哪個領導人變得不穩定，需要有人取而代之，則必須先取得其他所有老大的許可。

此刻，卡斯特羅覺得再安全不過。沒錯，阿多尼斯遭到驅逐出境，加上他在獄中關了三年，這些確實削弱了他對盧西安諾家族的掌控。然而他敢肯定，他的盟友將會繼續效忠於他。他長久以來與安納斯塔西亞結盟，後者在一九五一年四月謀殺甘比諾家族前任老大文森・曼加諾（Vicent Mangano）後，成為自己犯罪家族的首領，即使當時基佛爾聽證會仍在進行中。卡斯特羅跟控制布朗克斯（Bronx）和紐澤西的湯米・盧切斯也很親密，盧切斯以他的外交手腕著稱。這三個人在五大家族中形成的勢力，應該能讓卡斯特羅在熬過法律劫難後，仍能掌權好一陣子——至少他希望如此。

但是人稱「黑社會首相」（Prime Minister of the Underground）的卡斯特羅有所不知，吉諾維斯此刻正在悄悄努力把盧切斯拉到自己那一邊。

✦

卡斯特羅正在紐約市享受自由時光。他在這個溫暖的春日，去比爾特摩大飯店（Biltmore Hotel）的土耳其浴放鬆身心，消磨了好幾個小時。接著到鋪有白色桌巾的法義餐廳艾格隆（L'Aiglon），和妻子芭比（Bobbie）與幾名朋友共進晚餐。但是當這場聚會移至酒吧小酌時，他禮貌的告辭，搭計程車回到他在曼哈頓的公寓。這間公寓坐落在中央公園對街，共有七個房間。此時是晚間十點五十五分。他沒注意到有輛黑色凱迪拉克（Cadillac）尾隨在後，接著緩緩停在地標性建築，壯麗公寓大樓

（Majestic Apartment）前方。

當他走進門廳時，跟大門警衛諾弗爾・凱斯（Norvel Keith）打了招呼。

突然間，一個帶有濃重義大利腔的聲音朝他大喊：「法蘭克！吃子彈吧！」

就在他本能的扭頭望向吼叫聲的來源時，魁梧的襲擊者從十五呎（約五公尺）外用一把點三八口徑的手槍射擊。職業殺手文尼・「下巴」・吉根迪（Vinny “the Chin” Gigante）曾是職業拳擊手，現在則是為吉諾維斯效力的執行者。卡斯特羅在子彈擦傷他的右邊腦袋前一刻，認出了這名三百磅重的刺客。

隨著他重重摔倒在門廳的一張皮沙發上，鮮血立刻從傷口噴出。吉根迪推開大門警衛，跑到七十二街上，黑色凱迪拉克在那等著接應。當車子加速離開時，吉根迪確信自己已成功殺死偉大的卡斯特羅。

但是卡斯特羅還活著。

在子彈離開槍管前，暗殺者大聲喊出名字一舉，正好讓卡斯特羅轉頭，躲過這顆本該致命的子彈。雖然鮮血不斷從傷口流出，但是這名黑幫老大僅受了皮肉傷。他馬上被計程車載往羅斯福醫院，醫生證實子彈從接近他右耳的地方進入，沿著頭骨彎曲移動，最後從脖子上方穿出。X光顯示他的頭骨完全沒有受傷，令人難以置信。

當外科醫生執行工作的同時，紐約警察偷偷搜索了卡斯特羅的隨身物品。有張小紙片寫著：「截至一九五七年四月二十六日為止，賭場贏得獎金總額為六十五萬一千兩百八十四美元。」隨後的調查揭露，這筆錢是他從拉斯維加斯新開幕的熱帶花園酒店（Tropicana Hotel）拿到的「吃紅」。這是首件證實紐約黑幫參與經營拉斯維加斯觀光賭場的證據。

這意外的證據足夠令卡斯特羅重回大牢。

但是改變他人生的，正是這樁幾乎成功的暗殺。當他被傳喚到庭指認襲擊者時，這位老大堅持行使緘默法則，聲稱自己認不出是誰開槍射殺他。「我在這世上沒有敵人，」卡斯特羅顯然對為何有人想謀殺他感到疑惑，他告訴紐約市警察局：「肯定是把我誤認成別人了。」

然而他很清楚，除非吉諾維斯接管盧西安諾犯罪家族，否則那人絕不會罷休，這無疑代表著自己必須死。如今他六十六歲，經濟寬裕，與結婚近四十年的前歌舞女郎過著幸福的生活。

於是，與其忍受再次謀殺的威脅，卡斯特羅選擇採取史無前例的手段，從黑手黨「退休」。他回到監獄服完刑期，出獄後就在壯麗公寓大樓度過餘生，再也不是犯罪家族的老大。他適應了日常生活：每天早上九點起床，走到華爾道夫酒店刮鬍子、修指甲、擦鞋，接著在麥迪遜大飯店（Madison Hotel）吃午餐，傍晚則在十八樓的自家轉角公寓款待各界名流。卡斯特羅擔心遭執法單位逮捕，或黑手黨出其不意暗殺的日子已經結束。有紀錄顯示，他甚至每週固定和心理醫生見面，討論他的感受[46]。

打從很久以前在哈瓦那會議，企圖接管盧西安諾犯罪家族未果後，吉諾維斯便一直耐心靜候時機。他想要的不是退休，他只在乎權力和財富。

他終於贏了。此後世上再也沒有盧西安諾犯罪家族。

吉諾維斯犯罪家族正式誕生。

✦

艾伯特・安納斯塔西亞也在擴張他的犯罪家族。

這名黑幫分子以前綽號叫「地震」（Il Terremoto），現在他已變得成熟，不再是年輕時那個血氣方剛的劊子手。舉例來說，數年前，他下令謀殺布魯克林居民阿諾德．舒斯特（Arnold Schuster）。這名二十五歲的服裝店店員因為抓到傳奇的銀行搶匪威利．薩頓（Willie Sutton），而成為當地英雄。但是舒斯特上電視吹噓這次捉拿行動時，正好被安納斯塔西亞看見。他對著電視大發雷霆，嚷嚷道：「我沒法忍受告密者。」接著便派手下去暗殺這個業餘義警。舒斯特的雙眼各中一槍，鼠蹊部兩槍，明顯在警告其他所有想管黑社會閒事的人。

但如今，他完全變了個人。

「安納斯塔西亞，」《紐約時報》寫道，「看似親切和藹又慷慨大方。」在這個涼颼颼的週五上午，現在是十點十八分。惡名昭彰的謀殺公司前職業殺手身穿棕色西裝、頭戴灰色帽子，走進曼哈頓的喜來登公園大飯店（Park Sheraton Hotel）。他脫下藍色長大衣，在大廳的格拉索理髮店（Grasso's）選了張椅子坐下。嵌壁式燭光凸顯著他臉上的深刻線條，這些都是賭馬賠錢後留下的記號。

---

46 他在紐約州長島的沙點市（Sands Point）還擁有另一座豪宅。

他坐在四號椅子上，面對窗戶，窗外就是五十五街和第七大道的交叉口。他背對著理髮店入口。

這家小店擠滿了人，另外兩名顧客已就座，店內員工包括五名理髮師、一名美甲師、一名代客泊車司機、兩名擦鞋匠，以及老闆亞瑟·格拉索（Arthur Grasso）。

「理髮。」他生硬無禮的朝理髮師喬瑟夫·波奇諾（Joseph Bocchino）吩咐道。

波奇諾在他的頸間圍上理髮圍巾，並將他的椅背向後傾斜，在臉上蓋著熱毛巾軟化鬍根，方便在理髮前先剃鬍子。

安納斯塔西亞此時五十五歲。多年老友卡斯特羅遭人謀殺未遂，讓這名魁梧的黑幫分子感到很不安。他擔心自己會是下一個目標，於是最近將貼身保鑣的人數從原本的一人增加到三人。他在紐澤西州李堡（Fort Lee）的新豪宅現在也用十呎高（約三·四公尺）的金屬圍籬團團包圍，草地則由兩頭凶狠的杜賓犬巡邏。然而他最害怕的不是自己可能喪命，而是妻子和二十二歲兒子的安危。

說實話，這類攻擊的可能性隨著時間流逝而逐漸下降。他跟吉諾維斯曾經差點開戰，但後來兩人和五大家族的領袖坐下來共進晚餐，在和解之前彼此互相指控。「他們心不甘情不願的宣布放棄與對方開戰，」喬瑟夫・博南諾回憶道：「在場的其他人全都舉杯祝賀兩人講和。艾伯特和維托甚至親了彼此的臉頰。」

那樣的言歸於好讓安納斯塔西亞有時間和藍斯基，還有坦帕的黑手黨老大特拉菲坎特一起密謀，希望能將他的家族事業版圖擴張到古巴觀光賭場和毒品走私。他其實對黑社會的停戰協議很有信心，所以今天沒有帶保鑣來。揭開毛巾的這一刻，他很放鬆。理髮師把他的座椅轉過去面對鏡子。此時是上午十點半，他雙眼輕閉，向後斜躺在椅子上。

突然間，兩個身高略矮的男人從飯店大廳走進理髮廳。兩人都戴著紳士帽和飛行員墨鏡。圍巾遮住他們臉孔的下半部。兩人各戴了一隻黑色手套。

兩名槍手迅速大步走到四號椅子旁，安靜的用手槍槍管戳了戳理髮師波奇諾，示意他立刻閃邊去。他一跑走，他們分別在安納斯塔西亞的兩側站定。

店裡其他人匆匆奪門而出。

安納斯塔西亞聽見騷動立刻坐起身，企圖保護自己，但為時已晚，十發子彈接連往他打去。頭兩槍是驗屍官口中的「防衛傷」，他舉起手臂想保護自己卻沒有成功，反而使得他的左手和手腕被打碎了。

他迅速撲向槍手，但是在混亂中不幸犯了大錯，他攻擊的是他們在鏡中的倒影。此刻他面對著錯誤的方向，臀部、脊椎，最後是頭顱都被子彈射中。

《紐約時報》報導指出：「顯然，擊中後腦勺的那枚子彈立刻奪走了他的性命。」當他裹著白色理髮毛巾癱倒在地時，殺手離開飯店來到五十五街，隨即混入街頭人群中，然後搭上接應的車子。做案的手槍已被處理掉，一把扔在飯店門口，另一把丟在垃圾桶中[47]。

紐約警方會在午夜前偵訊五十名目擊者，還有十個名單上的人尚未訊問。安納斯塔西亞遭到謀殺後，從中受益最多的人就是吉諾維斯，儘管五大家族要求兩人休戰，但是有充分的理由相信這樁謀殺的背後主謀就是他。然而直到今日，凶手身分仍然是個謎。

說也奇怪，安納斯塔西亞是個惡名遠播的黑道老大，而這宗明目張膽的謀殺，徹底展現黑幫組織滅口該有的樣貌，但在華盛頓，聯邦調查局長胡佛依舊堅持，美國存在組織犯罪是個沒有事實根據的說法。

這將會有所改變。

✦

「黑手黨究竟是個組織？或者只是義大利黑社會的統稱？」巴比．甘迺迪如此詢問聯邦麻醉藥品管制局探員約瑟夫．阿馬托（Joseph Amato）。

這天是一九五七年十一月十三日，安納斯塔西亞遭到槍殺身亡兩週後。外頭的天氣潮溼又陰鬱。由於攝影機會將這一系列會議轉播到全國各地的電視上，甘迺迪在華盛頓舊參議院辦公大樓（按：Old Senate Office Building，在一九七二年被重新命名為羅素參議院辦公大樓〔Russell Senate Office Building〕）的黨團會議室詢問這名證人。這位三十一歲的麻州人，如今擔任麥克萊倫委員會（McClellan Committee）的首席法律顧問，協助參議院調查與組織犯罪有關的「勞資非法活動」。

阿馬托探員打從一九四六年起，就是一支四人特遣隊的成員。這支特遣隊由

47 安納斯塔西亞遇害的這個場所，至今仍存在曼哈頓的五十五街和第七大道交叉口。不過，它已經不是理髮店，而是一間星巴克（Starbucks）。

FBN紐約市分局的義大利裔探員組成，他們的最終目標是終結黑手黨的毒品買賣。此刻，在甘迺迪擔任法律顧問的情況下，阿馬托出席在參議院特別委員會舉行的一場聽證會，旨在調查黑手黨。這個委員會被稱為麥克萊倫委員會，以來自阿肯色州、身為美南浸信會（Southern Baptist）成員的參議員約翰·黎托·麥克萊倫（John Little McClellan）的名字命名。不過，這個專家小組更常被暱稱為「非法勾當委員會」（Rackets Committee）。在巴比·甘迺迪的要求下，來自麻州的菜鳥參議員取得委員會中的一席。那位參議員就是巴比的哥哥約翰，一名二戰英雄，同時也是民主黨總統候選人[48]。

巴比·甘迺迪從一九五四年起一直擔任參議院法律顧問，當民主黨取得參議院過半席次後，便擔起當前的主導角色。美國最重要的工會內部存在著不法行為的謠言，在一九五五年浮現，使得艾森豪總統要求進行聯邦調查。麥克萊倫參議員很快便邀請巴比擔任委員會的首席法律顧問，賦予他制定議程和質詢證人的大權。

這名大膽的年輕律師以他滿腔的熱忱接下這個新角色，他對工會或組織犯罪所知不多，但決心要終結工會腐敗。他甚至搭車前往紐約，隨阿馬托和FBN的「義大利行動小組」（Italian Squad）在夜間街頭搜捕毒品，作為研究的一部分。根據老羅斯福總統（Theodore Roosevelt）的女兒愛麗絲・朗沃斯（Alice Longworth）描述，甘迺迪認真說教的熱情，就像個「試圖革命的神職人員」。

這使巴比與他父親和哥哥完全意見相左。甘迺迪家族在一九五六年聖誕節齊聚一堂時，他熱切的宣布自己在組織犯罪聽證會中擔任的角色，卻意外引發家族史上最激烈的爭吵。他妹妹珍妮・甘迺迪・史密斯（Jean Kennedy Smith）稱這場爭論是「我們目睹過最糟糕的一次」。

喬瑟夫・甘迺迪怒斥自己年輕的兒子實在太天真，對家人的政治抱負造成威脅。約翰・甘迺迪（John F. Kennedy）計畫在一九六〇年角逐總統大位，此事與黑手黨掌控的工會有密切關聯，因為工會素來是民主黨的票倉。他站在父親這一邊，擔心弟弟的調查可能會讓碼頭工人和卡車司機不願再投票支持他。

最後，巴比遂其所願。為了阻擋保守派的南卡羅萊納參議員史壯・瑟蒙（Strom

48 麥克萊倫委員會的其他成員包括：重量級參議院傳奇人物貝利・高華德（Barry Goldwater）、山姆・爾文（Sam Ervin），以及法蘭克・邱池（Frank Church）。

Thurmond）成為這個備受矚目的專家小組一員，約翰・甘迺迪勉強的接下委員會其中一席[49]。

民主黨在一九五六年提名副總統候選人時，優先選擇了艾斯特斯・基佛爾參議員，根本沒有把約翰・甘迺迪列入考慮，而且如同記者曾提醒甘迺迪，基佛爾的全國知名度完全來自他在全國電視上起訴組織犯罪。藉由麥克萊倫聽證會如法炮製，對於將甘迺迪推上更高的政治層級可能會大有助益。

然而，這名充滿魅力的麻州參議員似乎並不在意。他透過低出席率和即使出席但興趣缺缺的神態，展現對此漠不關心。

巴比・甘迺迪則完全相反。他對組織罪犯鍥而不捨的追捕，引領他來到這一刻，阿馬托探員坐在委員會面前，準備回答這道簡單卻危險的問題：「美國有黑手黨嗎？」

阿馬托擔任聯邦探員已經十七年，很清楚他將要提出的答案會帶來什麼危險。電視鏡頭禁止顯現他任何部分的影像，他背對著房間而坐，以便隱藏他的臉孔。

「這是個重要的問題，」他回答道：「但我們認為，為了走私毒品和犯下其他罪行的具體目的，今日美國確實存在著一個組織鬆散的團體。」

巴比．甘迺迪立刻進一步追問：「那就是你認定的黑手黨嗎？」

「它保有它在義大利的核心特色，而且它遍布全美各地。」阿馬托總結道。

「實際上，它是國際性的組織。」

✦

純屬巧合，就在巴比．甘迺迪盤問阿馬托黑手黨是否真實存在的同時，一場國際黑手黨高峰會即將展開。

在華盛頓北方三百英里遠，紐約上州一個很小的城鎮阿巴拉欽（Apalachin），吉諾維斯召集北美最高層的黑手黨成員舉行會議。由於卡斯特羅和安納斯塔西亞現在都不在了，吉諾維斯認為自己是無庸置疑的教父。他召開會議，就是想讓這件事得到眾人的公開承認。

對聯邦調查局而言，這次會議是虛構的。假如**沒有組織犯罪這檔事**，黑幫分子怎

49　這個委員會由八名成員組成，成員有民主黨員，也有共和黨員。

麼可能在任何地方聚集呢？但是如同阿馬托探員在華盛頓證辭，這個「組織鬆散的」聯盟，顯然是真實存在的。

✦

紐約上州是一片遼闊的鄉村地區，從下哈德遜河河谷一直延伸到加拿大。黑手黨成員從美國各地，以及古巴、波多黎各，甚至西西里島來到這裡。眾人齊聚在黑幫分子約瑟夫·巴巴拉（Joseph Barbara）所擁有的五十三英畝私人土地上，那裡有巨大的石建房舍、客用小屋和廣闊的草地。到訪的黑手黨成員身穿精緻的西裝與大衣，眾家老大在主屋裡開會，他們的士兵（soldato，黑手黨對打手、小弟階層的稱呼）則在屋外圍著巨大烤肉架吃吃喝喝。烹調厚切牛排的氣味和雪茄、香菸的煙霧融合在一塊。這是商務會議，其中必然包含緊張的氣氛，但它也是難得的聚會，讓平日分散各地、相隔遙遠的朋友與同僚齊聚一堂，用下流玩笑和圈內人的黑話談論他們自己的世界。

吉諾維斯的首選地點本來是芝加哥的中立場所。暴力的黑幫老大山姆·詹卡納本來可以在那裡的許多地點主辦會議，且無須擔心警察干預[50]。可是吉諾維斯的夥伴，黑幫老大喬瑟夫・博南諾認為巴巴拉草木繁盛的地盤更加合適，更不引人注目。吉諾維斯出於尊重，順從了博南諾的意願。

因為出席的黑手黨成員實在太多，巴巴拉家沒有足夠的房間讓所有人住下，於是他們在當地幾家旅館預訂了最好的房間。巴巴拉家寬闊的草地如今成了停車場，上頭停滿凱迪拉克、林肯大陸和林肯首映（Lincoln Premiere）這些黑幫分子喜愛的轎車。但是在這些奢華的汽車當中，送吉諾維斯前來與會的克萊斯勒帝國王冠（Chrysler Crown Imperial）大型豪華轎車仍然因其宏大的氣勢，特別顯眼。

當聚集的不法分子平靜的討論著賭博、毒品、賣淫和安納斯塔西亞帝國的分配等主題時，吉諾維斯身邊圍著許多人聽他說話。一個嶄新的想法也列在議程上，那就是擴張每年超過七十億美元不法收益的黑手黨事業版圖。他們打算跨出傳統的核心黑手黨謀生方式，踏入美國政府的結構中。這個計畫是仿效西西里島的傳統黑手黨運作方式，控制全國性工會、跨州貨運、紡織產業、古巴的蔗糖買賣，以及監獄系統等。

---

50 詹卡納花了數百萬美元，確保芝加哥和庫克郡當局允許他的犯罪事業繁榮興盛、暢行無阻。

▲ 紐約州警克羅斯威爾警佐指著一張照片，向參議院非法勾當委員會說明，他在 1957 年 11 月率隊臨檢紐約州阿巴拉欽一場聚會。當時共有 65 人遭到警方圍捕，其中許多人是黑幫分子。該照攝於 1958 年 6 月 30 日，華盛頓特區。

但是他們有所不知，紐約州的警佐艾德格・德威特・克羅斯威爾（Sergeant Edgar Dewitt Crosswell）有其他計畫。

克羅斯威爾警佐今年四十四歲，膚色蒼白，高個子，是個有十三年資歷的資深警察。他是那種沉迷於工作的人，他訓練自己年幼的兒子辨識汽車的品牌與型號，萬一哪天他們需要在法庭上指認車輛，就能派上用場。「警務工作就是我的嗜好。」他這樣解釋自己對執法的熱情。他不僅瘦得有點憔悴，還是個偏愛沙龍涼菸（Salem）的老菸槍，胃潰瘍導致他不能喝任何比牛奶濃烈的飲料。這名警方探員不僅指揮駐紮在維斯塔爾（Vestal，距離阿巴拉欽七英里）的在地州警，離了婚的他每天晚上也睡在這處斯巴達式的水泥建築內。由於沒有別的地方可以稱得上是家，也沒有別的事占用他的時間，這個身材瘦長的州警把掌握轄區內每一樁犯罪當成自己的責任。

因此，克羅斯威爾警佐花了大量時間，仔細觀察他心目中阿巴拉欽最邪惡的那個居民。約瑟夫·巴巴拉在一九四四年從賓州移居此地，接著陸續買下他的不動產和一座加拿大薑汁汽水（Canada Dry）充填工廠。從表面來看，巴巴拉是個值得信賴的公民，目前控制當地啤酒和汽水的經銷權。他是個活躍的社區領導人，也是個慈善家。他的不動產是個有圍牆的營區：一棟用石頭打造的家、一間馬廄、車庫和烤肉區——是有錢人會很享受的那種莊園。

但是對這名州警而言，巴巴拉有某個地方不太對勁。

很長一段時間以來，他一直覺得事有蹊蹺。過去巴巴拉的家曾被人看見有可疑人士進出，所以監視這個莊園成了他的慣例。其實，打從這個可疑的黑幫分子十三年前來到阿巴拉欽，他就一直密切注意巴巴拉的動態。他知道其過去的背景包括相當多次的逮捕紀錄，這不但激起他的好奇心，也導致他繼續維持著非正式的監視。

巴巴拉一家對克羅斯威爾的關注不以為意。他們不知道他的名字，直接稱他是「那個州警」。

一年前，當州警逮到一名博南諾犯罪家族的小老闆從巴巴拉家離開時，克羅斯威爾的警覺總算得來回報。而令人驚訝的是，卡米尼．加蘭特（Carmine Galante）一被拘留，一支來自紐澤西的警察代表團就來到阿巴拉欽，並嘗試賄賂州警，換取加蘭特的自由。這種不尋常且高度非法的警察濫權，最終導致那些警官遭到起訴，這也給克羅斯威爾上了一課，讓他明白黑手黨的爪牙無所不在。

最近，他因有人以空頭支票支付住宿費，而來到本地的帕克威旅館（Parkway Hotel）調查時，無意中得知巴巴拉的兒子預訂了大量客房。小約瑟夫．巴巴拉（Joseph Barbara Jr.）向旅館職員解釋，這些雙人房是為即將舉行的飲料大會準備的，但是無法告知誰會入住。

阿巴拉欽的人口不過一千人，所以任何會議在此舉行，都會對該鎮的經濟產生重大影響。出於好奇，克羅斯威爾開始在鎮上到處打聽有無其他不尋常的買賣。他詢問本地肉鋪，最近有沒有任何來自巴巴拉一家的大訂單。

答案是肯定的。巴巴拉不信任本地肉鋪的食材，便向盔甲公司（按：Armour and Company，當時美國前五大肉品包裝公司，總部位於芝加哥）訂購了兩百二十磅重的牛排、火腿和小牛肉，從芝加哥直送到他家。總共花費四百三十二美元[51]。出於尊重黑手黨鋪張浮誇的規矩，巴巴拉刻意不訂購雞肉，因為黑手黨認為吃雞肉不夠有男子氣概，因此不值得提供給備受敬重的貴客。

此外，克羅斯威爾警佐也發現巴巴拉購買了非常大量的糖，這可能表示其大院內有非法釀酒之類的行為。

他過去就懷疑巴巴拉的莊園是組織犯罪的藏身處，現在有充分的理由相信這些外地來的賓客也有著類似的關聯。而且由於那些旅館的訂房預約，他知道這些訪客抵達

51 相當於今日幣值近四千美元。

本地的日期。

✦

麥克佛路是進出巴巴拉家的唯一道路。在十一月十四日上午，穿著便衣的州警克羅斯威爾把沒有記號的警車開到距離大宅五十碼內的地方，用望遠鏡監控停在草地上的汽車。今天很寒冷，空氣中有雨的氣息，克羅斯威爾與搭檔州警文森・范西斯科（Vincent Vasisko）為伴，車上還有兩名來自財政部的探員。在菸酒稅收處工作的阿特・拉斯頓（Art Ruston）和肯・布朗（Ken Brown），由於兩人幾乎沒有機會可以進入巴巴拉的莊園，並逮到他違法釀酒的行為，他們同意在這個上午協助克羅斯威爾。

除此之外，克羅斯威爾警佐其實沒法盼望能達成什麼。他無法進入巴巴拉的莊園去訊問賓客，目前也沒有任何罪行發生，他的出現將會被視為是針對義大利裔的歧視。他可以捏造理由逮捕人，可是實際上除非有重大原因，否則被逮捕的任何人，都很可能會因為證據不足而立即被釋放。屆時他會被視為過度熱心、愛管閒事的小鎮警察，說不定還會丟掉自己的飯碗。

不過，這個州警**確實有權**攔下離開巴巴拉莊園的任何車輛，並要求車內乘客提供身分證明。凡是無法提供身分證明，或企圖落跑的人，就會遭到逮捕。

✦

在偷偷審視一排林肯和凱迪拉克後，克羅斯威爾和其他官員開始寫下這些車牌號碼。雖然沒有任何危險的跡象，但是他感覺自己可能會需要援手，便透過無線電請求支援。有十七名警官回應。身為主導這項調查的州警，也是現場的資深警官，他下令設置路障，防止任何人離開巴巴拉的家，也命令警官在當地樹林間形成警戒線，包圍這棟房子，阻止任何人徒步逃脫。此刻他能做的，只有等待。

很快的，一名本地魚販送完貨，開車來到路障前。克羅斯威爾同意讓巴托洛・古奇亞（Bartolo Guccia）通過，但他卻將貨車掉頭，朝巴巴拉的莊園駛去。

警佐立刻知道接下來將會發生什麼事。

✦

眾家老大在主屋的客廳裡討論生意。山姆・詹卡納、山多・特拉菲坎特、喬瑟夫・博南諾、卡羅・甘比諾（Carlo Gambino）、喬・普羅法奇和維托・吉諾維斯全都在高談闊論著。客廳的牆面鑲著木板，寬十二呎（約三・七公尺）的壁爐由石頭打造，窗戶被厚厚的窗簾覆蓋。房間裡還有一架小型三角鋼琴和一座瓷器展示櫃。

諷刺的是，即使吉諾維斯一度熱衷於推銷毒品交易的價值，這些老大此刻正在討論是否該放棄毒品走私。新法律對毒販科以嚴厲的監禁刑期。儘管離開獲利豐厚的毒品生意會讓黑手黨的收入大幅縮水，但是吉諾維斯此時真的對此不感興趣。他更關心的，是被眾人推選為教父。

屋外，低階的黑手黨士兵在烤肉架附近聊天談笑。來自芝加哥的牛排正在烤肉架上炙烤，空氣中滿是香氣，等正事談妥後就能大快朵頤。在另外隔開的夏日帳篷中有散裝啤酒可自由取用。其中一名與會者，卡米尼・隆巴多齊（Carmine Lombardozzi）擔憂著近在眼前的死亡。身為安納斯塔西亞的前喬事者（fixer），他知道這些老大正在討論他的處置，他們早已表決通過對他處以死刑，但他希望他們能重新考慮。假如老大們不這麼做，這頓牛排午餐很可能就是他的最後一餐。

喬瑟芬．巴巴拉（Josephine Barbara）和女管家坐在主屋廚房的一張大圓餐桌旁。巴巴拉太太朝麥克佛路的方向望向窗外，看見那排凱迪拉克後方有張熟悉的面孔。

「是那個州警。」她對瑪格麗特．羅素（Marguerite Russell）說。

突然間，傳來大吼大叫的聲音。

「州警，」魚販古奇亞用濃濃的義大利腔向黑幫分子示警。「他們攔下每個人！」

被扔下的牛排繼續燒烤著。

所有黑幫分子四處竄逃。

✦

克羅斯威爾警佐不敢相信。

身穿厚大衣、頭戴帽子的義大利人以飛快的腳步成群湧入停車區。這些黑幫分子並沒有意識到，執法人員根本沒有不利於他們的證據，而且又無法進入屋內，因此十分驚慌。儘管過往的犯罪經歷教他們在遇上執法人員時，要表現得若無其事，但群聚的黑幫分子承受不了這樣的壓力，他們對牢獄之災的恐懼戰勝了理智。

有些人逃到自己的車上，其他人步履艱難的走進濃密的樹林間。「彷彿害蟲從燃燒的木製家具快速逃竄而出，」《紐約每日新聞》（*New York Daily News*）寫道：「黑社會老大奔向戶外。」

芝加哥黑道分子詹卡納起初還待在主屋內，認為警方不會進入莊園。但是他很快就對不確定性感到厭煩，接著衝進樹林間，成為極少數成功脫逃者。「我必須像隻該死的兔子跑過那片討厭的樹林，」他後來抱怨道：「那地方滿是荊棘。我一千兩百美元的西裝被鐵絲網的刺給勾破，腳上的新鞋也毀了。」

馬路上，第一輛載著黑幫分子的汽車接近克羅斯威爾警佐鎮守的路障。他揮手讓它通過。

這是故意之舉。克羅斯威爾希望這若無其事的表現，能鼓勵其他駕駛人靠近他。片刻之後，他得到了回報，一列汽車正接近他所在的位置。

很快的，他命令載著吉諾維斯的克萊斯勒帝國王冠停車，車上共有五個人。「你們剛才去過巴巴拉先生家嗎？」這名警察問。

「可憐的傢伙，他病得很厲害，」坐在副駕駛座的吉諾維斯說。「我們只是來祝他早日康復的。不過，我不用回答這些問題，對吧？」

克羅斯威爾要求查看證件，接著就讓他們通過。有更多州警在這條公路的另一頭等著。他沒有逮捕任何人，但是州警有權無須起訴便拘留嫌犯。紐約州規定，居留期間不得超過十二個小時。

由於所有離開的大馬路都被封鎖，拘留處置很迅速——數量也很龐大。六十名可疑的黑手黨成員遭到拘押，包括紐約犯罪家族的領袖：吉諾維斯、普羅法奇、博南諾和甘比諾。坦帕的黑幫老大特拉菲坎特也被逮。每個人都被送進維斯塔爾營房分站。在處置過程中，他們被命令脫掉鞋子、坐在地上、雙手放在頭上，全程還有武裝的州警戒備監視。這些人戴著金錶、鑽石尾戒，還穿著昂貴的西裝，在這塵土飛揚的營房裡顯得格格不入。

克羅斯威爾指示州警警員，盡一切努力迫使這些黑幫分子犯錯——如此一來就能將他們羈留在看守所更久。可惜黑手黨成員清楚知道最好不要做出任何反應。「他們在警局時，我們想盡辦法讓他們很難熬，」克洛斯威爾承認：「但是我們仍然無法讓他們做出任何目無法紀的行為。」

每個人的所有物品都被搜索過了，卻沒有找到槍枝或毒品。克洛斯威爾警佐急著想打破十二小時的留置期限，但也抓緊時間親自訊問每個人。「你在巴巴拉家做什麼？」他問了一遍又一遍。

大多數回應都很類似，說他們關心約瑟夫・巴巴拉的健康，前來祝他早日康復。實際上，壓力壓垮了巴巴拉，使他遭受非致命的二次心臟病發。由於此次克羅斯威爾警佐在十一月的這天強硬的「維護治安」行為，造成他的臭名，最終導致他失去了房產和事業，不出兩年，他就過世了[52]。

克羅斯威爾在十二小時留置期限屆滿前完成所有訊問，並歸納出以下發現：這些人肯定是職業罪犯，這些被拘留的幫派分子只有九人沒有犯罪前科。至於其他人，總計有兩百七十五次逮捕紀錄，以及一百次定罪。他們的平均年齡是五十三歲。半數的人在西西里島或義大利南部出生。

最令人震驚的新證據，是其犯罪活動的廣度。紐約、芝加哥和邁阿密長久以來都被懷疑是犯罪集團的溫床，但是被拘留的代表當中，也有人來自德州、科羅拉多州、堪薩斯州和阿拉巴馬州。

「他們是美國東岸犯罪世界的統治階層，」克羅斯威爾告訴記者。他們最開始是透過電話採訪這位警佐，接著大批新聞記者接連湧入阿巴拉欽，只為報導這則轟動的故事。

✦

在華盛頓，胡佛在十一月十五日的早晨起床，為他的平靜儀式做好準備：一邊閱讀早報，一邊吃水波蛋吐司。蘇聯在一個月前發射了史上第一顆人造衛星史普尼克（Sputnik）。俄國人現在已完全控制了太空，這個事實嚇壞了美國大眾。胡佛的反共活動，比以往任何時候火力更加集中。

但是當胡佛打開《紐約時報》，一切都改變了。

52 由於接連幾次心臟病發，使得約瑟夫．巴巴拉的健康慢慢惡化。他的不動產數度因欠稅而遭到稅收留置權（tax lien）設定，迫使他賣掉莊園，搬進坪數小很多的房子。他躲了十七個月後，終於出庭面對逃稅的起訴。一個月後，巴巴拉遭受致命的心臟病發，死於一九五九年六月十七日。他以前的那座莊園起初變成旅遊景點，如今則是一座馬場。

〈六十五名幫派分子遭臨檢逮捕，被趕出紐約上州小村莊〉（*65 Hoodlums Seized in a Raid and Run Out of Upstate New York Village*）

這則報紙的頭版標題觸怒了聯邦調查局長。過去兩個月以來，他一直公開聲稱共產主義是美國最大的威脅，而且「根本沒有黑手黨這種東西」。但是阿巴拉欽讓胡佛看起來像是個笨蛋。這位局長在過去四分之一個世紀，向來宣稱自己是美國最高執法人員，對所有犯罪活動的最新動態都瞭若指掌。但是現在他很明白，自己的威信已徹底被粉碎。

在搭車去上班途中，和托爾森談起這件事時，胡佛幾乎無法抑制自己的憤怒。最後他決定堅持自己的說法：黑手黨並不存在。聯邦調查局探員會得到指示，說阿巴拉欽事件只不過「號稱是」一場黑手黨聚會。透過聯邦調查局發言人路易斯・尼可斯（Louis B. Nichols）發表談話時，胡佛會繼續表達「對黑手黨存在的強烈懷疑」。

尼可斯是聯邦調查局第三號人物，僅在胡佛和托爾森之下。他用胡佛空泛的言詞這樣定義犯罪集團：「仔細想想，就會發現一切都很單純。在美國，這些成群結夥的男人只不過找了一些理由聚在一起。就像是一群荷蘭佬聚會時，舉起手中酒杯大聲說道：『我們要團結，互相扶持』那樣。」

難以置信的是，有些媒體人竟然依舊相信胡佛對這些事的說法。

賓漢頓是緊鄰阿巴拉欽的城市。《賓漢頓報》（*Binghamton Press*）的標題開頭寫道：「巴巴拉家沒有黑手黨。」這則標題以「聯邦調查局說，美國沒有黑手黨」作結。

✦

阿巴拉欽的新聞讓巴比．甘迺迪有所警覺，他衝出自己的辦公室，開車來到十個街區外的司法部。他搭乘電梯上到胡佛的辦公室樓層。甘迺迪要求他提供每個被捕黑幫分子的檔案。

共有六十人被逮，但是美國最高執法機關卻沒有掌握這些人的詳細資訊。聯邦調查局檔案中大多都是剪報，而不是分局探員蒐集的情資。

目瞪口呆的甘迺迪向胡佛告辭，穿過馬路來到財政部大樓（Treasury Building），他想從聯邦麻醉藥品管制局那裡拿到資訊。ＦＢＮ局長安斯林格和他的勁敵不一樣，他手上有不少關於這個犯罪集團的文件，而且很樂意分享。

「這些人是美國主要的不法分子，」巴比・甘迺迪後來回想道：「但是FBI對他們一無所知。」

至於FBN，甘迺迪說：「他們或多或少對每個人都掌握了些線索。」

✦

在阿巴拉欽衝突發生十三天後，難堪的胡佛終於在十一月二十七日被迫承認組織犯罪的存在。他設立「要犯計畫」（Top Hoodlum Program），也就是現代版的頭號公敵，並要求全國各分局的探員針對自己所在城市，起草一份十大要犯名單[53]。「黑手黨」和「阿巴拉欽」等字眼都沒有被提及。然而，多虧了克羅斯威爾警佐的機警調查，才讓美國打擊犯罪的最高執法官員終於承認黑手黨的存在。

但是胡佛心知肚明，巴比・甘迺迪遙遙領先他。

而且甘迺迪打算完全靠自己讓組織犯罪垮臺。

✦

一九五七年十二月二十二日，巴比．甘迺迪和為麥克萊倫聽證會效力的三十三位調查員舉行了閉門會議。他宣布他打算傳喚在阿巴拉欽高峰會遭到逮捕的每一個黑道分子，命令他們在「反非法勾當小組委員會」前作證。

甘迺迪想讓主要犯罪家族曝光的決心真誠不虛。然而，他對自己的血統也同樣充滿熱情。美國大眾也將會逐漸發現這兩件事。

三週前，他哥哥參議員約翰．甘迺迪登上《時代》雜誌封面，還被譽為「一九五七年的民主黨奇才」。

約翰．甘迺迪把目標定在入主白宮，而巴比．甘迺迪知道，阿巴拉欽事件代表將會有更多人觀看參議院黑手黨調查的電視轉播，假如甘迺迪參議員出現在聽證會上，就能更進一步提升他的公眾影響力。約翰．甘迺迪在很多方面依然瞧不起他的小弟巴

---

53 對所在城市真的沒有組織犯罪的FBI探員而言，這份十大名單實在強人所難，讓他們陷入為了討好胡佛，而得編造假想的在地犯罪集團的困境中。要犯計畫其實始於一九五七年，不過如果閱讀FBI官方歷史，就會發現其中記載胡佛從一九五三年就開始推動這份名單。有些人認為，這種修正主義者的歷史是為了替胡佛開脫。

比，認為他是個打不死的討厭鬼，而非一種資源。巴比決心要改變他哥哥的看法。

但是比起幫助他哥哥在美國總統大選勝出，巴比．甘迺迪更想取悅他父親。這位甘迺迪大家長吝於對兒子付出自己的愛，結果，約翰、巴比和么兒泰迪（Teddy）全都竭盡所能的想讓他感到自豪。巴比也知道，喬瑟夫．甘迺迪為了看見他兒子當選美國最高公職，願意做出任何必要的事——包括支付七萬五千美元的「廣告費」讓約翰．甘迺迪登上《時代》雜誌封面。

「我剛才用七萬五千美元買下了一匹駿馬，」這個大家長在紐約總主教位於麥迪遜大道的住處共進午餐時，和這位司鐸級樞機方濟各．斯貝爾曼（Cardinal Francis Spellman）這麼說：「然後還另外花了七萬五千美元，讓傑克（親友都這麼稱呼約翰）登上《時代》雜誌封面。」

甘迺迪家族、胡佛、黑手黨，和媒體間的緊密共生關係就此展開。

而且在典型的黑幫故事中，這種關係只能以暴亂收場。

12 給那年輕的律師一點教訓

一九五八年六月三十日上午九點
華盛頓特區
舊參議院辦公大樓

詹姆士·瑞斗·「吉米」·霍法（James Riddle "Jimmy" Hoffa）並沒有感覺到什麼壓力——至少此刻還沒有。

儘管外頭天氣悶熱，但空調讓這間狹窄的聽證室舒適宜人。首席法律顧問巴比·甘迺迪運用從阿巴拉欽高峰會蒐集到的資訊，針對組織犯罪舉辦了新一輪的聽證會。

這名精瘦的律師坐在長桌旁，兩側分別是他哥哥約翰和共和黨參議員貝利·高華德

（Barry Goldwater），他們即將面對那些與黑手黨有關的證人。

去年坐在甘迺迪對面的是霍法，但這名卡車司機工會會長並非今天調查的對象。「我們打算把重點放在去年十一月十四日，聚在約瑟夫．巴巴拉位於阿拉巴欽的住處，並舉行會議的犯罪組織上，」委員會主席麥克萊倫開口說道：「紐約州警發現了這場會議，揭露了這個全國性犯罪聯盟，其部分領導人之間的關係與範圍。」

麥克萊倫藉由這些話，公然駁斥聯邦政府數十年來對黑手黨存在的否認。數百萬美國人民又再次在電視上看到他，他們很快將會知道，黑手黨並非只是一群穿著體面的混混，而是個系統化的組織，暗地從各個面向控制著美國大眾的生活，從娛樂到賭博、政治，甚至是執法。從這天開始，美國政府的政策不僅僅是承認，而是要嘗試將黑幫徹底摧毀。

麥克萊倫把會議的進行交給他的首席法律顧問。

巴比．甘迺迪因此再次負責聽證會。「第一位證人是艾德格．克羅斯威爾警佐。」警佐在證人席坐下，開始以緩慢且謹慎的方式回答甘迺迪的問題。這名州警打從阿巴拉欽事件以來，一直處於巨大的壓力下，幾乎相同聲量的批評和讚譽不斷的侵擾

▲ 卡車司機工會的中西部老大吉米・霍法（右）和參議院非法勾當調查委員會的法律顧問巴比・甘迺迪（左）交談。照片攝於1957年8月21日，華盛頓特區。

他。他沒把壓力管理好，變得比以前還更加削瘦，消化性潰瘍讓他一吃東西肚子就痛。

但是克羅斯威爾是個口齒清晰且十分合作的證人，對此甘迺迪很感激。

這將和甘迺迪與工會老大霍法一年前那次交鋒完全不同。

✦

吉米・霍法討厭巴

比．甘迺迪，且這種感覺是互相的。

青年甘迺迪逐漸變成組織犯罪的堅決反對者。這有大部分得歸因於四十四歲的霍法，終身的勞權倡導者暨工會領袖。兩人在電視轉播的第一輪麥克萊倫聽證會上公開辯論，結果往往是霍法占了上風。

對好勝心強的甘迺迪來說，這是完全無法接受的事。

身高五呎五吋（約一百六十五公分）、肌肉發達的礦工之子霍法，和這名富有的法律顧問截然不同。光是甘迺迪的哈佛學歷，就讓他比高中輟學的霍法更有優勢。兩人甚至比他們願意承認的更為相似——他們都是自我要求極高的好勝者、喜歡穿白襪配西裝、也會因一時衝動，而趴在地上做起伏地挺身。甘迺迪很少喝酒，霍法滴酒不沾；兩人都不抽菸、且都是愛家的已婚男子。這些共同的個性特質，本可能造就一段友誼，沒想到卻更加劇他們對彼此的憎惡。只要霍法活著，就會為甘迺迪每次挫敗大肆喝采，而巴比則是把將霍法送進監獄、關到老死為止，當作自己最高的使命。

大多數美國人對工會事務的認識非常有限，多半都來自電影，比如馬龍．白蘭度（Marlon Brando）主演的《岸上風雲》（*On the Waterfront*）。但是甘迺迪透過調查，企圖曝光早已腐敗的工會世界。在那裡，人們收買政府官員、與惡名昭彰的犯罪分子勾結、將工會退休金祕密掏空、收受回扣，以及每天數不清的其他犯罪行為——發生這些事的同時，工會卻仍裝作是行善的組織。

甘迺迪和霍法的首次見面，是麥克萊倫聽證會於一九五七年一月三十日展開的三週後。卡車司機工會律師艾迪．闕飛茨（Eddie Cheyfitz）奉工會會長戴夫．貝克（Dave Beck）之命，邀請兩人到家裡共進晚餐。霍法的職責，是說服甘迺迪撤回對卡車司機工會的所有調查，並承諾身為工會第二把手，定會負責進行內部改革。

但是這一夜進行得並不順利。甘迺迪手上握有證據，他知道霍法嘗試在麥克萊倫委員會中安插一名間諜，而且正計畫讓聯邦調查局逮捕那名卡車司機。

此外，甘迺迪知道霍法和黑幫分子強尼．迪歐（Johnny Dio）互有往來。迪歐是吉諾維斯犯罪家族的小老闆。五個月前，正是迪歐下令朝《紐約每日鏡報》記者維克多．黎索（Victor Riesel）的雙眼潑灑硫酸，以報復他發表多篇譴責工會腐敗的文章，這次攻擊使得黎索從此失明。有人便懷疑，迪歐是應霍法的要求而策劃了這場襲擊。

因此，甘迺迪坐下和霍法共進晚餐時，他知道自己對付的是什麼樣的人。然而，這名工會領袖令人驚奇，他不斷吹噓自己是多麼的不屈不撓，令甘迺迪納悶霍法是否對自己的男子氣概存疑——「藏在偽裝假象後面的惡霸。」甘迺迪後來寫道。

甘迺迪不斷拿迪歐的事質問霍法。他直言不諱的說：「別人怎麼對我，我就怎麼對他們。」這名工會老大如此吹噓道，但並沒有承認自己和潑酸攻擊有任何關聯。

不過，當甘迺迪打量著霍法，霍法也正在判斷眼前對手的斤兩。儘管他沒有受過正規教育，卻能敏銳論斷他人的性格——他認為甘迺迪個性軟弱。「我可以透過他如何握手，分辨對方是什麼樣的人，」霍法後來說，他這番話指的正是甘迺迪軟弱無力的手勁：「我告訴自己，這傢伙似乎認為跟我說話是施恩於我。」這頓晚餐於九點過後不久結束，霍法向闕飛茨透露：「他是個被寵壞的該死蠢貨。」

三週後，霍法落入由甘迺迪和胡佛精心策劃的圈套，因收受賄賂而遭到逮捕——據稱他給了一名律師兩千美元現鈔，作為暗中監視麥克萊倫聽證會調查員的報酬。

「他瞪著我足足有三分鐘，眼裡盡是憎惡，」甘迺迪後來回想霍法的午夜傳訊時說道：「接著不知怎的，我們開始爭論起誰能做更多下伏地挺身。」

霍法對那一夜的記憶很不一樣。「我說：『聽著，巴比，管好你自己的事，我的事也不用你插手。回家上床睡覺，這裡的事我會處理，別把事情弄得不好看。』」霍法後來跟記者這麼說。用這個工會領袖的話來說，他們兩人之間的關係「就像是打火石和鐵塊一樣。每次我們聚在一起，就一定會擦出火花」。

政府對霍法的指控是如此萬無一失，以至於甘迺迪誇下海口，如果起訴不成立，他就「從國會大廈上跳下來」。可惜結果讓甘迺迪很失望，霍法不僅被陪審團宣告無罪，他還利用大眾的關注好好嘲弄了甘迺迪一番——後者收到這個工會老大的包裹，裡面是一組降落傘和一張只寫了「跳啊！」的紙條。

霍法接著進一步宣揚自己的清白。在委員會的調查迫使卡車司機工會會長貝克，因洗劫工會退休金金庫，灰頭土臉的下臺後，霍法便發誓要競選這個剛空出的職位。憤怒的甘迺迪十分確信這個工會領袖並不老實，並決心要證明這點。他想方設法要送霍法去坐牢。後者在八月被召集前來聽證會作證，甘迺迪的「捉拿霍法」小組研究人員和律師調查了霍法生活的每個面向，非常有信心能讓他在訊問下露出馬腳。

當霍法站上證人席後，好戲開演。兩個背景天差地遠的人脣槍舌戰、你來我往，讓全美國大眾都看得入迷。甘迺迪的提問簡潔直接，用迅速的節奏一口氣拋出問題。

有人甚至聽見他的妻子艾瑟兒在走廊上大喊道：「給他點顏色瞧瞧！」

霍法從未動搖。他看起來輕鬆從容，用濃厚的中西部口音吐出不完整的句子，輕鬆轉移問題焦點。他喜歡每次都直勾勾的盯著甘迺迪片刻，直接明瞭的提醒這位法律顧問，他可是沒在怕委員會的。

「你認為大概有幾次？」甘迺迪問霍法過去被捕的紀錄。

「這個嘛，我不知道耶，巴比，」霍法回答道：「我沒計算過總數。我想我被逮捕和被警方拘留也許有十七次左右。在那十七次當中，有三次……很多次都被駁回，但是其中三次我被判有罪。」

「第一次是一九四〇年，對吧？」甘迺迪接著問，但他已經知道答案。

「我想那次是暴力毆打，正確嗎？」霍法裝傻回答道。

「那不是我指的那一樁。」

霍法便回答：「我說的是，因為和那幾個所謂的警察意見不合，我就被拖離罷工糾察線的那些事件。」

霍法的回答就跟甘迺迪的提問一樣牽強，他花了好幾小時和律師演練。「我坐下來，在紙上寫下我所能想到他們可能會問的問題。接著和律師一起練習每一道題目。演練我們認為甘迺迪會做的事，」霍法後來寫道：「而且我們每次都猜得非常接近。」

甘迺迪鍥而不捨的追捕霍法。他時常在辦公桌前吃個三明治、喝杯牛奶就打發掉中餐，而且從未在午夜前離開辦公室，即使此時家裡有五個幼兒，而且艾瑟兒又懷了第六胎。

霍法也一樣堅決。巴比每天晚上開車回家，都會經過卡車司機工會的華盛頓總部大理石宮殿（the Marble Palace）。有天晚上，甘迺迪和助理皮耶・沙林傑（Pierre Salinger）在凌晨一點時經過這棟大樓，發現霍法辦公室的燈還亮著，他立刻就將車掉頭。「如果他還在工作，我們也應該繼續工作。」他告訴沙林傑，並開車回到辦公室。

等霍法聽說這件事後，他便總是讓自己的辦公室徹夜燈火通明——無論他在不在辦公室皆如此。

讓甘迺迪懊惱的是，霍法居然從聽證會全身而退，而看起來狼狽不堪的，反而是甘迺迪自己。有許多次，當他提出一個複雜的問題後，霍法就會朝他眨單眼示意。這個討厭的舉動，迫使甘迺迪最後直接懇求委員會主席麥克萊倫：「請您指示證人停止再對我做鬼臉。」

最後，有些民眾開始同情霍法，相信甘迺迪的攻擊是片面且不公平的。喬瑟夫‧甘迺迪對兒子的質問力道大吃一驚，甚至要求他就此罷手，以免工會成員在下次總統大選時不願支持約翰‧甘迺迪。

巴比‧甘迺迪拒絕了。

這些全國性聽證會，讓霍法成為工會成員心中的英雄。在他出席參議院作證後不久，國際卡車司機工會（International Brotherhood of Teamsters，簡稱ＩＢＴ）推選他出任新會長。他獲得驚人的七五％選票支持。巴比‧甘迺迪親手讓吉米‧霍法成了傳奇人物。

「這個結果對那些身處粗魯暴力產業中的硬漢來說，是很自然的反應，」《國民衛報》（*National Guardian*）報導指出：「他們反對讓一個反工會的參議院委員會來指導他們如何處理自己的事務。」

談到巴比‧甘迺迪，霍法幸災樂禍的說：「你知道，他不是這世上最聰明的人，」他說：「但我就……就喜歡惹惱那個小混蛋。」

到頭來，甘迺迪在全國舞臺上敗下陣來。儘管他有一大群研究人員查出了大量證據，卻被對手用計擊敗。他知道霍法和黑手黨有聯繫，授意毆打和謀殺行為，還收受賄賂以換取好處。當他還是國際卡車司機工會副會長時，他將來自全國各地的IBT退休金整合成一筆健全的基金。現在，身為會長的他把這筆現金借給黑手黨，作為在拉斯維加斯建造新觀光賭場的資金。可惜甘迺迪無法提出任何證據，因此讓腐敗的霍法得意洋洋的離開。

說實話，麥克萊倫聽證會使甘迺迪和霍法都受惠。這名工會領袖每天大搖大擺的走進他位在大理石宮殿的胡桃木辦公室，一名私人廚師會端上他最愛的龍蝦與螃蟹冷盤當作午餐。有時，他會在私人的地下室健身房洗個蒸汽浴。霍法的狡猾正轉變成權力，而他對此清楚得很。

儘管巴比·甘迺迪還是很生氣，但是他和他哥哥約翰卻因為這些聽證會博得巨大的名氣。雙月刊《週六晚郵報》（*Saturday Evening Post*）登出一篇標題為〈令人驚豔的甘迺迪兄弟〉（*The Amazing Kennedys*）的報導，雙週刊《展望》（*Look*）的封面故事則是〈甘迺迪兄弟的崛起〉（*The Rise of the Brothers Kennedy*）。

一年後，巴比·甘迺迪準備好展開麥克萊倫委員會的第二輪聽證會。這次霍法缺席，因為審訊的對象是在阿巴拉欽高峰會上遭到拘留的黑幫分子。巴比·甘迺迪將要再一次上全國電視，在數百萬人的面前。

這一次，他不能失敗。

✦

這些罪犯一個字也不說。

那些在阿巴拉欽遭到拘留的人都被下令要行使緘默權。黑幫律師很清楚，他們的客戶不能被迫自證己罪。

因此，巴比·甘迺迪原本對於能盤問如維托·吉諾維斯和喬·普羅法奇等重要的大人物罪犯感到非常興奮，結果證人卻接連借助緘默權和他作對，讓他非常沮喪。司法部也不幫忙甘迺迪，說證據不足以成案，拒絕起訴那些站上證人席的罪犯。

甘迺迪的情緒總是顯而易見，他在聽證會期間變得越來越好戰。他慢慢意識到，社會大眾對委員會的支持正在流失，他們轉而支持「內部敵人」，也就是黑手黨。

甘迺迪和穿著華麗的芝加哥犯罪集團領袖山姆・詹卡納之間的對話就很經典。詹卡納現年五十歲，喪妻，人稱黑手黨花花公子，喜愛拉斯維加斯的夜生活，也樂於和辛納屈等藝人結為好友。他因暴力行為被捕多達七十次——其中三次是謀殺。據說，他曾授權黑手黨謀殺其敵人超過兩百次[54]。

詹卡納的名字出現在內華達州的拉斯維加斯黑名單上，其中包括十一名可疑的黑手黨成員照片，這些人被禁止出入任何觀光賭場。但是這絲毫無法阻止詹卡納。眾人皆知，如果聯邦調查局探員造訪金沙酒店（Sands Hotel）賭場，辛納屈就會將這名黑幫分子藏在他的休息室中。兩人時常一同旅行，而且辛納屈不只飛到芝加哥，為詹卡納的威尼斯別墅俱樂部（Villa Venice club）免費獻唱，還用〈芝加哥是我喜歡的城市〉（*My Kind of Town Chicago*）一曲為表演收尾，向詹卡納致意。

這名黑幫老大總是戴著辛納屈送的藍寶石尾戒，以回報這份善意。當辛納屈在芝加哥附近拍攝電影《魂斷情天》（*Some Came Running*）時，詹卡納經常帶著手下去探班。他們每晚狂歡作樂，讓領銜主演該片的莎莉・麥克琳（Shirley MacLaine）大為驚奇。「我不知道他們是誰，」她回憶這些不知姓名的黑幫分子時說道：「我只知道他們整夜都在玩撲克牌、講笑話、吃義大利麵、喝酒，一路持續到凌晨五點。」

「法蘭克想當流氓，」歌手艾迪・費雪（Eddie Fisher）如此感嘆辛納屈對詹卡納的著迷：「他曾說過：『我寧可做黑手黨閣下，也不願當美國總統。』」

演員彼得・勞福（Peter Lawford）娶了巴比・甘迺迪的姊姊派翠西亞（Patricia）為妻，他透過辛納屈結識了詹卡納。「當消息在好萊塢傳開時，你最好相信，自從大家說法蘭克是山姆・詹卡納的好友，就再也沒有人敢去惹法蘭克・辛納屈。他們避之唯恐不及。水泥靴（按：concrete boots，指黑幫殺人或處置遺體的一種方式。犯人會在受害者腳部四周灌注水泥，再將受害者丟進水中，希望透過水泥的重量讓屍體永遠不被發現）對這人來說可不只是玩笑話。他是個殺手。」

當天在委員會會議室沒說的是，約翰・甘迺迪和辛納屈及他那群演藝圈的同事，

---

54 詹卡納因多項罪行坐過牢，其中有段刑期是在印第安納州特雷霍特（Terre Haute）聯邦監獄服刑（按：自一九九九年七月起，遭聯邦政府判處死刑的男性囚犯在執行死刑前，多數會被移監此處）。然而，竊聽詹卡納與紐約州水牛城的黑手黨老大斯蒂法諾・馬加迪諾（Stefano Magaddino）的談話後發現，詹卡納曾吹噓許多警察局長都暗中拿著自己的錢。那些賄賂，加上黑手黨不讓老大親自參與犯罪的慣例，是詹卡納在一九五九年能保持自由身的理由之一。

▲ 歌手菲莉絲・麥奎爾（Phyllis McGuire）和芝加哥黑幫老大詹卡納，攝於 1962 年英國倫敦某家夜總會。

外號鼠黨（Rat Pack），也是非常要好的朋友。辛納屈和鼠黨成員時常拿他們和黑手黨的關係開玩笑。在他們這麼做後，黑手黨的形象從克羅斯威爾警佐在先前證言中描繪的惡棍，搖身一變成了迷人的神祕男子。

第二輪麥克萊倫聽證會的主要事件是巴比．甘迺迪對上山姆．詹卡納。這回交手對政府來說並不順利。

甘迺迪：「你是否能回答，當你將受害者塞進行李箱，並殺死他們的時候，他們是否有反抗？詹卡納先生，因為你就是那麼做的，對吧？」

山姆．詹卡納：「我拒絕回答，我真心相信我的答案會讓大家誤以為我有罪。」

甘迺迪：「難道不能談談你的買賣嗎？還是我每次問你問題，你只會傻笑？」

山姆．詹卡納：「請容我拒絕回答，同樣的，我真心相信我的答案會讓大家誤以為我有罪。」

甘迺迪：「詹卡納先生，只有小女孩才會像你那樣傻笑。」

詹卡納會行使第五修正案三十四次。這個私下吹噓「擁有芝加哥，擁有邁阿密，也擁有拉斯維加斯」的男人並沒有向巴比．甘迺迪承認任何事情。

「第五修正案既適用於無辜者，也適用於有罪之人。就我所知，很少有證人使用它。依我判斷，那些人其實沒有做錯事。」疲倦的甘迺迪承認。他的挫敗感如此之大，因而時常在聽證會上關掉麥克風，使他說的話無法被錄音。然而，在又一名幫派分子行使第五修正案後，甘迺迪當下的用詞被聽得一清二楚：「你根本滿嘴屁話。」

巴比．甘迺迪在麥克萊倫聽證會期間，一共授權了兩百五十三項調查，同時發出八千張傳票，傳喚一千五百二十六名證人，並匯集了十五萬頁的證詞。社會大眾對組織犯罪的認識來到史上最高峰——但是到了一九五九年年底，美國人對這些詳細說明越來越疲乏。起訴黑手黨這件任務，現在就留給執法單位來完成了。

而且事情出現奇怪的轉變，被描繪成壞人的，竟然是巴比．甘迺迪，而不是黑幫。「自從約瑟夫．麥卡錫以來，在助長自證其罪等同於認罪一事上，沒有人比甘迺迪先生做得更誇張。」一名耶魯法學教授寫道。

✦

巴比．甘迺迪在一九五九年夏天辭去了麥克萊倫委員會的職務。對這名精疲力竭

▲ 約翰．甘迺迪（右）和辛納屈在內華達州拉斯維加斯金沙酒店前合影，大約攝於 1961 年。

的首席法律顧問而言，若要選出一個樂觀的片刻，那就是吉諾維斯在紐約法庭上因走私毒品而遭到定罪。那裡的檢察官在甘迺迪挫敗的地方取得了成功，陪審團裁定吉諾維斯因共謀進口並販售毒品有罪。人永遠忘不了舊怨，據說被流放的盧西安諾，遠從義大利向吉諾維斯報了一仇。他安排了一個波多黎各毒販證明吉諾維斯涉及販毒，令他被判十五年徒刑。吉諾維斯在亞特蘭大聯邦監獄（Atlanta Federal Penitentiary）服刑時，仍繼續經營他的犯罪家族，甚至還下令處決了他的好幾個敵人。

其他則幾乎沒有什麼變化。

五大家族仍舊掌管紐約。詹卡納和芝加哥犯罪集團在芝加哥的勢力，達到前所未有的強大。拉斯維加斯也遠比以往更加牢固的被掌握在犯罪分子手中。

不過，在黑手黨橫行的古巴則有了新故事。共產黨叛軍斐代爾・卡斯楚（Fidel Castro）在一九五九年奪得這個腐敗島國的控制權。

在元旦這天，卡斯楚的一幫叛軍占領了哈瓦那。黑手黨經營的觀光賭場長久以來就是古巴人民憤怒的來源，因為圍牆內的富裕和他們的貧困形成鮮明的對比。因此卡斯楚的首批命令之一，就是摧毀這些觀光賭場。

嶄新的里維耶拉酒店（Riviera Hotel）是邁爾・藍斯基斥資數百萬美元建造的，但現在這裡充滿破碎的窗戶、被砸爛並燃燒的吃角子老虎機，他們甚至釋放豬隻，讓牠們在走廊上到處亂跑，作為資本主義貪婪的象徵。在這之前，藍斯基已察覺到卡斯楚將會順利控制古巴。因此在除夕夜，這晚向來是一整年最忙碌的夜晚，藍斯基迅速決定關掉里維耶拉酒店，並將賭場裡的所有現金移動到安全的地方。一週後，藍斯基逃離古巴，前往安全的巴哈馬，他因為卡斯楚的革命損失了一大筆錢。

✦

一九五九年七月，一支由比爾・羅默爾探員（Bill Roemer）率領的聯邦調查局小隊，在夜色掩護下，偷偷溜進位在密西根大道的賽拉諾訂製西裝店（Celano's Custom Tailors）。讓他們如釋重負的是，這棟大樓無人看守。

羅默爾領導芝加哥的ＦＢＩ組織犯罪調查小組，迅速進入二樓吉米・賽拉諾（Jimmy Celano）的辦公室，他的生計有不小的部分是來自販售精緻西裝給芝加哥犯罪集團成員。房間裡有大沙發、安樂椅、書桌、酒品豐富的酒吧，以及一座保險箱。

羅默爾得知，賽拉諾每天下午都把這個房間借給當地黑手黨私下會面使用。這批探員此行的目的，便是希望能在這個辦公室內裝設隱藏麥克風，以便聯邦調查員竊聽他們的對話內容。

這項任務並不簡單。麥克風的尺寸幾乎跟壘球大小相當，並不容易隱藏。這些探員還必須自麥克風接一條線連通到建築物外，接著找方法將它一路連接到他們位於五英里外克拉克街的總部。胡佛始終這麼告訴羅默爾和他的小隊，假如他們不幸和黑手黨成員發生槍戰，或者被芝加哥警方當成入室竊賊而遭到逮捕，他將會聲稱對他們的行動一無所知。

這些探員迅速將麥克風成功藏在一處暖氣裝置後方，但連接線路就沒這麼簡單了。這個小組被迫在六個不同的時刻再度返回，他們總是選在破曉前的週日清晨，最後終於將線路拉到屋外，沿著建築物而下，再連接到當地的電話主機上。

竊聽器啟用的這天是七月二十九日，也是羅默爾探員的妻子珍妮（Jeannie）的生日。這個祕密麥克風的代號為小艾爾（Little Al），以芝加哥犯罪集團與艾爾・卡彭的淵源命名，它是聯邦調查局史上第一個搭線竊聽裝置。眾所周知，竊聽器是違法的，透過這些發送器所取得的證據無法當作呈堂證供。

然而，由於偷聽到詹卡納與其他黑幫分子在賽拉諾辦公室的對話，聯邦調查局終於能確認美國黑手黨眾家最高老大的姓名，以及名為黑手黨委員會的全國性組織犯罪機構，從一九三一年起便一直存在的事實。

僅靠著安裝一個麥克風，聯邦調查局在六週內對黑手黨的了解就遠多於巴比．甘迺迪的麥克萊倫聽證會花了三年累積的成果[55]。

✦

吉米．霍法回到華盛頓後並不關心卡斯楚的事，唯一讓他念念不忘的，還是巴比．甘迺迪。他與共和黨可能的總統提名人理查．尼克森（Richard Nixon）在一九五九年底祕密會面，表明卡車司機工會認可其候選人資格。他知道，這能重創約翰．甘迺迪在一九六〇年贏得總統大選的希望。

隨後，霍法與尼克森之間的關係，將會隨著總統選舉展開而遭到嚴厲檢驗。同時間，私底下十分魯莽的約翰．甘迺迪，將做出一件讓他與黑幫勢不兩立的弟弟心驚膽戰的事。

約翰・甘迺迪參議員在追求女性時的攻勢總是猛烈且堅持不懈，不久後，他將會與一名叫做茱迪絲・坎貝爾（Judith Campbell）的年輕女子交往，而她也很快就會成為危險分子詹卡納的情婦。

---

55 小艾爾持續運作到一九六五年七月十一日，在多年持續使用後，它就快要失靈。芝加哥犯罪集團從來不知道它的存在。有一次，黑幫分子用電子設備檢查這個房間有無竊聽器，以便確保他們沒有被竊聽。聯邦調查局正好偷聽到那次談話，並再次成功潛入那棟建築物，關掉小艾爾以隱藏它的所在位置。等到檢查結束，再回去重新啟動麥克風。值得注意的是，雖然芝加哥犯罪集團並未察覺羅默爾正在錄下他們的對話，但他們很清楚，他是被指派來調查他們的探員。一得知羅默爾在擔任他兒子的少棒隊教練，這些黑幫分子便將他們的會議安排在球隊練習時間。

13

浪蕩不羈的準總統

一九六〇年二月七日晚間十點
內華達州拉斯維加斯

法蘭克・辛納屈看見觀眾席上有個老朋友。

濃厚的香菸煙霧籠罩著擁擠的柯帕廳夜總會（Copa Room）。安東尼奧・莫雷利（Antonio Morelli）在辛納屈表演的舞臺附近，指揮著一支十八人制的管弦樂隊。全場三百八十五名觀眾對於能弄到全美最熱門表演節目門票，個個都欣喜若狂。

在「小蟲」・西格爾被謀殺十多年後，拉斯維加斯已然成為他曾經預言的賭博聖地。每年有超過八百萬名美國人前來這座「罪惡之城」（Sin City），花費超過一億六千萬美元在食物、飲料、賭博和鋪張奢華的舞臺秀上。當然，黑手黨占了這門生意很大一部分，芝加哥、底特律和紐約犯罪家族瓜分了金沙、紅鶴、熱帶花園、沙漠客棧（Desert Inn）和里維耶拉（Riviera）賭場的控制權。

今晚的表演節目將會持續正好一小時。就算只超過一分鐘，都會延誤觀眾回到賭桌上，而那才是金沙真正賺錢的地方，娛樂表演不過是吸引賭客上門的消遣而已。此時，觀眾坐在緊密排列、鋪上白色桌巾的桌子旁，啜飲著低消的兩杯飲料，深深陶醉在辛納屈圓潤悅耳的歌聲中。

不過他們也知道，特別節目很快就會上場。「金沙高峰會」是這個節目的正式名稱，但是今晚的觀眾幾乎人人都叫它「鼠黨」[56]。

時年四十四歲的辛納屈接著和狄恩．馬丁（Dean Martin）、喬伊．畢曉普（Joey

---

56 鼠黨最初是由演員亨弗萊．鮑嘉（Humphrey Bogart）在一九五〇年代中期創立。其成員包括演員大衛．尼文（David Niven）、放蕩不羈的艾羅爾．符林（Errol Flynn），還有辛納屈。鮑嘉的妻子，演員洛琳．白考兒（Lauren Bacall）說，他們酒醉後的荒唐行為讓她想起成群的老鼠，因而得名。鮑嘉在一九五七年過世後，辛納屈為這個團體大換血，新成員都是與他有私交的好友。

Bishop）、彼得・勞福和小山米・戴維斯（Sammy Davis Jr.）等一票朋友一同在臺上談笑娛樂觀眾，展現團體表演的默契。沒有事前排練，話題也百無禁忌。白天，這群人在拉斯維加斯出外景，拍攝一部名為《十一羅漢》（*Ocean's Eleven*。按：二〇〇一年上映、由史蒂芬・索德柏〔Steven Soderbergh〕執導的同名電影《瞞天過海》〔*Ocean's Eleven*〕便是根據本片改編重拍）的犯罪喜劇電影。晚上，他們在柯帕廳表演。這使人精疲力竭的日程表還包括演出結束後的慶祝派對，然後到蒸氣室發汗、排出酒精，最後終於在深夜時上床睡覺。

讓這個節目更加與眾不同的是，每場表演都由不同的鼠黨成員擔任主角，演唱自己的歌，直到其他成員走上臺打斷他、互相開玩笑並一同歡唱。觀眾無從事先得知誰會第一個上臺，或是他們會有什麼稀奇古怪的行為。有一回，馬丁和畢曉普僅穿著內衣和燕尾服外套上臺，接著與辛納屈合唱——全程還刻意擺出一臉嚴肅的表情。

這幫人很受歡迎，在一月二十六日到二月十六日這三週的檔期間，已有超過一萬八千次詢問，希望能預約金沙酒店的住房。可惜這個度假村只有兩百一十二間客房。許多客人選擇睡在自己的車上，或甚至睡在酒店大廳。儘管普通賭客不大可能在金沙酒店找到住處，好萊塢明星可沒有這種問題。卡萊・葛倫、金・露華（Kim Novak）、傑克・本尼（Jack Benny）、露西兒・鮑爾（Lucille Ball）和科爾・波特（Cole Porter）不過是專程來到拉斯維加斯，觀賞紅得發紫的鼠黨表演的眾多名流中，其中幾位而已。

但是今晚有另一位名人將大駕光臨。

「各位女士、各位先生。」辛納屈向觀眾說道。一道聚光燈在表演廳裡四處掃射，最後停在靠近舞臺、最前面的某張桌子上。「來自麻州的參議員約翰・甘迺迪。」

當觀眾爆出熱烈掌聲，辛納屈繼續說道：「下一屆美國總統！」

全場觀眾起立熱烈鼓掌，皮膚總是像晒過太陽般黝黑的甘迺迪站起身，向在場人士鞠躬致意。辛納屈向群眾宣布，約翰・甘迺迪是鼠黨的榮譽成員——後來甚至把這個團體以約翰的小名改名為「傑克黨」（Jack Pack）。

觀眾不禁注意到坐在參議員旁邊的年輕女郎，大多數人還以為那是甘迺迪夫人。

但他們錯了。

由於總統競選活動正進行得如火如荼，約翰．甘迺迪此刻照理說應該在太平洋西北地區。他後天預定要向俄勒岡州商業協會發表演說。這天下午，四十二歲的總統候選人在新墨西哥州阿布奎基的一場會議上，針對發展西部的天然資源發表了一番鄭重的談話。距離新罕布夏州的選民投票，邁開初選季這個贏得總統寶座的第一步，只剩一個月了。

但是，當他的私人飛機「卡洛琳號」[57]（Caroline，以他兩歲女兒的名字命名）飛上天空，準備前往俄勒岡州新港（Newport）時，甘迺迪指示機長改變飛行計畫。辛納屈邀請他去拉斯維加斯，承諾會好好招待他。鼠黨成員小戴維斯也把自己的私家轎車和司機借給甘迺迪使用，而辛納屈則會安排女伴。「我們都知道他是個浪蕩的公子哥兒。」小戴維斯這麼說甘迺迪。

根據小戴維斯的說法，辛納屈從洛杉磯張羅了一個「圈外女郎」來娛樂甘迺迪參議員。

因此，俄勒岡不用急著現在去。

「除了快活和找樂子外，實在沒有該死的理由在那逗留。」哥倫比亞廣播公司新聞部門（CBS News）的布萊爾・克拉克（Blair Clark）一直都如此記得。克拉克是甘迺迪大學時期的朋友，也是這架飛機上的六名記者之一。

但是甘迺迪是個精明的政治人物，知道最好別讓大眾認為，他在拉斯維加斯停留只是為了玩樂。因此今晚稍早，他在當地會展中心向六百名在地民主黨員發表演說，希望能改善工會勞工的投票狀況。接著又參加了一場聚集在地重要金主的雞尾酒會，其中許多人因為經營旅館和觀光賭場，和黑手黨素有往來。直到那時，他才悄悄溜到這個深夜秀的現場。

用一名黑手黨成員的話來說，金沙酒店是「黑手黨徒專用的『那種』飯店」[58]。

57　甘迺迪的康維爾二四〇（Conair 240）客機是第一架被總統候選人採用的私人飛機，讓他能自由旅行，不必受限於商業航班時刻表。喬瑟夫・甘迺迪在一九五九年跟美國航空公司（American Airlines）買下這架飛機，並重新改裝，供兒子個人使用。卡洛琳號徹底改變了競選活動。自從一九六〇年以來，候選人搭乘私人飛機、而非商業航班四處跑行程，變得十分普遍。

甘迺迪小心翼翼，不在那裡過夜，並避免與組織犯罪有任何明顯往來。不過，造訪柯帕廳看辛納屈表演倒是不會留下汙名。總統候選人和這名歌手相識已有五年的時間。甘迺迪家族大家長喬瑟夫·甘迺迪私下試圖讓這段友誼發揮重要功效，希望辛納屈能運用他的黑手黨人脈，讓工會投票支持約翰。辛納屈最近受邀前往甘迺迪家族位在佛州棕櫚灘的大宅，喬瑟夫·甘迺迪也拜託他在那裡為約翰·甘迺迪義演幾場，甚至提議辛納屈錄製一首特別的競選主題曲。辛納屈因此將他在電影《合家歡》（*A Hole in the Head*）中演唱的〈遠大夢想〉（*High Hopes*）一曲歌詞改寫成一首好聽易記、關於約翰·甘迺迪的歌曲。

這類地下活動在所有選舉中都再正常不過，每個細節都不容忽視。但是甘迺迪的領導核心有兩大明顯弱點，必須不惜任何代價將它們妥善藏好。第一個是喬瑟夫·甘迺迪和組織犯罪的往來關係。另一個是約翰·甘迺迪誇張的濫交行為——從他父親那裡學來的惡習。

約翰·甘迺迪的公眾形象有個關鍵，那就是愛家的好男人。由於新罕布夏州初選的時間已如此迫近，這個假象的維持極為重要。不過，儘管甘迺迪深愛妻子賈姬

（Jackie）和女兒卡洛琳，但是他也很期待像今晚這樣，能與另一名女子同床共枕。

因此，當他在辛納屈的介紹後坐回椅子上，不禁被美麗動人的茱迪絲·坎貝爾給迷住了。這就是辛納屈從洛杉磯帶來的「圈外女郎」。

雖然約翰·甘迺迪的二十七歲弟弟泰迪跟坎貝爾的年紀比較相近，她仍成功抵擋住弟弟的殷勤，把注意力全放在哥哥身上。這名碧眼美人負責開口說話，而參議員則凝神傾聽。「彷彿他身上的每條神經都準備好要關注你，」她永遠記得：「我這才知道，約翰·甘迺迪是這世上最棒的傾聽者。」

二十六歲的坎貝爾則是這世上最厲害的攀權附貴者。她是一名洛杉磯建築師的女兒，家境富裕，和娛樂圈頗有淵源。她從十幾歲就開始交往的男友勞勃·韋納（Robert Wagner）是個演員。在十八歲那年，她嫁給演員威廉·坎貝爾（William Campbell），他是個酒鬼，演過幾部恐怖片。

在踏入這段婚姻之前，她認識了很有影響力卻鮮為人知的約翰·「英俊強尼」·

58 這是引述吉亞尼·魯索（Gianni Russo）的話。他為法蘭克·卡斯特羅工作，也在電影《教父》中飾演卡洛·瑞茲（Carlo Rizzi）一角。

羅塞利（John "Handsome Johnny" Roselli）——這個執行者來自芝加哥，替黑幫老大山姆·詹卡納監督芝加哥犯罪集團在西岸和拉斯維加斯的業務。儘管羅塞利比坎貝爾年長近二十五歲，卻仍抵抗不了她的魅力。「美人一個。長得像伊莉莎白·泰勒（Liz Taylor），卻更親切友善。很甜美的小妞。來自好人家，很有格調。」這名黑幫分子這樣向一名友人描述。

而羅塞利有很多朋友，包括喬瑟夫·甘迺迪，兩人時常一起打高爾夫球和玩牌。坎貝爾已經離婚，但她只有高中學歷，每個月的贍養費又僅僅四百三十三美元又三十三美分，而且沒有進入職場工作的意願。她利用自己健康的美貌和聰明才智，在好萊塢最頂尖的圈子裡建立友誼。這意味著不間斷的派對、夜總會，以及和有權勢的男人發生長期性關係。

羅塞利就是其中一人。兩人有過短暫的戀情，不過他選擇把坎貝爾傳給辛納屈，因為辛納屈和詹卡納的親密友誼僅次於和羅塞利的交情。坎貝爾很快就和辛納屈前往夏威夷度假。這趟旅程的同行旅伴還有彼得·勞福和他的妻子派翠西亞·甘迺迪·勞福——也就是約翰·甘迺迪的妹妹。

▲ 瓊·朗（June Lang）和羅塞利私奔後，成婚的兩人在大峽谷國家公園霍皮角（Hopi Point, Grand Canyon）拍照留念。這對夫妻計畫在返回兩人位於好萊塢的住家之前，先到博爾德大壩（Boulder Dam）一遊。

不久後，喜怒無常的辛納屈和坎貝爾開始口角不斷，她決定提早飛回家。這段感情看樣子已走到盡頭，但其實並沒有。

那次度假發生在一九五九年十一月。然而，當辛納屈邀她到拉斯維加斯度週末，即使坎貝爾很吃驚，她也沒有表現出來。而且她也沒有懷疑辛納屈在利用她討好甘迺迪——至少一開始沒有。但兩人之間的互動很快就變得相當明瞭。「他們的交往似乎是真的彼此羨慕。法蘭克敬畏約翰的家世背景和他握有的權力，」坎貝爾回憶道：「而約翰被辛納屈時髦放縱的生活方式深深吸引。」

的確，凡是在約翰·甘迺迪毫無防備的私人時間見到他的人，往往會對他在女人與派對的熱愛，以及他相信自己即使做盡壞事，卻終能逃脫所有懲罰的信念，感到十分驚愕。

甘迺迪和坎貝爾之間的關係持續了兩年之久。他們間的小情小愛始終是個無人知曉的祕密——至少甘迺迪是這麼認為的。這一切都從今晚他們在柯帕廳打情罵俏開始。事實證明辛納屈的猜想是對的：儘管「頭腦簡單的美人和歌舞女郎」不斷來去，套句新聞記者克拉克的話，總統候選人只對坎貝爾情有獨鍾。巧合的是，她的長相和甘迺迪妻子賈姬非常神似。

這整件事是個圈套。黑手黨知道甘迺迪貪戀女色的弱點，必要時，則可利用坎貝爾當作勒索的理由。有人猜測，或許是詹卡納自己命令坎貝爾來拉斯維加斯，辛納屈不過是傳話的中間人。

「他們故意把她餵給約翰，」辛納屈的好友——演員布萊德·德克斯特（Brad Dexter）回憶道：「法蘭克也參與其中。我說真的。」

表演結束後，甘迺迪和坎貝爾參加了在辛納屈下榻套房舉辦的狂歡派對，有源源不絕的酒精、古柯鹼，還有一群漂亮的歌舞女郎。坎貝爾深受大多數男人的歡迎，因為她仍然展現出活潑朝氣、年輕女孩的健康形象，但其實她在金沙酒店聲名狼藉。「我們知道她的過去，也認為她是出來賣的高級應召女郎。」一個賭桌發牌員說。

甘迺迪對此一無所知，也沒察覺坎貝爾是有人專門為他準備的[59]。

坎貝爾後來宣稱，甘迺迪在這第一晚並沒有強行求歡，而她也沒有主動獻身。根據她的說法，他們只是有一搭沒一搭的閒聊。

「當你和約翰說話，」坎貝爾回憶道：「他就是只對你說話。他對每件事、每個

---

59 這不是坎貝爾與甘迺迪第一次見面，早在上一回，甘迺迪就對她有意思。兩人初次相遇是幾個月前在比佛利山莊的普契尼餐廳（Puccini Restaurant）。甘迺迪參議員當時正和辛納屈一起用餐，他倆看見坎貝爾和女演員安吉·迪金森（Angie Dickinson）同桌而坐。

人都充滿好奇。他喜歡聊八卦。那天晚上，他希望我一直陪在他身邊。」

聯邦調查局局長胡佛後來拿到一份詳盡的備忘錄，記載著甘迺迪那個週末在拉斯維加斯的「性活動」。不過坎貝爾一直堅稱，兩人在這次相遇中並沒有發生關係。她說翌日一大清早，她回到自己的房間，他則是獨自回到賭城大道另一頭的牧場酒店的套房休息。

根據坎貝爾的說法，隔天她醒來聽見的第一個人聲，就是甘迺迪來電，邀請她到辛納屈的套房共進午餐。這是兩人在甘迺迪於全美各地進行競選活動期間，許多往來電話中的第一通。「他幾乎每天都會打來，」她後來寫道：「無論他人在何方，或者有多疲憊。」

一個月後，當競選活動帶著甘迺迪經過紐約市，他和坎貝爾再次偷偷約會，地點選在廣場飯店（Plaza Hotel）。這天是三月七日，新罕布夏州初選前夕，也是約翰·甘迺迪邁向白宮之路的關鍵第一步，坎貝爾宣稱，兩人首次發生了性關係[60]。

就在坎貝爾和甘迺迪於紐約會面兩週後，辛納屈再次邀請這個年輕美人陪他去旅行。儘管辛納屈用如此冷酷無情的方式對待她，她還是再次答應了。

這一次，他們的目的地是邁阿密的楓丹白露飯店（Fontainebleau Hotel）。辛納屈自一九五四年以來，就是這間豪華飯店的拉隆德夜總會（La Ronde nightclub）固定的招牌明星。不過這次他要錄製的電視特別節目，旨在歡迎貓王服完兩年兵役後重回歌壇。這項演出在一九六〇年三月二十六日舉行，充滿了諷刺意味。很久以前，辛納屈還曾是那個身材苗條的青少年明星、所有女孩尖叫的對象。如今他的頭髮逐漸稀疏，他的嗓音也因為長年抽菸和喝傑克丹尼（Jack Daniel's）威士忌而變得粗啞低沉。貓王則是當紅的新偶像。他的搖滾樂徹底改變了現代音樂，取代了辛納屈最出名的那些曲目。所以實際上，辛納屈歡迎的對象正是取代他的人。在短短幾年內，拉斯維加斯

60 茱迪絲・坎貝爾・埃克斯納在一九七七年出版了名為《我的故事》（*My Story*）的回憶錄，談自己與甘迺迪的情事。此書的真實性起初遭到甘迺迪家族質疑，而坎貝爾數度更動她的說法細節，更讓真實性打了折扣。但是隨著甘迺迪愛玩女人的事實曝光，證明坎貝爾的故事原來大多為真——至少根據聯邦調查局的搭線竊聽證明是如此。然而直到今日，某些歷史學家仍認為坎貝爾為了賺錢而言過其實。

將會是辛納屈的歌聲還能繼續稱霸的唯一地方，但是貓王很快也會在那留下深遠的影響。因此，當六週後電視臺播出這個節目，便成為電視娛樂史上一個重要的轉捩點。

但是比起這個節目更加有趣的是，發生在邁阿密幕後的種種行為。辛納屈帶坎貝爾來此當他的玩物，把她視為「妓女」。他在這個美麗且心甘情願的年輕女子身上，看見能擴張其個人勢力的一種方法，那就是讓他有權有勢的朋友開心。

「我想不需要多有想像力，」坎貝爾多年後寫道：「就知道我可能會派上用場。」於是，辛納屈在一場私人派對上把坎貝爾「介紹」給一位紳士。「茱蒂，過來，」她在回憶錄中寫道：「來見見我的好友，山姆・弗拉德（Sam Flood）。」

坎貝爾會宣稱這是她第一次認識詹卡納，這才是那位紳士的真名。這名五十二歲鰥夫的年紀是坎貝爾的兩倍，是個不苟言笑又其貌不揚的男人，但是他的訂製鯊皮西裝、昂貴的鱷魚皮鞋、真絲襯衫和滿滿權威的姿態在在顯示，他是個有錢人。

事實上，即使兩人從未被正式介紹過，坎貝爾有可能早就知道這號人物。因為詹卡納是她前任戀人羅塞利的好友。而且眾所皆知，她與數位黑手黨重要人物有過男女關係。鼠黨成員勞福明確提到她是「黑手黨的女人」（Mob moll）。

坎貝爾有所不知，在這個三月夜晚，她即將成為一場牽涉性、政治與犯罪的大騷動的中心。

性：坎貝爾和甘迺迪的風流韻事是進行式，而她即將與詹卡納展開另一段戀情。

政治：喬瑟夫．甘迺迪最近才和羅塞利與詹卡納在紐約市的菲利克斯．楊（Felix Young's）餐廳共進午餐，討論黑手黨如何協助約翰．甘迺迪角逐總統寶座。這場餐會距離巴比．甘迺迪在麥克萊倫聽證會上盤問詹卡納，才過了不到八個月。這名黑幫老大告訴緊張不安的老甘迺迪，他對約翰．甘迺迪沒意見，但還是對於巴比．甘迺迪之前那樣公開攻擊他耿耿於懷。老甘迺迪主張，他兒子的無禮是過去的事了，並提醒詹卡納，「要選總統的是約翰，不是巴比」。他還說，如果詹卡納幫忙約翰勝選，那麼新任總統就會欠他一份人情。「這是生意，不是政治。」老甘迺迪如此總結道。他提早離席，讓羅塞利和詹卡納能單獨討論此事。

犯罪：詹卡納早已買通伊利諾州的政客和執法人員，該州是贏得總統大選至關重要

61 尼克．塞凡諾（Nick Sevano），辛納屈的核心集團成員之一。他曾公開指出，在約翰．甘迺迪還是參議員時，也和詹卡納吃過飯。「約翰很尊敬詹卡納。」塞凡諾回憶道。

要的一州。他擁有操縱選舉的力量，但是他仍不確定該不該支持約翰・甘迺迪[61]。

也就是說，即使坎貝爾持續每天與約翰・甘迺迪通電話，而且只要他行程許可，兩人就會把握上床的機會，但是她也和詹卡納上床。這些私人活動全都發生在一九六〇年總統大選時期。約翰・甘迺迪起初並不知道詹卡納的事。但是這名黑幫老大肯定對坎貝爾和參議員之間的一切瞭若指掌——而且很高興約翰・甘迺迪有個「固定情人」，此人可以是脅迫，也可以是內部消息的來源。

坎貝爾現在是個管道，直接連結想拿下全世界最有權勢職務的人，和指揮地下世界的人。

而且，胡佛始終在旁竊聽。

第三篇

體制的破壞者

14 不管什麼事，喬事者都能解決

一九六〇年七月十一日下午五點
加州洛杉磯

好萊塢最有權勢的人正在電話線上。

十五英里外的洛杉磯市中心，世界的娛樂中心正向所有人展示它的光彩。

這天天氣炎熱，天使之城（按：the City of Angels，洛杉磯的暱稱）籠罩在重重煙霧中。此刻夜幕低垂，超過七千名民主黨員從全美各地湧入體育競技場（the Sports Arena），日後此地很快就會成為洛杉磯湖人隊（Los Angeles Lakers）的主場。這些人來到此處是為了選出總統候選人。過去四個月以來，已經舉辦了十六場初選，約翰．

甘迺迪在其中十場勝出。在爭奪總統候選人提名的眾多角逐者當中，這位麻州參議員目前正處在領先地位[62]。喬瑟夫．甘迺迪絕不心存僥倖，前往參加大會的途中，他在賭城暫停，押注一百萬美元的巨額賭金，賭他兒子會贏得總統大位，從而確保賠率精算師會將約翰．甘迺迪吹捧為最佳人選。

諷刺的是，這位甘迺迪家族的大家長並不會在大會現身。他強烈的反猶太信念讓他淪為政治賤民（按：political pariah，多指在權力更迭中失勢而遭唾棄、不受歡迎的人），在選戰如此關鍵的時刻，他兒子無法承受他出現會引發的爭議風險。

儘管約翰．甘迺迪看似領先群雄，但最近的事態發展使他的選情亮起紅燈。人氣極高的德州參議員林登．詹森（Lyndon B. Johnson）兩天前宣布參選，來自伊利諾州的民主黨候選人阿德萊．史蒂文森也加入戰局。經過接下來兩天在此地的爭執、辯論

62 其他競爭者包括密蘇里州參議員史都華．賽明頓（Stuart Symington）、明尼蘇達州參議員休伯特．韓福瑞（Hubert Humphrey）、俄勒岡州參議員韋恩．莫爾斯（Wayne Morse），以及佛州參議員喬治．史馬瑟斯（George Smathers）。林登．詹森、阿德萊．史蒂文森和紐澤西州州長羅伯特．梅納（Robert Meyner）隨後也會加入競爭行列。

和點名，將會決定誰是最後贏家。

但是在拉票開始前，該是以好萊塢風格娛樂這些黨代表的時候了。

下午五點，當軍方護旗隊將美國國旗送進會場時，群眾靜了下來。不過一年前，阿拉斯加和夏威夷才剛得到聯邦承認，國旗因此有了獨特的嶄新樣貌，上頭有五十顆星星，而非過去的四十八顆。

除了黨代表之外，人群中也擠滿了電影明星——三名鼠黨成員也在其中。昨晚，在比佛利希爾頓酒店（Beverly Hilton Hotel）的募款餐會上，辛納屈、小戴維斯和馬丁娛樂著在場兩千八百名甘迺迪的熱情贊助人。在這場大會的閉幕夜，這三名歌手安排了由三十位好萊塢大牌明星組成的全明星合唱團，為黨代表獻唱[63]。

對洛杉磯來說，主辦這場大會是爭取世界級正統地位的努力。洛杉磯主要是以拍攝電影和異想天開的誘人景點，比如附近的迪士尼樂園（Disneyland）而聞名。確實，黨代表被招待參加好萊塢片廠的後臺之旅，也在他們短暫停留期間，蜂擁前往神奇王國樂園（Magic Kingdom）。在查森（Chasen's）和羅曼諾夫（Romanoff's）等酒吧舉行的深夜派對，則有包括亨利·方達（Henry Fonda）、傑克·李蒙（Jack

Lemmon）、賈利・古柏和洛琳・白考兒等偶像到場。好萊塢與華盛頓之間的連結很快就會成為國家政治的關鍵，這個現象可說正是始自浮華炫目的一九六〇年民主黨全國代表大會。

✦

大會開場，主持人介紹辛納屈、小戴維斯和馬丁，以及其他十幾位名人。民主黨領袖希望能讓看電視的觀眾讚嘆好萊塢強大魅力的展現。可是當小戴維斯被支持種族隔離的南方黨代表喝倒采時，場面一度產生反效果——身為黑人的他，公開與白人女星梅・布里特（May Britt）約會。

但是辛納屈消停了這股敵意。他一上臺，就獲得滿場不斷的掌聲。整個會場的燈光都暗了下來。接著，辛納屈在唯一一盞聚光燈下演唱美國國歌——〈星條旗之歌〉

---

63 其中包括莎莉・麥克琳、瑪娜・洛伊、文森・普萊斯（Vincent Price）、納金高（Nat King Cole）、雪莉・溫特斯（Shelley Winters）、珍妮特・利（Janet Leigh）、卻爾登・希斯頓（Charlton Heston），以及愛德華・羅賓遜（Edward G. Robinson）。

（*The Star-Spangled Banner*）[64]。

一連三晚的民主活動就此展開，意見分歧嚴重的黨代表不斷辯論、爭執，最終選出他們的候選人。由於只有極少數的州舉行初選，絕大多數投票者可以自由選擇他們中意的任何人。在黨代表們正在彼此對抗時，約翰・甘迺迪遠離這場爭端，在演員傑克・黑利（Jack Haley）借給他的羅斯摩爾大道公寓中，和瑪麗蓮・夢露（Marilyn Monroe）與茱迪絲・坎貝爾嬉戲調情。到了七月十三日，人選終於出爐。約翰・費茲傑羅・甘迺迪在第一輪投票就贏得過半數黨代表支持。喬瑟夫・甘迺迪和辛納屈一同在瑪麗恩・戴維斯（Marion Davies）的好萊塢豪宅得知這個消息，辛納屈興奮得跳上跳下，歡呼道：「我們要前進白宮了！」

約翰的父親也向詹卡納保證，美國總統將會欠他一份人情，現在他距離入主白宮只差一次普選之遙。

然而，在這個具有歷史意義的一夜，甘迺迪**並非**好萊塢最有權勢的人。這個名聲屬於一個鮮為人知的人物，人稱「喬事者」。

只有極少數人知道「喬事者」名叫悉德尼．柯夏克，這正是他想要的狀態。

這名身材高大、衣著體面的黑手黨律師住在富裕的洛杉磯貝沙灣（Bel Air）豪宅區。立陶宛裔的柯夏克時年五十三歲，是芝加哥出生的猶太人。他的聯邦調查局檔案編號是九二－七八九。他和妻子柏妮絲（Bernice）——朋友都叫她「碧」（Bee）——過著奢華的日子。他們近日購入位於夏隆路的新家，牆上裝飾著雷諾瓦（Renoir）和夏卡爾（Chagall）的原版畫作。他們的酒窖貯存最昂貴的陳年好酒。他們高檔的年度聖誕派對，招待的來賓全是像彼得與派翠西亞．甘迺迪．勞福、黛娜．肖爾（Dinah Shore）、羅伯特．埃文思（Robert Evans）、湯尼．寇蒂斯（Tony Curtis）、庫比．布洛克里（Cubby Broccoli）這樣的名人。此時電影製作人布洛克里，正在製作他第一部以英國特務詹姆士．龐德（James Bond）為主角的電影。

---

64 值得注意的是，辛納屈也將在一九五六年民主黨全國代表大會上演唱國歌。但他在後來轉變成共和黨支持者。

跟大多數貝沙灣宅邸一樣，柯夏克的房子被一堵無法穿越的灌木與參天大樹形成的牆包圍，提供了完整的隱私。然而，和整個街坊其他住家不同的是，他家的大門是由一名拿著上膛手槍的警衛負責應門。

雖然柯夏克的車庫裡停滿了勞斯萊斯（Rolls-Royce）、捷豹（Jaguar）、賓士（Mercedes-Benz），還有凱迪拉克等豪車。不過，當他要和黑手黨高層，比如詹卡納開會時，他寧可租一輛車並僱一個司機。柯夏克的行動總是保密到家且難以證實，但是他的成功有賴他不可思議的能力，他總能說服別人去做他們不想做的事。

舉個他展現影響力的例子，有一回，喜劇演員艾倫．金（Alan King）試圖入住一間豪華的巴黎旅館，但是被櫃臺以沒有空房拒絕。灰心的金從旅館大廳的付費公用電話打給柯夏克。他都還沒來得及掛斷電話，就已經有一名職員站在電話亭外，準備要帶他到套房入住。

但更為常見的是沒有人知曉的通話，柯夏克因此得到喬事者的稱號。「柯夏克一點頭，」好萊塢製片暨柯夏克門徒的羅伯特．埃文思後來寫道：「卡車司機工會就改變管理方式。柯夏克一點頭，拉斯維加斯就關門停業。柯夏克一點頭，洛杉磯道奇隊

（Dodgers）突然就能在夜間比賽。」

六年後，也就是一九六六年，一通來自柯夏克的電話讓羅伯特・埃文思高升到派拉蒙影業（Paramount Pictures）的製片主管[65]。

在好萊塢這樣的城市，名氣是大多數居民渴望獲得的名片，柯夏克卻迴避成為大眾矚目的焦點。他從不允許別人拍下他的照片。身為芝加哥犯罪集團的法律顧問，柯夏克不僅和詹卡納與羅塞利這樣的黑幫分子勾結，還與演員工會現任會長隆納・雷根（Ronald Reagan）等工會領袖廝混。黑手黨透過控制諸如演員工會等組織來經營好萊塢。柯夏克在和雷根的經紀人路易斯・瓦瑟曼（Lewis Wasserman）的談話中，堅持雷根應該爭取連任——後來他果真做了第二任會長。

不只是好萊塢工會。柯夏克和吉米・霍法與卡車司機工會也有很深的淵源。許

---

65 埃文思在派拉蒙工作時期，代表作品正是《教父》。該片導演法蘭西斯・柯波拉（Francis Coppola）決意要找艾爾・帕西諾（Al Pacino）飾演麥可・柯里昂（Michael Corleone）一角。但是帕西諾按照合約必須去拍另一部片，該片製作人不願放他走。柯夏克代替埃文思打了通電話，不出二十分鐘，帕西諾就可以自由接下麥可・柯里昂這個角色了。

多演藝圈人士認為，這個風度翩翩的律師比工會會長更有權勢，而這將會在一九六一年十月被清楚的證明。柯夏克在國際卡車司機工會舉辦全國性大會期間來到拉斯維加斯，打算入住里維耶拉酒店。他要求住進總統套房，儘管當時霍法已入住該套房，但不一會兒，霍法的行李已經被移到較小的房間去了。

實際上，柯夏克的影響力無遠弗屆。十年前，拿著參議員艾斯特斯・基佛爾與情婦的照片要脅他，令基佛爾聽證會打擊組織犯罪的努力戛然而止的人，就是這名律師。此外，在洛杉磯警方還在努力尋找殺害「小蟲」・西格爾的凶手線索時，柯夏克已經知道凶手的姓名與動機。

✦

打從電影業早期，組織犯罪就一直是好萊塢的固定班底。英國作家塞德里克・貝爾弗拉奇（Cedric Belfrage）在一九二〇年代來到好萊塢，如此描述電影界隨處可見的「幫派分子元素」。東歐出生的猶太裔電影巨頭跟西西里黑幫分子在許多方面都很像，尤其是他們緊密的族裔文化、移民背景，以及在美國局外人的身分。傳統銀行可不會把錢借給這樣的人。

因此，這些片廠負責人轉向黑手黨求援。柯夏克很清楚，電影業需要黑手黨提供資金。傳統銀行討厭借錢給電影製片廠，因為電影的成敗無從事前確定，而且如前所述，銀行不喜歡「幫派分子」主事。

然而，組織犯罪才不在乎這些。它要找的是洗錢管道，而投資電影提供了一個理想的機會。此外，如同他們在拉斯維加斯開設的觀光賭場，黑手黨透過暗中汙走某部電影的利潤，墊高它的盈虧底線。在某些例子中，演員拿不到全額薪水。對黑手黨來說，這是個殘忍但有效的法子，能讓他們賺得更多。你很少會聽見演員抱怨，因為膽敢抱怨的人，很快就會發現自己再也無法工作。

「沒有人能像拉斯維加斯那樣汙錢，因為那是他們首創的，」導演李察．布魯克斯（Richard Brooks）評論道：「不過好萊塢僅次於他們。」

紐約黑幫分子亨利．希爾（Henry Hill）有天會動筆這樣描述好萊塢：「表面上，這個世界似乎和你想像的幫派生活距離遙遠，但是表面底下的黏液卻令人作嘔。我最近突然想到，我在黑幫中那些可怕的冒險經歷，恰好讓我在日後和威爾夏大道

（Wilshire Boulevard）的鯊魚同游時，早已習慣了恐懼纏身的感覺。」

洛城的組織犯罪始自邁入二十世紀後不久，當時有個義大利裔幫派靠著販售私酒賺進大把鈔票。後來，這個幫派的勢力不斷壯大，讓它的老大，西西里島出生的湯姆．卓格納（Tom Dragna）在黑手黨委員會取得一席之地。芝加哥以西從沒有其他人享有此等殊榮。

但是西格爾在一九三七年來到洛城，引發了彼此間的較勁，洛城犯罪家族慢慢被西格爾和他的紐約人脈取代。好萊塢第一個工會正開始組織，卓格納遲遲沒有介入，但是西格爾幾乎立刻就設法這麼做。一部好萊塢影片集合了眾人的合作努力，它需要作家、木匠、油漆師傅、水電人員、卡車司機和電影特有的許多技術人員。少了這些人，電影就拍不成了。黑手黨透過控制這些工會和提供電影拍攝資金，成功的經營起了好萊塢。

其實，如黛比．雷諾（Debbie Reynolds）、黛娜．肖爾和吉兒．聖約翰（Jill St. John）等大明星，只是受惠於——至少是間接受惠——組織犯罪力量的眾多名流的其中幾個。寇克．道格拉斯（Kirk Douglas）是柯夏克很親密的名人朋友，這名單也包括華倫・比提（Warren Beatty）、傑克・本尼、賽德・查理斯（Cyd Charisse）、大衛・簡森（David Janssen）和文生・明尼利（Vincente Minnelli）。身為喬事者的朋友是有好處的：當辛納屈的演藝事業在一九五〇年代初期看似結束時，是打給哥倫比亞影業（Columbia Pictures）總裁哈里・考恩（Harry Cohn）的一通電話，讓他拿下電影《亂世忠魂》（*From Here to Eternity*）裡的配角，進而為他贏得一座奧斯卡金像獎。同樣的，當柯夏克與聖約翰女士發生肉體關係後，他說服這位女明星買下拉斯維加斯一處觀光賭場的股份。這意味著拍攝〇〇七系列電影《金剛鑽》（*Diamonds Are Forever*）時，她其實也是電影拍攝地那座賭場的業主之一。柯夏克的內線情報最後讓她在星塵大飯店（Stardust Hotel）買下帕爾文－多爾曼賭場集團（Parvin-Dohrmann casino group）後，變得非常富裕。

當洛杉磯的工會成員人數從一九三六年的兩萬人，躍升至一九三八年的十二萬五千人，黑手黨是受益最多的團體。經常扮演黑幫分子的演員喬治・拉夫特是西格爾的好友，幫助新來乍到的他指引好萊塢政治世界的方向[66]。雖然這塊版圖理論上還是屬於卓格納和他的洛杉磯犯罪家族，但是西格爾慢慢取得了控制權。

等到西格爾在比佛利山莊遭人謀殺後，一個名叫米奇·柯罕的人奪得權力，但是他在一九五一年因逃稅被發監服刑。後來，卓格納在一九五六年死於心臟病發。

卓格納和柯罕的出局讓芝加哥黑幫看見了機會。芝加哥犯罪集團由羅塞利代表，接受來自詹卡納的命令。儘管詹卡納從一九五七年起一直是芝加哥犯罪集團的老大，但是他喜歡好萊塢的活力勝過風城的生活，而且花很多時間與許多電影明星及他的歌手女友，知名女子團體「麥奎爾三姊妹」（McGuire Sisters）的菲莉絲·麥奎爾交往。羅塞利和詹卡納都非常喜愛名流夜生活，寧可讓其他人管理日常的生意往來。

而那個其他人就是柯夏克。

好萊塢的每件事都在這名黑幫老大的控制下——同業工會、選角、經紀公司，甚至是片廠老闆。哥倫比亞影業總裁考恩是羅塞利共事多年的夥伴，他向黑手黨商借五十萬美元，以便取得該片廠的控制權。這項交易讓黑手黨暗地裡保有三分之一的所有權。羅塞利和考恩是非常要好的朋友，他們戴著形似的尾戒作為兄弟情誼的象徵。考恩在一九五八年一過世，柯夏克就被指派為這名電影大亨遺產的法律顧問[67]。

「業界都知道，」聯邦調查局探員麥克·韋克斯（Mike Wacks）告訴記者：「要拍電影，你肯定需要卡車司機的幫忙。可是你最好在找那些卡車司機過來之前，先跟悉德尼把事情談定，否則你可能會有大麻煩。他會跟電影製作人和卡車司機雙方各收一筆顧問費。我希望我們能證明這一點。」

在針對組織犯罪進行的二十多次調查中，柯夏克的名字其實都被提及，然而他從未被起訴過。這是對他保密行事的讚揚。當其他黑手黨成員為了參加阿巴拉欽高峰會而在紐約集合時，柯夏克認為這集會人潮太多而避開此事。當聯邦調查局成功竊聽芝加哥犯罪集團的芝加哥總部時，柯夏克的聲音從未出現在錄音帶上，因為他拒絕去那裡。事實上，柯夏克非常注重安全，因此他絕不使用他認為可能遭人竊聽的電話。有一次，聯邦探員很驚訝的看他拿著一大袋零錢走進電話亭，打了幾通電話。讓執法人員更挫折的是，柯夏克從不用信用卡，他身上時常帶著多達五萬美元的大額現鈔。

66 拉夫特以紐約黑幫分子喬．阿多尼斯的說話聲音和穿衣風格，塑造他在銀幕上的黑幫角色。

67 考恩是好萊塢史上最喜怒無常的人，他暴躁且謾罵不斷的風格，日後成為電影大亨行為的諷刺漫畫形象。他還靈活運用他的黑手黨關係，黑人歌手小戴維斯因為車禍失去左眼，而當他開始和白人女星金．露華約會，考恩威脅說，若不終止這段感情，就要把他的另一隻眼睛挖出來。但最後卻是柯夏克介入並提醒小戴維斯，如果不順從，他的演藝生涯會就此終止後，這段戀情才不得不結束。

但偶爾，調查員能在柯夏克活動過後成功的抽絲剝繭。在一場關於黑手黨涉入電影業和組織工會的聯邦敲詐審判期間，工會幹事威利．畢歐夫（Willie Bioff）作證說，芝加哥黑幫告訴他，「悉德尼是我們的人，我們希望你聽從他的吩咐。他不只是隨便一個律師，他熟知我們幫派，為我們謀取最佳利益。留意他交代的事。記住，他告訴你的任何訊息都是來自我們的指示。」

在聯邦調查局搭線竊聽的一份錄音中，探員無意間聽到芝加哥黑幫成員指示手下萊斯利．「殺手肯恩」．克魯澤（Leslie "Killer Kane" Kruse）：「永遠不可親自聯絡柯夏克──惡棍律師。」

這正是即使其他黑手黨成員被關進大牢，但柯夏克仍能保有自由身的確切理由：他很保護自己。司法部稱這名律師是「犯罪集團、政治圈、勞方與資方之間關係的最重要連結」。

總有一天，柯夏克的客戶名單會擴增到包括希爾頓與凱悅飯店（Hilton and Hyatt Hotels）、洛杉磯道奇隊，以及擁有紐約尼克隊（New York Knicks）和紐約遊騎兵（New York Rangers）曲棍球隊的紐約麥迪遜廣場花園體育公司（Madison Square Garden

Corporation）。

然而，低階層的黑幫成員甚至被禁止與他說話。「悉德尼高高在上，我們從未能接觸過他，」一名執法人員後來回憶道：「他從未下到我們這個層級；我們從未偶然遇見他。我們從未看過悉德尼與這些人會面……他總是和律師、和正經人士碰面。」

這就是作風神祕的柯夏克經營好萊塢的手法。

✦

古巴出生的德西・阿納茲（Desi Arnaz）因為不接柯夏克的電話，讓他落入非常危險的處境。

這名情境喜劇《我愛露西》（*I Love Lucy*）的明星是電視圈名聲響亮的人物——如此出名且有權勢，使他在好萊塢無所畏懼。除了和同為喜劇演員的妻子露西兒・鮑爾（Lucille Ball）錄製他自己的節目，此刻他還製作好幾個其他電視節目。其中一個是警匪電視劇《鐵面無私》（*The Untouchables*）。根據真實人物——財政部探員艾略特・內斯（Eliot Ness），由羅伯特・史戴克（Robert Stack）飾演——改編，故事描述虛構的芝加哥禁酒令之戰。以內斯為首的執法團隊幾乎全數是白人男性，其中名叫瑞可（Rico）的探員是團隊中唯一的義大利裔成員。諷刺的是，這名探員卻是由希臘裔演員飾演。

劇中的壞胚子幾乎全都是義大利裔美國人。此外，飾演卡彭的演員內維爾·布蘭德（Neville Brand）表現得像是個殘暴的心理變態。這不僅惹怒了卡彭的遺孀梅伊，也讓詹卡納非常氣憤。碰巧，阿納茲曾是卡彭獨子桑尼的好友。卡彭家族認為，阿納茲家族在一九三三年逃離古巴時，他們提供的幫助至為關鍵，因此對於亡父被如此詮釋十分受傷。

壓力開始累積。在紐約，工會領袖東尼·安納斯塔西亞，也就是遭暗殺的安納斯塔西亞的弟弟，下令碼頭工人不得卸下李吉特與邁爾（Liggett & Myers）菸草公司製造的香菸。因為它是該節目的贊助商之一。

在好萊塢，辛納屈把他的製作公司從阿納茲擁有的德西露—高爾片廠（Desilu-Gower Studios）的攝影場地遷出。「你要我怎麼做？」阿納茲對著大發雷霆的辛納屈大喊道：「讓他們全變成猶太人？」當阿納茲稱辛納屈是「電視輸家」時，兩人險些大打出手。不過這名歌手知道最好別揍他。辛納屈在職業生涯中經歷過許多起起落落，他知道挑戰有權有勢者絕非成功之道。

在芝加哥，壓力也在不斷上升中。詹卡納實際上早已下令殺掉阿納茲。吉米・「黃鼠狼」・弗拉蒂安諾（Jimmy "the Weasel" Fratianno）在加州聖昆丁州立監獄（San Quentin）服完六年徒刑，方才獲釋，這件差事就被指派給了他。

「你看過《鐵面無私》這部劇嗎？」當羅塞利找弗拉蒂安諾坐下來討論當前情勢時，他問。

「我沒時間看那些垃圾，」黃鼠狼回答。

「吉米，我跟你說，全世界有數百萬人該死的每週收看這個節目。它甚至在義大利也很受歡迎。他們看見的是一幫義大利瘋子拿著機關槍跑來跑去，像群蠢豬一樣，把義大利麵條灑得到處都是。」

「沒人會注意那些狗屁啦，」弗拉蒂安諾說：「那就像是漫畫書或笑話一樣，到底誰在乎啊？」

羅塞利立刻回答：「吉米，我告訴你，山姆很在乎……我以下說的，是我們家族已經拍板定案的事。上頭的人已經表決同意謀殺……我們要做掉這個節目的製作人德西．阿納茲[68]。」

大感震驚的弗拉蒂安諾知道他必須服從命令。但是他唯恐謀殺名人會引來公眾注意。警方的調查無疑會很嚴密。再回去坐牢是他現在最不想要的事。

於是他按兵不動，希望詹卡納可能改變心意，取消這場謀殺。

與此同時，阿納茲渾然不覺自己命在旦夕，但他開始意識到《鐵面無私》正在賠錢。贊助商紛紛打退堂鼓，拒絕購買廣告。好萊塢工會也威脅不讓他們的會員為《鐵面無私》工作，這會使得拍攝完全停擺。而這些障礙，皆是柯夏克精心安排的。

走投無路的阿納茲約羅塞利和辛納屈見面，這個舉動救了他一命。三人齊聚在比佛利山莊大飯店（Beverly Hills Hotel）的馬球酒廊（Polo Lounge）。

「事情越來越瘋狂了，」阿納茲開口說道：「你們要我怎麼做？我怎樣才能讓你們滿意？」

「停止每週播放這些可怕的義大利黑幫分子，」羅塞利說。「這對善良的義大利人是一大侮辱。」

「沒問題，我們會改掉所有的名字，」阿納茲回答。「從現在開始，我們會叫他們史密斯和瓊斯。」

「既然你都這麼做了，不如順便讓其中一個好人是義大利人，」羅塞利說。

「劇中本來就有個義大利硬漢，他叫瑞可。」阿納茲告訴這名黑幫分子。

但是羅塞利搶先一步。「別那麼急著下定論嘛。那個演員是希臘人，你得找個義大利演員。」

「你想要我找誰來演？」

「這個嘛，讓我想想，」羅塞利說。「我有個朋友……他應該很適合[69]。」

阿納茲答應了。羅塞利的朋友拿到了這個角色，謀殺也被取消。直到多年後，有

68　這段對話的來源是弗拉蒂安諾的傳記《最後的黑手黨成員》（*The Last Mafioso*），葛斯・魯索（Gianni Russo）著述的《芝加哥犯罪集團》（*The Outfit*）也提到此事。阿納茲的妻子，也是當時最知名的電視人物，露西兒・鮑爾對這樁近在眼前的黑手黨謀殺似乎一無所知。弗拉蒂安諾後來成為洛杉磯犯罪家族的代理老大，接著在一九八〇年因為面臨謀殺指控，同意作證指控黑手黨，接著進入聯邦證人保護計畫。黃鼠狼出版自傳後，就不再受該計畫保護。他在一九九三年死於阿茲海默症。

69　這位演員的名字是保羅・皮塞尼（Paul Percini）。

位黑手黨成員向他描述當年這樁謀殺令的細節，否則阿納茲永遠不會知道自己距離死亡有多近。

✦

民主黨全國代表大會以甘迺迪勝出收場。好萊塢與柯夏克一如往常回到工作上。但是在伊利諾州，詹卡納準備要踏入一個完全不同的行業——政治。這名黑幫老大正在出錢出力，支持甘迺迪的競選活動。

而這將會改變歷史。

15 暢銷金曲「製造機」

一九六〇年九月二十六日晚間七點
伊利諾州芝加哥

理查·尼克森開始出汗了。

這位美國副總統坐在電視攝影棚的熾熱燈光下，臉上塗著薄薄一層名叫懶漢蓋鬚粉（Lazy Shave）的便宜化妝粉，為了遮掩他的五點鐘陰影（按：five-o'clock shadow，形容有些人鬍子長得快，雖然早上刮過鬍子，但下午五點又長出來了）。「就算在上電視三十秒前才刮好鬍子，我看起來還是有鬍渣，」兩週前他曾向電視記者華特·克朗凱（Walter Cronkite）哀嘆道。

這位四十七歲的總統候選人穿了一套淺灰色西裝參加這場電視辯論會。這是一系列競選活動中又一個漫漫長日，尼克森筋疲力盡。他的左膝遭到葡萄球菌感染後，體重掉了二十磅，病情使他不得不住院。在八月二十九日到九月三日間，他被迫在沃爾特．里德陸軍醫療中心臥床靜養。為了復健，受傷的左腳用重量牽引使其不能隨意移動，同時施打抗生素對抗感染。接著在他出院後不久，又染上嚴重的流感，至今還沒有完全康復。淺色西裝、蒼白面容、氣色憔悴的組合，讓尼克森看起來臉色蠟黃又不健康。「我的天哪，」芝加哥市長理察．戴利（Richard J. Daley）看見電視上的尼克森驚呼道，「他都還沒死透，他們就幫他做好了防腐處理。」

第二天上午，尼克森的母親打電話關心兒子的健康狀況。

此刻，尼克森坐在椅子邊緣，雙腳張開，左手緊張的從扶手滑落至膝蓋，接著又再來一次，在在顯現他的焦慮不安。他的眼神游移不定，因為他不確定究竟該盯著攝影機或是他的對手。更糟的是，當他抵達哥倫比亞廣播公司的芝加哥廣播中心時，他受傷的膝蓋狠狠撞上一扇車門。疼痛從膝蓋擴散至整條腿，即使他設法讓自己看起來輕鬆自在，但不怎麼有效果。

約翰・甘迺迪則與副總統完全相反，看起來十分健康。這位民主黨總統候選人沉靜地坐著，雙腿交叉，雙手交疊放在膝蓋上。記者霍華德・史密斯（Howard K. Smith）負責主持這場辯論，他的桌子擺在兩位候選人的座位中間。

造成甘迺迪莫大痛苦的內分泌疾病叫做艾迪森氏病（Addison's disease），但這同時也讓他的皮膚煥發著一種健康的棕褐色光澤。甘迺迪使用類固醇對抗這種退化性疾病，藥物也使他一百七十五磅重的體態又多添了幾磅，使他看起來強壯又粗獷。長相英俊年輕、甚至帶點孩子氣的甘迺迪，選擇了藍色西裝襯托他的灰綠色雙眸，讓他看起來比對手年輕了十歲，即使他們的真實年齡差距只有四歲。而且不同於尼克森歷經一整天的捐款人演說和四處拜票，甘迺迪整個週末都和工作人員躲在大飯店的套房中，好好休息並針對可能的提問準備答案。

「這是個偉大的國家，但我認為它可以更加偉大，」甘迺迪在開場白中這麼說。他目光堅定的直接看著錄影機鏡頭。甘迺迪的頭髮完美的旁分，高貴的波士頓口音讓他聽起來非常自信，而不僅僅只是有錢。「這是個強大的國家，但我認為它可以更加強大。」

尼克森迅速重複那些開場白，說道：「我完全贊同甘迺迪參議員今晚表達的這種精神。」

今晚，有一億美國人關注這場辯論會，有些人聽廣播、有些人看電視。那些看不見候選人面貌的聽眾同意，最後結果的確勝負難分。不過，七千萬名電視觀眾則一面倒的認為甘迺迪是贏家。

一九六〇年的美國，看似輕浮又愚蠢，人人被呼拉圈和法比安諾・「法比安」・福爾特這樣的青少年偶像歌手迷得團團轉。但在這樣逃避現實的外表下，這個國家其實十分驚恐。美國為了取得世界強權的地位，與蘇聯正在冷戰。卡斯楚領導下的共產古巴據說與蘇聯立場一致，而那個國家就位在美國本土南方僅僅九十英里外。民權運動觸發美國黑白種族間的激烈分歧。在這動盪的一年，有些人認為甘迺迪參議員就是解決一切的答案——一個能與蘇聯領袖尼基塔・赫魯雪夫（Nikita Khrushchev）抗衡的政治人物。

許多觀眾在副總統尼克森身上看見的，是個臉色灰白、汗流浹背的緊張男人。汗珠滾下臉龐時，在他的妝容留下一道道痕跡。

辯論持續進行了一個小時，兩位候選人都秉持著智慧和對主題的清楚認知來闡述他們的政策。兩人都明白，距離大選日只剩六週。民調顯示，目前的選情勢均力敵。儘管今晚的公開露面會左右選情，但事實上，無論尼克森看起來多麼不知所措，大多數觀眾仍會按照政黨的政策投票。

因此，每個候選人都會設法找出能帶來勝利的微小優勢。

這就是為什麼，歷經參議院聽證會、阿巴拉欽高峰會，以及聯邦調查局被迫承認組織犯罪存在的事實等挫敗後，黑手黨如今仍比過往任何時候都更加強大。如芝加哥的山姆．詹卡納、坦帕的山多．特拉菲坎特、卡車司機老大吉米．霍法，甚至是身陷囹圄的維托．吉諾維斯等惡棍，都暗地裡握有影響誰成為下一任白宮主人的權力。

✦

其實，美國黑手黨如今在聯邦層級上幾乎沒有對手。因此，它的力量幾乎是沒有約束的。而且黑幫一如往常的，在持續尋找新的賺錢管道，不只在政治情勢上，他們也在社會脈動上施展其影響力。

在一九六〇年代初期，影響力，就意味著搖滾樂（rock'n'roll）。

DJ艾倫·弗里德（Alan Freed）把他的廣播節目帶到紐約市WINS廣播電臺後，創造了「搖滾樂」這個詞。三十八歲的弗里德原本以克里夫蘭（Cleveland）為主要活動據點，因為他把節奏和藍調歌曲玩得出神入化而一舉成名，從前這只受到黑人聽眾歡迎。弗里德用月犬（Moondog）代表另一個自我。他會打開麥克風，跟著音樂一同長嚎，並使用爵士樂迷行話對聽眾說話。但是當他轉移陣地來到紐約，就被另一個以月犬為名的藝術家提告。官司敗訴後，他被迫支付六千美元，此後也不得再使用這個名字，他迫不得已，只好為自己的節目重新命名。

後來他決定取名為〈艾倫·弗里德的搖滾樂熱舞派對〉（*Alan Freed's Rock 'n' Roll Dance Party*），他很清楚大多數白人不知道這個詞的出處。打從黑人歌手崔西·史密斯（Trixie Smith）在一九一四年發行了單曲〈我的男人和我跳舞跳了一整晚〉（*My Man Rocks Me with a Steady Roll*）以來，rock and roll（搖動與翻滾）這個詞就變成黑人區指稱性事的委婉說法。

雖然比爾·哈利與他的彗星（Bill Haley and His Comets）的暢銷單曲〈日夜不停

搖動〉（*Rock Around the Clock*）可能讓許多聽眾了解搖滾樂不被社會接受的本質，但是這種節奏與藍調、福音歌曲和鄉村音樂的混合體卻因為其他理由，而被視為對美國生活方式的一種威脅。不像安迪．威廉斯（Andy Williams）和派瑞．寇摩（Perry Como）這些低吟歌手，他們撫慰人心的嗓音是辛納屈在一九四〇年代全盛時期的延續，搖滾樂手躁動不安的本質助長了青春期叛逆的感受。與大型管弦樂團西裝筆挺的音樂家不同，典型的搖滾樂團編制是一名歌手，加上吉他、鼓，有時還有鋼琴或薩克斯風等樂器的支援——每個團員都展現各自的狂野能量。透過這種方式產生了一群追隨者，他們追隨的是整個樂團，而非只有主唱。

但是最具爭議的，是搖滾樂同時吸引了黑人與白人聽眾這項事實。這使得偏執的人譴責它極具煽動性——對種族隔離是一大威脅。

搖滾樂這種桀驁不馴的本質只讓美國年輕人更加著迷。到了一九六〇年總統大選前，搖滾樂已經是價值一億美元的產業，也是一股巨大的文化力量。

艾倫．弗里德也許在這個現象中占有最顯眼的位置，但是少了電晶體收音機和電視機，什麼也不會發生。相較於一九四〇年代和一九五〇年代大多數家庭使用的櫥櫃尺寸收音機，一九五四年出現的攜帶型手持電晶體收音機讓聽眾幾乎可以在任何地方聆聽調頻（AM）廣播。

電晶體的發明恰好碰上搖滾樂的誕生，此時也有越來越多美國家庭擁有電視。在一九五四年，美國家庭擁有電視機的比率是六五％。到了一九六〇年，這個數字已躍升至近九〇％，而且許多人看的是彩色電視，而非黑白電視。

當時典型的電視節目也包括曾經在廣播上很受歡迎的音樂節目，比如轟動全美的《大奧普里》（*Grand Ole Opry*）。為了符合這個主題，費城WFIL電視臺打造了《美國舞臺》（*American Bandstand*）這個節目。主持人鮑伯・霍恩（Bob Horn）本是廣播播音員，這是他的電視處女秀。但他後來因酒駕被抓，還爆出與妓女鬼混，而遭到節目開除。取而代之的新主持人是迪克・克拉克（Dick Clark），一個未滿三十歲，如男孩般英俊的廣播電視人物。

克拉克很快就把這個節目帶到全國性的美國廣播公司（ABC）電視網。這個節目的特色是一大群固定舞者，還有「給歌曲評分」（Rate-the-Record）這類遊戲，由現場觀眾選出當天的最佳歌曲。當集節目的主打歌手往往會在節目上對嘴演唱他們的暢銷金曲。等到這個節目大紅大紫後，只要上節目亮相一次，就足以讓任何年輕的演藝人員變成明星。當黑人歌手恰比·卻克（Chubby Checker）在一九六〇年八月六日首次登場演唱〈扭扭舞〉（*The Twist*）一曲，這種舞蹈熱潮瞬間席捲全美。這首單曲甚至把貓王的〈把握現在〉（*It's Now or Never*）擠下排行榜第一名寶座。

搖滾樂很快就變成音樂產業主要的收入來源，和電影競逐美元大餅。因此，如貓王等許多頂尖的音樂表演者移居好萊塢，和約翰·韋恩（John Wayne）與賓·克羅斯比（Bing Crosby）等老牌明星一起拍電影，無縫融合兩種娛樂形式。

然而，從這些交易受益最多的並非DJ、音樂家或電視主持人，而是犯罪組織。黑幫暗中資助許多歌手和詞曲創作者，並經營他們的演藝生涯。一首歌在電臺播放越多次，就越有可能變成熱門歌曲。因此，「暗中付費播歌」（payola）——買通DJ播放歌曲，payola一詞是payment（支付金額）和Victrola（維克多牌電唱機，曾經很時髦的電唱機品牌）兩個字的組合——便成了一種投資，能帶來更高的版稅，並保證某個藝人在黑幫經營場所表演時，場子會擠滿了人。

「那是我成長過程中的氛圍，」四季合唱團（Four Seasons）的主唱法蘭基·維里

（Frankie Valli）是紐澤西人，多年後他回憶道：「如果你從事音樂工作，在大多數情況下，那些人擁有你工作的所有地方。那些擁有酒吧和俱樂部的人多半有組織犯罪背景。我來自一個非常義大利的鄉里，那裡有許多組織犯罪者出沒。我就認識許多每天穿西裝、開凱迪拉克，卻從未去上班的那種人。我不知道他們是做什麼的。」

在底特律，貝里・戈迪（Berry Gordy）這個三十歲的詞曲創作者暨唱片製作人，據說為了創立摩城唱片公司（Motown record label）向底特律黑手黨借了數千美元。安傑洛・「主席」・梅利（Angelo "the Chairman" Meli）是這個集團的小老闆，與紐約五大家族同為全國黑手黨委員會的一部分。梅利的左右手是他哥哥法蘭克（Frank）和侄子文斯（Vince）。除了從事工會詐欺行為之外，梅利家族還擁有梅爾通音樂（Meltone Music）、白色音樂（White Music Company），以及傑與西音樂（Jay & Cee Music）三家唱片公司，也監管當地的投幣式點唱機市場，並控制音樂家在當地俱樂部預約的情形[70]。

在費城，工運組織者之子鮑伯・馬庫奇（Bob Marcucci）四處尋找在地歌手，想大量製造暢銷單曲。他的努力起初接連失敗。當幫派分子宣稱擁有馬庫奇在一九五三年合著發行的單曲〈你是我的〉（*You Are Mine*）所有版稅時，這名年輕人便倚靠他父親居中協助音樂界和組織犯罪集團談判。

他很快就發掘歌手法比安，以及後來以法蘭基·阿瓦隆（Frankie Avalon）為名走紅的小喇叭手法蘭西斯·湯瑪斯·阿瓦隆（Francis Thomas Avallone）。藝名為鮑比·賴德爾（Bobby Rydell）的費城歌手羅伯特·路易斯·里達雷利（Robert Louis Ridarelli）並不是馬庫奇的客戶。賴德爾選擇讓他父親幫忙處理經紀事務。不過，他與組織犯罪集團的關係好到無人不曉。

「他是個了不起的人物。」賴德爾回想起很有影響力的安傑洛·布魯諾（Angelo Bruno）時感嘆道。布魯諾在一九五九年接管費城犯罪家族。在他統領的二十年間，一直反對使用暴力，眾人因此稱他是「溫厚閣下」（the Docile Don）。「他雖是黑道中人，但……是個了不起的人。」

---

70 謠傳戈迪與黑手黨的關係甚為良好，因此聯邦調查局底特律分局將他帶回訊問。本書寫作此時他已九十歲，他持續否認黑手黨曾參與創立摩城唱片的說法。他宣稱，謠言始自當年他僱用了一名義大利裔美國人擔任公司的業務部門主管。

有一回，賴德爾的父親艾德里歐（Adrio）無意間為兒子安排了兩件撞期的工作。一件是在邁阿密的美洲大飯店（Americana Hotel）演唱。另一件則是到澳大利亞拍電影。當美洲大飯店拒絕延後賴德爾的表演檔期，使得這部電影的拍攝岌岌可危，艾德里歐・賴德爾撥了通電話給黑幫老大布魯諾。

結果立竿見影。

「有人給邁阿密的某位先生打過電話，」賴德爾回憶道：「接著我就去拍了電影。我後來從未在美洲大飯店演出過[71]。」

▲ 頗有名望的黑社會老大安傑洛・布魯諾在 1977 年 6 月 16 日離開紐澤西州翠登市（Trenton）的州立調查委員會（State Commission of Investigation）。布魯諾在同意作證後獲釋。

✦

但不是每一樁音樂圈的詭計都能靠簡單的一通電話就解決。有時候，這些商業往來是如此複雜狡詐，得花上許多年才能化解。

而且黑手黨似乎總是贏的這一方。

與吉諾維斯關係密切的莫里斯・李維（Morris Levy）擁有曼哈頓知名的鳥園爵士夜總會（Birdland nightclub）和羅萊特唱片公司（Roulette record label）。這兩家企業都是為吉諾維斯家族的非法活動作掩護。

凡是在他夜總會裡表演的所有歌曲，其著作權全都歸他所有。為羅萊特唱片工作的藝術家也得將他列為詞曲共同創作者，讓他能以著作人和唱片發行人兩種身分獲得版稅。舉例來說，知名暢銷金曲〈何苦墜入愛河〉（*Why Do Fools Fall in Love*）是來自哈林區（Harlem）的十三歲少年法蘭基・萊蒙（Frankie Lymon）寫的。李維又一次並列創作人。等到萊蒙在一九六八年因吸食過量海洛因，在二十五歲殞命後，李維將法律文件上提到這位歌手名字的所有地方全都刪除。

萊蒙的遺孀後來提告，想討回拖欠的版稅，李維作證說他的確合寫了那首歌。當

71 賴德爾遠赴澳洲拍攝的電影是《縱橫諜海》（*That Lady from Peking*）。

被問到一個不會彈奏樂器、甚至不會讀樂譜的商人是如何寫出一首擠進排行榜前四十名的歌曲時，李維聳了聳肩說：「我們碰面、想出節拍，再把音樂和文字放在一起，就這樣。我想，如果我說我寫歌的方式就跟蕭邦一樣，那大概會誤導你們。」

經過三十年的法律纏訟，李維——和吉諾維斯家族——贏了官司。萊蒙的遺孀除了律師費的帳單，什麼也沒拿到。

在另一個例子中，當里奇・柯德爾（Ritchie Cordell）為湯米・詹姆斯與尚戴爾（Tommy James and the Shondells）寫了〈那只是愛〉（*It's Only Love*），李維堅持，除非他的名字被列為共同創作者，否則這張唱片永遠不會發行——他透過這方式展示自己的權力。為了自己的職業生涯著想，詹姆斯只好同意這麼做。

「我們最後在羅萊特唱片賣了一億一千萬張唱片，」詹姆斯後來承認：「當然，我們是不可能拿到報酬的。」

✦

最後，公眾對音樂產業剝削的憤怒在一九六〇年浮出水面。但是承受公開羞辱的並非黑幫，而是DJ弗里德和《美國舞臺》的克拉克。他倆被要求前往國會調查暗中付費播歌的小組委員會說明。

付錢讓某個歌手的音樂在電臺與電視上播放，嚴格來說並不違法。但是，被出資者成功收買的想法讓許多人感到不安，因此有了這些聽證會。某個DJ宣稱，暗中付費播歌是「美國人的生活方式」，這種說法嚴重觸怒了艾森豪總統，令他覺得有必要抨擊這種做法是「關乎公眾道德的問題」。

在國會聽證會期間，弗里德在一九五八年遭到WINS廣播電臺開除，他改到紐約WABC廣播電臺開設節目，後來在一九五九年遭到革職。大家都知道，要他在節目上播歌是要收錢的。早在一九三〇年代的大樂團時代，暗中付費播歌就已存在，但是弗里德在搖滾世界的高調作風，以及老一輩對新音樂的抗拒，使他成為眾矢之的。他和查克．貝里（Chuck Berry）共同創作了〈梅波琳〉（*Maybelline*）這首歌，也經常在自己的節目上播放，確保它能成為暢銷單曲，但這件事對他的案子沒有任何幫助。弗里德在一九六二年對商業賄賂的指控認罪，被判緩刑。他找不到工作，只好搬到加州，終日借酒澆愁，最後在四十三歲那年因酗酒導致的疾病死亡。

迪克．克拉克就幸運得多。儘管唱片業深受黑手黨影響，但他還是擁有三十三家不同的經銷商、唱片公司和製造商。「我想，若要說我犯了什麼罪，那就是我用少少的投資在短時間內賺得大筆金錢。但這就是唱片業呀！」克拉克告訴國會。

他很精明，在出席暗中付費播歌醜聞作證前，就把自己在這些企業持有的股份全都賣掉了。他會繼續過著富裕的生活，並持續主持《美國舞臺》，直到跨入二十一世紀。克拉克從不承認自己與黑幫有任何關聯，也不承認黑手黨曾幫助過他或改變其事業運作，或是他的私人股份曾落入犯罪家族的手中。

「顯然，」阿肯色州眾議員歐倫．哈里斯（Oren Harris）在克拉克作證結束時對他說：「你是個優秀的年輕人。」

✦

娛樂是一回事，但是強權政治（power politics）是更為嚴肅的事。儘管在得知整潔體面的約翰．甘迺迪和他父親喬瑟夫與黑幫間足以影響一九六〇年總統大選的深厚往來後，民眾會大感震驚，但是尼克森與腐敗的卡車司機工會頭子霍法交情匪淺，也同樣令人不敢置信。

大約九個月前，霍法約奧克利．杭特（Oakley Hunter）在邁阿密海灘市的美洲大飯店碰面。杭特是尼克森的盟友，來自加州的眾議院老兵。當霍法走進這名眾議員的套房時，他脫下西裝外套，表明自己沒有配戴任何錄音設備。杭特也照做。

兩人坐下後，杭特很快就明白，霍法對甘迺迪兄弟的憎惡一直沒有減少。「他覺得自己被設計，成了代罪羔羊。」杭特在給尼克森的備忘錄中寫道。霍法認為，甘迺迪兄弟是「年輕的百萬富翁，一生從未做過一天真的工作。」

最重要的是，霍法希望卡車司機工會和聯邦政府間能建立比較和緩的關係。如果尼克森當選為總統，霍法有信心他會使其發生。不過，霍法知道他個人的名聲可能會傷害尼克森，於是將工會支持尼克森的事分派給全國各地的地方工會領袖。在這過程中，他承諾尼克森的密友，會把他一百六十萬名工會成員的票投給尼克森。此外，霍法也承諾會提供一大筆錢給尼克森作為競選費用。

在一九六〇年九月七日，也就是大選日前兩個月，霍法公開宣稱：「如果約翰・甘迺迪成功『買下』我們國家的最高職務，對我們國家會是一大危險。」

在九月二十六日，一個匿名贊助者交給尼克森競選辦公室滿滿一皮箱沒有記號的鈔票，總額是五十萬美元，並允諾將會有另外一筆五十萬美元捐款[72]。

同時間，作為一種政治交換條件，霍法**碰巧**收到消息指出，由司法部長、共和黨人威廉・羅傑斯（William Rogers）領軍的司法部，已經取消對霍法在佛州涉及卡車司機退休金詐欺案的未決起訴。

✦

「今天，我們正站在新疆界的邊緣，」約翰・甘迺迪在接受黨的提名時表示：「一九六〇年代的疆界、充滿未知機會與重大危險的疆界、希望與威脅都還尚未實現的疆界。」

這位民主黨候選人，說的是美利堅合眾國。

但若演講者換成詹卡納或霍法，談論的對象也能輕易切換成組織犯罪。

隨著新的十年展開，組織犯罪似乎成了一股無法遏止的力量。黑幫在電影、博奕、商業、音樂，還有其他惡事——幾乎所有形式的交易和滿足人類慾望的行為——都握有巨大影響力。這些不法分子控制了送上美國餐桌的食物、眾人外食的餐廳、民眾休息的旅館，以及大眾享受的娛樂。

隨著一九六〇年的大選日逼近，組織犯罪集團會嘗試運用其巨大力量去影響誰能成為美國下一任總統，這是不容否認的事實。

然而，只有極少數的美國人知道正在發生什麼事。

---

72 當紐奧良黑幫分子卡洛斯．馬塞羅把皮箱展示給霍法看的時候，後來變成政府線人的霍法助理艾德．帕丁（Ed Partin）也在場。「我人就在當場，聽著對話發生，」帕丁後來回想道：「馬塞羅拿著一個裝滿五十萬美元現金的皮箱，準備送到尼克森那裡。那是五十萬美元的捐款。另外一半的錢將來自紐澤西和佛羅里達的黑幫。」

16

成也甘迺迪，敗也甘迺迪

一九六一年一月二十日中午十二點五十一分

華盛頓特區

「我，約翰．費茲傑羅．甘迺迪，在此鄭重宣示……。」美國最高法院首席大法官厄爾．華倫（Earl Warren）以莊重而平緩的語調說道。

總統當選人對著大法官重複那些字句。兩人此刻站在美國國會大廈（Capitol Building）的東側柱廊上，有近百萬名觀眾觀看這場宣誓就職典禮。前一天晚上的嚴重暴風雪讓人不得不用噴火器清理街道，有一千四百輛汽車被這場大風雪困住，必須在這天早上從賓夕法尼亞大道拖吊走。即使在正中午，此刻因為風寒，氣溫只有華氏

▲ 聯邦調查局局長胡佛與甘迺迪總統。甘迺迪前來為聯邦調查局國家學院（FBI National Academy）第 7 屆畢業生致詞。攝於 1962 年 10 月 31 日，華盛頓特區。

七度。然而約翰．甘迺迪在宣誓就職時沒有穿大衣，也沒有戴帽子，希望塑造出強健年輕的形象。在美國最年長總統、七十歲的艾森豪執政八年後，這個國家現在選出了年紀最輕的總統[73]。也因此，時年四十三歲的甘迺迪的父母雙雙出席了今天的典禮，這是美國總統史上的第一人。

✦

一英里外，聯邦調查局長胡

73 泰迪．羅斯福（Teddy Roosevelt）因繼任而成為美國史上最年輕的總統，約翰．甘迺迪則是美國史上最年輕的民選總統。

佛在他位於憲法大道的辦公室裡觀看電視轉播整個典禮。

胡佛身邊有好幾名探員和他們的家人相伴。雖然他個人支持的尼克森並未獲勝，但氣氛很歡樂。胡佛自一九二五年以來一直掌管這個歷經多次變化的機構，儘管傳言說他可能因甘迺迪勝選而退休，但他其實無意下臺。

而且甘迺迪也不會免除他的職務。他曾向朋友如此解釋：「你可不會開除上帝。」

這天下午，胡佛局長守著一個祕密。他很清楚，作票在甘迺迪的選舉中發揮了關鍵作用。聯邦調查局的搭線竊聽提供他相關情報，和許多能增強其權力的其他資訊。例如，胡佛現在握有厚厚一疊甘迺迪婚外情的檔案，詳細記載包括他與辛納屈一同獵豔，以及新任總統與茱迪絲．坎貝爾進行中的戀情。在分析ＦＢＩ在競選期間蒐集的大量素材後，胡佛相信詹卡納與芝加哥犯罪集團有能力竄改某些選票，讓結果有利於甘迺迪。但是這名局長沒有將這些爆炸性的證據攤在陽光下，而是留待他日能為他帶來最大利益時才使用。

事實上，胡佛不信任甘迺迪兄弟。他對甘迺迪指派自己三十五歲的弟弟擔任司法部長一舉十分不滿。胡佛絕不會聽從巴比．甘迺迪指揮。

司法部長一職通常會由具有豐富法律經驗的人出任，但是巴比・甘迺迪從未在法庭上審理過任何案件，也沒有擔任過執業律師。他的主要資歷其實就是美國新任領導人的手足，以及他成功掌理約翰・甘迺迪的總統競選活動。

因此，羅勃・法蘭西斯・「巴比」・甘迺迪現在是胡佛的老闆了。胡佛曾在五任總統手下工作，向來都能隨意進出橢圓辦公室（Oval Office，美國總統辦公室）。必要時，這能讓他削弱司法部長的權力，推動他個人重視的議題。但是這一招沒辦法在甘迺迪政府中施展。這兩兄弟會聯手治國，而根據副總統林登・詹森的說法，胡佛只能「站在帳篷外，朝裡頭撒尿」。

即使如此，胡佛嘗試著樂觀看待情勢。他最近向新任司法部長遞交了一份長達五頁的信，內容詳述FBI對共產主義在美國發展狀況的調查。他認為這是對國家最重大的威脅，希望巴比・甘迺迪允許他擴大對這些「紅色分子」調查的範圍。

顯然胡佛沒打算屈從。司法部的導覽員已被指示向遊客介紹時額外強調，胡佛出任調查局局長那年，巴比・甘迺迪才剛出生而已。此外，一名探員被指派守在司法部健身房門口，準備阻止任何未持有FBI官方識別證的人進入——包括著迷於健身的新任司法部長。

但是此刻他在朋友和親信的環繞下，觀看約翰．甘迺迪完成就職宣誓，他心滿意足。甘迺迪兄弟也許擁有選民賦予的權力，但他手上約翰．甘迺迪那厚厚的性生活紀錄，則是另一種完全不同性質的權力。這些文件是胡佛想做多久ＦＢＩ局長，就能做多久的保障。

儘管如此，光有這些檔案還不夠，因為胡佛絕不碰運氣。這位局長趕在巴比．甘迺迪抵達前，在司法部各個角落放置了竊聽設備。胡佛下定決心要破壞這位新司法部長的威信，因此不只竊聽巴比．甘迺迪的私人電梯，也動手腳降低這部電梯的升降速度，以便能錄得更長時間的私下談話。

陷阱已經布置妥當。

✦

巴比．甘迺迪並不怕胡佛，共產主義也不是他最關心的事。

美國新任司法部長急於想要「立刻展開重要工作」，對他而言，這代表更加專注在摧毀組織犯罪。他在麥克萊倫聽證會上的工作揭露了黑幫勢力已瀰漫整個美國社會。甘迺迪在他的一九六〇年暢銷書《內部敵人》（*The Enemy Within*）中寫道：「如果我們不採取和他們同樣有效的武器與手法，展開全國性規模的打擊組織犯罪，他們就會摧毀我們。」

實際上，《華爾街日報》（*The Wall Street Journal*）預計這將是「我國有史以來掃蕩不法分子、工會詐欺者，以及賣淫巨頭的最徹底作戰」。換句話說，該報認為他會向黑幫開戰。

而他確實這麼做了。他在一九六一年四月，上任僅三個月後，授權國稅局僱用一組新探員，調查已知的黑社會重要人物的納稅申報單。

而且這不過是開端。他批准將紐奧良犯罪家族令人生畏的首領卡洛斯・馬塞羅驅逐出境，這無情的攻擊充分展現出他對此事的狂熱程度。穿著絲綢西裝的馬塞羅生於突尼西亞，在嬰兒時便來到美國，但是成年後從未申請公民身分。美國移民局利用這種違法的外國人身分，在五十一歲的馬塞羅試圖更新居留證件時，出乎意料的給他銬上手銬。接著，聯邦調查局讓他坐上飛往瓜地馬拉的「祕密」航班，他是機上唯一的

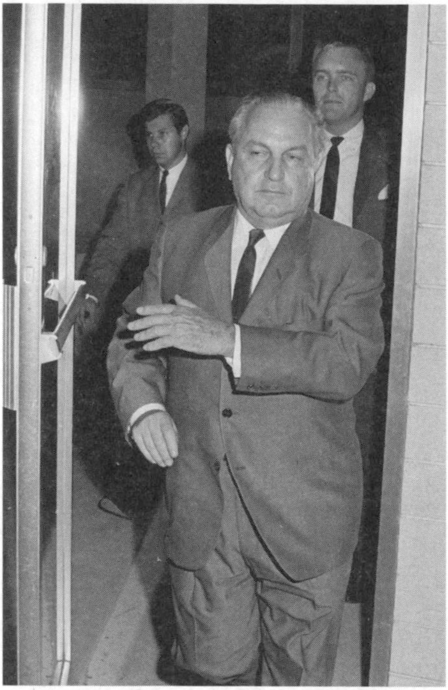

▲ 紐奧良黑幫老大卡洛斯．馬塞羅因涉嫌在 1966 年 10 月 7 日週五，於紐奧良機場襲擊聯邦調查局柯林斯探員（J. Collins），前往聯邦法庭應訊。

乘客。出於不明原因，馬塞羅先前曾取得一份偽造的瓜地馬拉出生證明。這提供美國官員合法將他遣送至該國的權力。

十年來，美國一直設法將他驅逐出境，但是直到此刻，沒有任何國家願意接收這名傳奇罪犯。但這次不同。整個過程始自司法部透過線人得知，馬塞羅找了個偽造者竄改瓜地馬拉的出生證明。一向積極支持瓜地馬拉軍政府的中央情報局（Central Intelligence Agency，簡稱ＣＩＡ）接到命令，在聖荷賽皮努拉（San José Pinula）地區的官方出生紀錄中搜索違規之處。他們在那裡發現了造假的登記資料。美國移民及歸化局接著運用這項「證據」，從瓜地馬拉政府取得官方入境許可。

馬塞羅的災難並沒有在他抵達中美洲後結束。瓜地馬拉當局不希望他待在他們國家，以持有偽造公民身分證件為名逮捕了這名歹徒。他在暗夜的掩護下被載往鄰國薩爾瓦多，接著被丟包在一處軍營前。這些軍人很快就把他送上一輛開往鄰國宏都拉斯的巴士。歷經穿越叢林，被當地人追著搶劫、甚至謀殺他的漫長旅程後，終於抵達一座機場。馬塞羅透過他的好友，多明尼加共和國的獨裁者拉斐爾．特魯希略（Rafael Trujillo）安排了一架軍機載他回邁阿密。他再從邁阿密搭乘商用客機回到紐奧良，旋即因非法進入美國而再次被逮捕，還被設定了稅收留置權，得支付欠稅八十三萬五千美元。不過，馬塞羅被允許可在律師打官司時間留在美國。他恨透了甘迺迪兄弟，一直密謀與之作對，他發誓一定要討回公道。

✦

得知馬塞羅回到美國後，巴比．甘迺迪大為震怒，不過當紐奧良法院爭論這名歹徒的未來時，司法部長有其他要事必須處理。甘迺迪派出五十名律師到芝加哥，組成對付芝加哥犯罪集團的一支特別起訴小組。六月，司法部宣布起訴十三件賭博案。七月，巴比．甘迺迪成功讓四項反犯罪法案通過，加重了敲詐勒索和非法投注的刑罰。當他哥哥在總統辦公室簽署一九六一年的《跨州電話線路法案》（*Interstate Wire Act*），又名《聯邦電話線路法案》（*Federal Wire Act*）時，司法部長也在場。這項法案讓聯邦單位能暗中監控賭博活動。當然，這一切作為都會重重打擊黑幫的獲利。

巴比．甘迺迪希望建立一個全國性的打擊犯罪委員會，卻遭到胡佛私下反對。於是甘迺迪繞過聯邦調查局，授權司法部的組織犯罪與勒索詐騙處針對已知的黑幫活動蒐集資訊。由二十七個政府機關蒐集的資料，現在都由甘迺迪掌控。

結果幾乎立即見效：光是在一九六一年，起訴黑社會大有斬獲，共有十一件重大定罪，包括長期擔任洛杉磯老大的米奇．柯罕。此外，司法部還瓦解了一個名叫法國毒販（French Connection）的國際海洛因走私集團，在過程中贏得十一宗定罪[74]。國會對於這樣的成功很是欽佩，同意讓司法部打擊組織犯罪的預算增加了一倍。

胡佛一點也不喜歡這些發展，而甘迺迪造訪聯邦調查局芝加哥分局尤其冒犯到他。這次拜訪發生在一九六一年十月。探員問部長有無興趣聆聽他們搭線竊聽當地黑手黨員討論最近發生的一樁罪案。甘迺迪欣然同意。

殺人凶手在錄音帶中詳細談論他如何謀殺一名三百五十磅重的黑手黨高利貸討債者（Juice Man）。威廉・「行動」・傑克森（William "Action" Jackson）可不是什麼聖人。在工作過程中，他喜歡闖進未能按時還款者的家，強暴他們的妻子以提醒他們還清債務。一九六一年夏天，他在倉庫試圖卸下偷來的電器時遭到逮捕。他的五名同夥全都成功脫逃，唯有他體重過重來不及逃走。扣押候審期間，他被詢問是否願意成為聯邦線人。身為芝加哥犯罪集團的終身成員，他拒絕了。

可惜黑幫對他的說法不買單，他們偏執的認定他就是線民。兩個月後，巴比・甘迺迪聽見凶手毫無人性的描述傑克森如何被綁架並帶到芝加哥一處肉品工廠。這名巨

74 法國毒販，是從土耳其經法國走私海洛因到美國和加拿大的跨國犯罪集團。最初始自一九三七年，由科西嘉人率領的行動在二戰期間受到美國戰略情報局（American Office of Strategic Services，簡稱OSS，中情局的前身）的保護，以換取他們協助擊敗法國共產黨。這個走私集團的許多成員在二戰時也在法國反抗組織（French Resistance）中服務，導致後來有傳言說法國警方為了感謝他們的貢獻而不願起訴他們。儘管遭到巴比・甘迺迪的司法部定罪，法國毒販直到一九七〇年代都還持續運作。由金・哈克曼（Gene Hackman）主演的同名電影《霹靂神探》（*The French Connection*）是當年度（一九七一年）非常賣座的電影。

漢被扒光衣服，雙手雙腳都被繩索綑綁，一支肉鉤刺穿他的直腸，將他掛在半空中。他的膝蓋骨被球棒擊碎，接著遭殃的是肋骨。一支利器被塞入他的耳中，將耳膜刺出一個洞。一根通電的趕牛刺棒被戳進他的外生殖器裡。

傑克森還是拒絕承認自己是抓耙仔。因此，無情的拷問者用噴槍把他的陰莖燒成灰燼。直到此時，他才被人從肉鉤上放下。這些殺人凶手任由他流血至死——直到整整三天後，他才斷氣。

巴比在他主持國會聽證會的這幾年當中，從未聽過如此邪惡墮落的行為。他知道謀殺和貪腐，但是要他立刻消化此等野蠻暴行，實在辦不到。聯邦調查局探員向胡佛報告，震驚的甘迺迪憤怒得脹紅了臉，接著便突然離開了他們的辦公室。

當巴比飛回華盛頓，繼續致力於對抗組織犯罪時，他很清楚芝加哥犯罪集團可以在他們想要的任何時候，謀殺任何人。

甚至是他自己。

✦

若一九六一年對巴比·甘迺迪來說是勝利的一年，一九六二年就是另一回事了。

在一九六一年十二月十一日這天，司法部長諸事如意的第一年開始崩塌。胡佛寫了一份言簡意賅的備忘錄給他的老闆，揭露某次竊聽詹卡納通電話的內容。有人無意中聽見詹卡納感嘆，自己為了讓約翰·甘迺迪當選所做的種種努力，卻沒能減輕芝加哥犯罪集團承受的壓力。更別提甘迺迪從沒認真嘗試趕走卡斯楚，好讓黑手黨重新控制哈瓦那的賭場。

實際上，拜巴比·甘迺迪所賜，政府已經加強對黑幫犯罪的監控。詹卡納接著吹噓他會設法運用自己和喬瑟夫·甘迺迪的關係，遏制司法部令人不快的作為。他在錄音中承認，自己暗地裡，而且非法的，透過老甘迺迪輸送一大筆政治獻金給甘迺迪陣營，幫助約翰·甘迺迪贏得西維吉尼亞州初選。辛納屈就是運送現金的捐客之一[75]。

75　聯邦調查局在下列地點放置了竊聽裝置：民主黨芝加哥第一選區辦公室，代號燈罩（Shade）；芝加哥犯罪集團的密西根大道聚會處，代號小艾爾；以及詹卡納的兵工廠酒廊（Armory Lounge），代號莫（Mo）。雖然監聽提供了很有價值的情報，但是它違反了憲法第四修正案，也就是禁止不合理的搜查與扣押。竊聽紀錄因此被列為高度機密。

聯邦調查局局長如今第一次握有證據，證明甘迺迪家族和組織犯罪集團之間確實有關聯——至少是某種形式上的主張。

這可不得了！詹卡納的犯罪帝國如今使紐約五大家族聯合起來仍相形見絀。他和羅塞利長久以來的關係，讓詹卡納的勢力能延伸到拉斯維加斯和好萊塢。假如美國大眾知道全美最有權勢的犯罪集團老大對甘迺迪兄弟具有影響力，他們倆不僅會為此蒙羞，還會被迫下臺。

因此，胡佛寫給巴比．甘迺迪的備忘錄是個隱晦的恐嚇，表明假如有必要，他可以運用詹卡納的竊聽資料讓他們兄弟垮臺。胡佛在備忘錄中寫道：「（詹卡納）捐助甘迺迪總統競選經費，但沒有得到等值的回報[76]。」

這是巴比．甘迺迪第一次得知他父親和詹卡納有關聯。在這之前，司法部長認為他父親希望他避免組織犯罪的爭議，是為了爭取工會的票。如今得知他父親可能還與組織犯罪集團有更深入的往來，讓他非常不安。

接下來發生了什麼事並不清楚。巴比和他父親時常針對敏感問題展開激烈討論，比如三年前他們曾激烈爭論麥克萊倫聽證會的事。因此，新任司法部長在聽取胡佛簡報後，很有可能向他父親提起詹卡納的爭議。

喬瑟夫・甘迺迪此時正在佛州棕櫚灘的家族大宅度假，而巴比人在華盛頓，因此假如兩人曾經討論過此事，應該是透過電話進行。

十二月十八日，就在胡佛的備忘錄送達巴比・甘迺迪手上不過短短一週後，這名七十三歲的大家長因嚴重中風而動彈不得。他的右半身癱瘓並飽受失語症折磨，從此再也無法說話。中風是由血壓驟升、血管爆裂，造成血液無法流到大腦所引起的。無論是什麼導致這一切，就老甘迺迪的情況來看，都永遠無從得知了。

可知的是，這位大家長從此不再擁有決定家族策略的能力，只能任由約翰和巴比・甘迺迪生平第一次策劃自己的人生道路。

不過喬瑟夫・甘迺迪還沒死——胡佛手中能證明他和組織犯罪集團關聯的資料還沒失效。

✦

76 約翰・甘迺迪從未承認一九六〇年的總統大選有黑幫干預。而且直到今天，指控依然只是指控。

一九六二年二月二十七日，胡佛送了另一份備忘錄給巴比・甘迺迪。這一次，他指出有位茱迪絲・坎貝爾打了七十通電話到白宮。胡佛幸災樂禍的告訴司法部長，這名二十七歲美女是詹卡納和羅塞利的女伴。聯邦調查局長期監聽羅塞利的洛杉磯公寓電話，當他出城時，坎貝爾時常在這裡小住。竊聽器提供胡佛從那間公寓打到白宮的所有對話紀錄。

巴比・甘迺迪知道他和他哥哥身處危險的境地。這名局長不僅知道約翰・甘迺迪背著老婆偷吃，也知道詹卡納說他曾幫忙總統取得大位。不只如此，胡佛還大膽的打給著名的八卦專欄作家華特・溫切爾的同事。他匿名爆料，稱坎貝爾的新聞是「浪漫政治圈的頭條話題」。

甘迺迪兄弟明白他的居心。

在正常狀況下，高級官員和組織犯罪集團間若有關聯，理當受到刑事調查。但胡佛選擇用脅迫的方式處理。他把這些有價值的消息放進約翰・甘迺迪的個人檔案中。如今他已六十六歲，超過公職人員建議退休年齡一年。可是聯邦調查局是他畢生的成就，而且他還無意退休。他相信，靠著這些爆炸性的資料，他沒有什麼好擔心的。

雖然約翰・甘迺迪對自己私生活不檢點的態度輕率，而且時常表現得彷彿那些事與他的總統寶座無關，此刻他卻立刻採取行動，解決胡佛備忘錄的要脅。在他與坎貝爾往來兩年後，總統指示他的祕書伊芙琳・林肯（Evelyn Lincoln），說他再也不接坎貝爾的電話。

茱迪絲・坎貝爾就此出局[77]。

✦

辛納屈也是如此。

這名號稱是總統摯友的藝人，安排約翰・甘迺迪和詹卡納兩人共享坎貝爾。然而他對黑幫的忠誠比對這段友誼更加堅定。為了在甘迺迪家族中取得更強的影響力，這名歌手如今和派翠西亞・勞福有染——她是約翰・甘迺迪的妹妹，也是鼠黨成員彼得・

---

77 種族主義者胡佛廣泛運用聯邦調查局合法與不合法的電話監聽。除了蒐集詹卡納和坎貝爾的情報，他也竊聽馬丁・路德・金恩（Martin Luther King）的電話。因為胡佛握有甘迺迪家族的負面情報，巴比勉強允許這項竊聽行動，導致胡佛取得對金恩博士不利的個人情報。

勞福的妻子。

辛納屈仍舊很崇敬甘迺迪，但他正處於險境中。他執意要求約翰・甘迺迪留宿在他棕櫚泉的家，這個富麗堂皇的住所位於檉柳鄉村俱樂部（Tamarisk Country Club）中，裡頭有橘色的家具、電影院和巨大的游泳池。他期待總統到訪，甚至還安裝了全新的直升機起降場，為特勤局人員備妥鄉間小屋，以及二十五線的電話總機系統——以配合全世界最有權勢的男人。

不過胡佛再次介入這個情況中，這次是播放竊聽詹卡納與辛納屈的通話內容給巴比・甘迺迪聽。這名黑幫分子對辛納屈很失望，因為對方承諾會影響甘迺迪家族，使組織犯罪得到更加寬容的對待。詹卡納認為，辛納屈說會和巴比・甘迺迪討論是在騙他，因此，他認真考慮是否該動用黑幫風格的謀殺作為報復。

「別擔心。如果我不能跟老傢伙談，我會直接找**那個人**談。」辛納屈向詹卡納講述巴比・甘迺迪對黑手黨的無情攻擊，還提到了喬瑟夫・甘迺迪和約翰・甘迺迪。其實在大家長中風前，辛納屈曾在三個不同場合見到他，並建議總統和司法部長停止干涉黑幫的事[78]。

可是辛納屈有多努力其實並不重要，唯有結果才真正要緊。聯邦調查局的竊聽揭露，詹卡納對於要不要謀殺辛納屈感到極為矛盾。換作是其他人，謀殺會立刻定案。但是這名黑幫老大對辛納屈的歌聲是如此著迷，他無法想像少了它的世界。詹卡納向一名黑幫分子招認：「我在上菲莉絲（麥奎爾）的時候，會放辛納屈的歌當背景音樂，這過程中我一直在想：『老天，我怎麼能讓這個聲音從此消失？』」

因此，辛納屈繼續盡其所能的取悅詹卡納。有一次，聯邦調查局無意中聽見他用粗話向這名黑幫老大展現他的忠誠，清楚表示詹卡納是他最想取悅的朋友——更勝於總統。辛納屈堅稱自己正採取極端的措施，設法對甘迺迪兄弟和他們向組織犯罪發起的戰爭產生更大的影響力。

此外，辛納屈告訴詹卡納，他和派翠西亞．甘迺迪．勞福搞婚外情，並發誓要「和這討厭的婊子不斷上床，直到事情有所進展」。

這卷聯邦調查局的監聽錄音帶實在駭人聽聞。當甘迺迪總統從他弟弟那裡得知此

---

78 這些會面被記錄在一九六一年十二月，聯邦調查局竊聽詹卡納的行動裡。

事後，立刻和辛納屈絕交。他請彼得·勞福打電話通知辛納屈，說他將不前往辛納屈在棕櫚泉的房子，而會在賓·克羅斯比位於銀色馬刺牧場（Silver Spur Ranch）的家過夜，女明星瑪麗蓮·夢露也會在場[79]。

一聽見這個壞消息，怒不可遏的辛納屈走出家門，手中握著一把長柄大鎚。接著他親自動手，將直升機起降場一鎚又一鎚的搗毀成一堆瓦礫。

✦

約翰和巴比·甘迺迪知道胡佛可以摧毀他們，可是除了避開坎貝爾、詹卡納和辛納屈，他們能做的事不多。

儘管甘迺迪兄弟已盡其所能，卻還是無法徹底切斷自身與組織犯罪的連結。在一九六二年夏天，政府與黑幫的關係變得更加駭人。中情局官員暗中通知司法部長巴比·甘迺迪，政府已取得詹卡納和羅塞利同意幫忙行刺古巴獨裁者卡斯楚。

這個計畫最初並不是甘迺迪政府策劃的。艾森豪總統多年前就曾主張由黑手黨暗殺卡斯楚。甘迺迪總統被告知有這項任務，並在一上任時就批准了。巴比·甘迺迪也知道這項祕密計畫，並熱情的支持。黑幫是執行這類謀殺的完美組織，這讓甘迺迪政府能否認任何參與。

詹卡納的芝加哥犯罪集團非常渴望看到卡斯楚喪命，因此羅塞利和詹卡納起初拒絕中情局開價十五萬美元讓他們執行這樁謀殺。這些不法之徒想要無償做這件事，因為他們就是如此厭惡卡斯楚[80]。

中情局最初偏好運用槍枝的黑社會式凶殺，但是沒有黑幫分子願意接下這項任務，因為根本沒有逃走的可能性。後來黑幫決定下毒，因為卡斯楚會頻繁的喝茶、咖啡和香料蘭姆酒。

「這項行動有兩個階段，」中情局官方報告記載著：「第一階段從一九六〇年八月到一九六一年四月底或五月初，豬玀灣（Bay of Pigs）事件後就取消了[81]。」

79 這一系列事件的官方說法是，特勤局覺得克羅斯比的家比較合適，因為在十六英畝的銀色馬刺土地上只有四戶人家，只能由一扇大門出入此地，可以大幅提升維安品質。但是一年多以後，總統到達拉斯度週末，他坐在開篷的林肯敞篷車（Lincoln Convertible）後座在城內四處遊覽，絲毫不在乎維安。

80 詹卡納預料一旦卡斯楚被殺，黑幫就能恢復在古巴的支配地位。

但是挫敗的中情局行動並沒有讓推翻卡斯楚的密謀停止。讓此事喊停的，是發生在拉斯維加斯某家飯店房間的嚴重疏失。

這一切始自詹卡納懷疑他的女友歌手菲莉絲・麥奎爾和喜劇演員丹・羅溫（Dan Rowan）有曖昧關係。他拜託前聯邦調查局探員羅伯特・馬修（Robert Maheu）在羅溫下榻的拉斯維加斯飯店房間裝竊聽器，以便確認是否真有此事。

四十四歲的馬修希望讓詹卡納開心，便同意這麼做。為了慎重起見，他沒有親自執行此事，而是委託私家偵探亞瑟・巴雷提（Arthur Balletti）去安裝竊聽器。

羅溫住在賭城大道上的里維耶拉酒店。巴雷提成功安裝了竊聽器後，接下來一週都在附近偷聽。但是有天下午他外出吃午餐，忘了把「請勿打擾」的牌子掛在門外。飯店房務人員進入他的房間準備打掃時，看見手提箱裡裝滿了發信器、金屬線、接收器，以及其他竊聽裝置，因而起疑。詳細記錄羅溫對話的筆記也攤開在桌上。拉斯維加斯警局接獲通報，逮捕了巴雷提。翌日上午，羅溫要求撤銷所有指控。眾人認為他應該是遭到脅迫[82]。

不過胡佛現在出手介入此案。為了從中謀利，他要求應該公開審理巴雷提的起訴案，因為竊聽是聯邦罪行。他認為肯定有證據能證明詹卡納和羅塞利涉入其中——也許還能把他們跟甘迺迪兄弟串聯起來。

中情局介入，斷言巴雷提的行為涉及國家安全問題。同時間，暗殺卡斯楚的計畫悄悄停止。

可是中情局不會就這樣罷手。在一九六二年五月，該局讓暗殺計畫復活。胡佛局長還在嘗試起訴巴雷提，導致中情局、聯邦調查局和司法部的三方協商氣氛緊繃。巴比·甘迺迪在五月七日聽取了相關情況的簡報。

「如果你曾親眼看見甘迺迪先生的眼神變得冰冷、下巴繃緊，說話聲音變得低沉且精準，就能明確感受到他很不滿。」中情局法務長勞倫斯·修斯頓（Lawrence Houston）如此記得。

81 豬玀灣事件是美國政府協助一大群古巴自由鬥士登陸豬玀灣，嘗試以武力推翻卡斯楚政權。整件任務是場大災難。幾乎所有的游擊隊員不是被俘就是被殺，而且甘迺迪政府被迫在這場企圖入侵一個主權國家的行動中，承認其罪責。

82 羅溫後來和他的搭檔迪克·馬丁（Dick Martin）靠著熱門節目《笑聲》（*Laugh-In*）一舉成名。

司法部長的鬱悶跟這宗竊聽案沒什麼關係。他只是不希望詹卡納接觸到卡斯楚的事，因為他知道這個黑幫老大會連累他們，害他們兄弟捲入各種事情當中。

「我希望你如果嘗試和組織犯罪集團、不法之徒做生意，你會告訴司法部長。」巴比．甘迺迪吩咐來向他簡報拉斯維加斯事件的聯邦探員。

他草擬了一份備忘錄，表明司法部不得再參與中情局的**任何活動**，以便迅速掩蓋自己的蹤跡。

兩天後，甘迺迪和胡佛會面，表達他對中情局與黑幫聯手「大吃一驚」。

不過傷害已經造成。

未來還會有更多類似的事。

✦

詹卡納有另一個計畫。

這個黑幫老大對他暗中賄賂，讓約翰．甘迺迪選上總統，卻沒有換來減輕黑幫壓力一事仍舊非常憤恨。詹卡納也依然相信，睡了男人的戀人，能讓他的個人權力凌駕於對方之上。他現在決心要和甘迺迪的另一個女伴——三十五歲的女明星瑪麗蓮・夢露上床。辛納屈向他保證，總統與這位神經質好萊塢女神的性關係是現在進行式。

一九六二年五月十九日，在麥迪遜廣場花園的一場慶祝盛會上，夢露公開的——而且有點令人反感的——用帶有喘息聲的性感嗓音為甘迺迪總統獻唱〈生日快樂歌〉。她剛與第三任丈夫劇作家亞瑟・米勒離婚數個月。夢露身穿一襲露背的亮片長禮服，非常貼身，必須把她吊起來才穿得上身。禮服裡什麼也沒穿。她曲線畢露的表演是非常公開的信號，傳達出她對總統的渴望。

這項表演在她的年齡和藥癮讓一度前途大好的演藝生涯放緩時，重申她的性感象徵地位。其實，她冒著飯碗不保的風險來到紐約。她突然拋下拍攝中的電影《瀕於崩潰》（*Something's Got to Give!*），從好萊塢飛來，讓該片製作人非常驚惶失措。

夢露有嚴重的自毀傾向，喜歡吃藥配酒。回到好萊塢的家中後，開始持續惡性循環，一路延續到七月。她一回到片廠就遭到開除，還被告上法院，要她賠償損失。此後她再也沒拍過其他電影。

這令人遺憾的衰落引發某些人的同情。但是在詹卡納眼中，它代表的是機會。巴比・甘迺迪已變成她的狂熱愛慕者的謠言，讓詹卡納更想得到她[83]。

因此，在約翰・甘迺迪和辛納屈因棕櫚泉住宿的事鬧翻四個月後，詹卡納設下了陷阱。

在這名黑幫老大擁有的私人地產中，有一處度假勝地位在加州和內華達州的交界處。這座觀光賭場被取了個恰如其分的名字，叫做卡爾涅瓦（Cal-Neva）。不過詹卡納的名字並未列在所有權狀上，而是由辛納屈具名持有這處坐落在太浩湖（Lake Tahoe）畔的賭窟。辛納屈除了與派翠西亞・甘迺迪・勞福發生婚外情，還因約翰・甘迺迪不願下榻棕櫚泉，而與她的鼠黨老公彼得・勞福絕交。然而出於不明原因，這段友誼如今解凍，辛納屈邀請勞福夫婦到卡爾涅瓦小住幾天。

派翠西亞・勞福知道巴比和其他高層知情人士暗中告知夢露，要她遠離甘迺迪兄弟。總統不再接她的電話，不過她和巴比・甘迺迪還保持少許的聯絡。夢露對約翰・甘迺迪斬斷這段情感到很難過。有人擔心她接受媒體訪問的談話，可能會妨礙甘迺迪在一九六四年尋求連任。派翠西亞・勞福想要讓夢露平靜下來，因此應辛納屈的請求，邀請夢露一起來卡爾涅瓦散心。

夢露一年前曾住過那裡。當時她和蒙哥馬利．克利夫特（Montgomery Clift）與克拉克．蓋博在附近的內華達沙漠拍攝電影《亂點鴛鴦譜》（*The Misfits*）。這部電影是傳奇人物蓋博的遺世之作，電影拍完後不久他就過世了。在拍攝期間，夢露自己也差點喪命——她對巴比妥類藥物（barbiturates）的倚賴是如此強烈，以至於拍攝得中止一週，好讓她戒斷毒癮。

重返卡爾涅瓦根本沒能讓她好好休息。「一九六二年那時我剛好在那裡，」邁爾．藍斯基的合夥人，拉斯維加斯老大文森．「藍眼睛吉米」．艾洛（Vincent "Jimmy Blue Eyes" Alo）回憶道：「彼得和法蘭克陪著夢露。他們每天晚上都讓她吸食毒品。那情景真是令人作嘔。」

目擊者說，有個攝影師記錄下大部分的活動。由於夢露是如此徹底受毒品影響，她看起來像是失去了知覺。他們也描述這位女明星趴在馬桶上，滿身都是嘔吐物，而

83 巴比．甘迺迪和夢露有曖昧的謠言持續了半個世紀。聯邦調查局在一九七〇年代宣稱，這則謠言「錯得離譜」。本書作者雖然撰寫了《追殺甘迺迪》（*Killing Kennedy*）和本書，但是無法確認兩人之間有無婚外情。

詹卡納跪在她後方，對著鏡頭咧嘴笑。

聯邦調查局芝加哥分局探員威廉・羅默爾後來聆聽詹卡納和羅塞利對話的竊聽錄音檔時，聽見他們討論五十二號房裡發生的勾當。「我把資訊拼湊起來，發現她可能在那裡狂歡縱慾。從我聽到的內容顯示，她在這趟旅程中，可能和辛納屈與詹卡納兩人都發生了性行為。」羅默爾總結道。

詹卡納成功和夢露發生關係後，接著到處炫耀這件事。聯邦調查局的竊聽器記錄了羅塞利對詹卡納持續吹噓時半信半疑的反應：「和那兩兄弟幹同樣的穴，你確定你有高潮嗎？」

一週後，夢露在她洛杉磯家中吞下致命的過量無水氯醛（chloral hydrate，一種催眠和鎮靜劑）和戊巴比妥（pentobarbital，一種麻醉劑）。巴比妥類藥物讓她的心跳和呼吸變慢，直到完全停止。在一九六二年八月四日晚間十點半，夢露就此離世。

詹卡納似乎再次犯下又一樁暴行，卻能逍遙法外。

不過，他的運氣即將要發生變化。

17 做個稱職的「鼠輩」

一九六二年六月二十二日上午七點三十分
喬治亞州亞特蘭大市
美國聯邦監獄

約瑟夫．麥可．瓦拉奇（Joseph Michael Valachi）擔心自己小命不保。這名五十八歲的吉諾維斯犯罪家族成員因販賣海洛因，而被判處十五年徒刑。他快步走過監獄放風場。瓦拉奇是維托．吉諾維斯的同房獄友，他曾發誓要一輩子效忠吉諾維斯。瓦拉奇的正式黑幫頭銜是低階的士兵，而且身為「好漢」，他也發誓要謹守緘默法則。

瓦拉奇身高五呎六吋（約一百六十七公分），體重一百八十四磅重，嗓音沙啞，滿頭花白的頭髮，看起來不是什麼危險人物。不過他加入美國黑手黨已超過三十年，知道該如何處理構成威脅的人。他漫步走近一處正在施工的區域，悄悄拾起一根兩呎長（六十一公分）的鐵管，沒有引來任何注意。

武器在手，他知道他必須馬上採取行動。

這並非這名身材矮小的黑幫分子第一次密謀殺人。他在紐約東哈林區長大，打從九歲起就一直是個罪犯。起初，他的專長是在搶劫時負責駕駛接應車輛。但是他在二十七歲那年成為「好漢」——成熟的黑手黨成員——而且幾乎立刻以士兵的身分參與了一九三一年血腥的卡斯泰拉姆馬雷斯戰爭（Castellammarese War），目的是爭奪紐約的組織犯罪控制權。勝出的是「幸運」．盧西安諾，這名年輕的西西里人自然是瓦拉奇擁護的對象。

吉諾維斯在一九五七年艾伯特．安納斯塔西亞遭到謀殺後，接管了這個紐約犯罪家族，瓦拉奇對於轉換效忠對象毫無異議。無人知曉他曾參與共謀的實際死亡人數，不過他犯罪嫌疑最大的一樁案子是，在吉諾維斯的命令下，安排謀殺黑幫兄弟史

▲ 前美國黑手黨成員約瑟夫‧瓦拉奇是被定罪的殺人犯，於 1963 年 10 月 1 日在華盛頓特區參議院常設調查委員會（Senate Permanent Investigation Committee）作證。瓦拉奇敘述加入美國黑手黨這個全國性犯罪組織的儀式如下：把一團點燃的揉皺紙球放在手心，同時發誓「靠槍與刀過活，也要死在槍與刀之下」，如果背叛兄弟，就會被燒成灰燼。

蒂文・法蘭斯（Steven Franse）——誘導法蘭斯落入一個圈套，令他在那裡被人勒死。

約瑟夫・瓦拉奇在組織犯罪中如魚得水，事業有成。他擁有三家餐廳，一家投幣式點唱機公司，還有一間服裝工廠。他的前妻米麗（Millie）——在結婚二十五年後，他為了另一個女人離開她——知道他的非法生活方式。

她父親是盧切斯犯罪家族的創始人葛塔諾・雷納（Gaetano Reina），在四十歲那年遭人用霰彈槍謀殺。米麗的哥哥賈柯莫（Giacomo）是瓦拉奇販毒事業的共謀者，也就是瓦拉奇被關進這座聯邦監獄的原因。

瓦拉奇的兒子唐納德（Donald）是二十六歲的紐約建築工人，他可能不知道自己父親真正的謀生之道。

瓦拉奇完全明白，假如他按照此刻心裡的盤算，在這個潮溼的夏天早晨使用這根鐵管，謀殺的指控很可能讓他被判死刑。不過，他寧可選擇電椅，也不想遭到黑幫謀殺，後者可是會毫無徵兆的來臨。瓦拉奇決定冒險一試。

他過去曾提供少許不重要的情報給聯邦麻醉藥品管制局探員，希望這麼做能得到優待或甚至減刑。他不認為這樣稱得上是線人——用黑手黨黑話來說，「背信忘義的鼠輩」——然而，他已受到懷疑。最近有天晚上，吉諾維斯在他們的牢房裡做出相當不尋常的評論：「你知道，當我們買下一桶蘋果時，裡頭可能有一顆壞掉的。這時就得把那顆蘋果挑出來扔掉，因為不這麼做，就會危害其他蘋果。」

瓦拉奇感受到危險，立刻嚴正抗議。「如果我做了什麼錯事，就拿出證據給我看，順便把毒藥拿來，」他對吉諾維斯說：「我會在你面前吞下它們。」

「誰說你做錯什麼事了？」吉諾維斯答道。接著，這名老大說了些非常不尋常的話：「我們認識那麼久了。看在老交情的份上，讓我給你一個吻。」

這兩個大男人互吻彼此臉頰。起初，瓦拉奇試著為這種裝模作樣的行為找出合理的解釋，但最後他才明白這是「死亡之吻」，通常會發生在將要被謀殺的人[84]。

他後來回想，在這惺惺作態後，他躺在床上。但誰能睡得著呢？

無論吉諾維斯想要他死的動機是什麼，他知道誰會下手殺他。他認為這件任務會被指派給獄中的另一名吉諾維斯犯罪家族囚犯，喬瑟夫．「喬．貝克」．狄巴勒摩（Joseph "Joe Beck" DiPalermo）——吉諾維斯家族知名的劊子手。

瓦拉奇決定先發制人。他握著鐵管走過放風場，來到狄巴勒摩此刻站立的地方。狄巴勒摩在入監服刑前，就是出了名的販毒主謀。五十五歲的他雖然是以劊子手的身分享有盛名，但長久以來，他生存靠的是頭腦，而非單純靠蠻力。

84　死亡之吻原意是向即將被殺的人展現友好，讓對方認為自己並沒有危險，從而放下戒心。

十六年前，率先在哈瓦那會議上主張黑幫應該開始販毒的，就是吉諾維斯。但是讓販毒變成黑手黨獲利最豐厚來源的人，則是狄巴勒摩。他設法弄來海洛因、大麻、巴比妥類藥物、古柯鹼，以及客戶想要的任何藥。儘管他現在一身灰色囚衣，狄巴勒摩在紐約街頭的顯眼行為非常出名。他總是身穿鮮豔的藍色西裝、頭戴紳士帽、腳踩蛇皮鞋，開著一部與之搭配的藍色凱迪拉克。

瓦拉奇舉起右手中的鐵管，削瘦矮小的喬．貝克站在幾呎外，背對著他。因此，當瓦拉奇走上前攻擊時，受害者沒有看見擊碎他後腦勺的鐵管落下時的第一擊、第二擊，或第三擊。

瓦拉奇知道獄警很快就會介入此事，便朝狄巴勒摩毫無生氣的屍體亂揮亂打，直到他確定這名隊長已經死了。

可是瓦拉奇犯了個大錯。在他面前血流不止的人並非狄巴勒摩。他奪走的是喬瑟夫．邵普（Joseph Saupp）的性命。他是個被定罪的贗品製造者，與吉諾維斯沒有絲毫犯罪關聯，只不過他的體型恰好不幸與狄巴勒摩相似[85]。瓦拉奇瞬間明白，他很快就會去和倒楣的邵普作伴。

做了四十年歹徒，他知道要躲避必然發生的黑幫暗殺只有一個方法——他必須變成一個稱職的鼠輩。

✦

邵普的死並不重要，至少看似如此。他的遺體被送回俄亥俄州克勞佛郡，安葬在加爾瓦略山天主教墓園。這個矮小削瘦的重罪犯，一生平凡無奇，但他慘死所造成的後果將會永遠改變美國。

瓦拉奇一表明願意公開談論黑手黨，就立刻消失在聯邦保護性拘留中。就連他的前妻和兒子也不知道他的下落。事實上，他從原本的亞特蘭大聯邦監獄被移往紐約市北方的韋斯切斯特郡監獄。

瓦拉奇同意提供對黑幫不利的證詞，以換取將殺人刑度從死刑改為無期徒刑。同時間，好幾個犯罪家族都派出職業殺手搜遍整個美國，想找出這個告密者，在他揭露

85 狄巴勒摩是史上最惡名昭彰的毒販。儘管坐過幾次牢，他在全球經營販毒事業超過六十年。據說他在一九九二年以八十五歲高齡辭世前，仍積極參與海洛因販售。

他們的祕密前殺人滅口。

聯邦麻醉藥品管制局的探員訊問瓦拉奇。針對他個人的第一輪問題包括：他何時加入黑手黨？

「戰爭剛結束後。」他回答。

「一戰還是二戰？」探員好奇的追問。

「你沒搞懂我的意思，」瓦拉奇澄清：「我指的是，就在與芝加哥黑幫的戰爭剛結束後[86]。」

這獨特情報的微光開啟了源源不絕的黑社會情資。當FBN探員設法取得最多的情報後，聯邦調查局接手審訊。特別探員詹姆士·符林（James P. Flynn）把與他交朋友和取得他的信任當作第一要務。在一九六三年一月，瓦拉奇從韋斯切斯特移往位在紐澤西州蒙茅斯堡的軍事監獄，以便更靠近符林的辦公室。

符林探員從幫忙瓦拉奇減重四十磅、變得更健康的簡單談話著手。他知道這名黑幫成員喜歡賽馬並擁有四匹純種馬，便安排瓦拉奇每天早晨都能收到一份《紐約每日新聞》。在瀏覽訃聞版，看看有無認識的黑幫友人名字前，瓦拉奇會仔細研讀賽馬結果，接著和符林坐下來預測當天在紐約州貝爾蒙（Belmont）和薩拉托加（Saratoga）舉行的賽事結果。等到建立起友誼後，符林將他們的談話導引到犯罪上。瓦拉奇在八個月的時間裡接受了數百小時的訪談，每天工作三小時，每週四天。情報出現時，會與多個政府執法機關共享，以便進行事實查核。這些機關包括財政部、特勤局（IRS），還有郵政署。令人驚奇的是，瓦拉奇提供的情報全都通過核實，而他從未自相矛盾，或是被逮到說謊。

最終，瓦拉奇不僅揭露了如今方知與黑幫有關的未破案件的具體細節——有些甚至是幾十年前發生的案件——同時也透露了美國黑手黨具體的內部架構和實施特定犯罪的手法。據他指出，最低層級的黑手黨成員是「準成員」（associate）。比他們更高一階的是「士兵」，再往上是「隊長」（caporegime，簡稱 capo），「小老闆」

86 瓦拉奇指的是卡斯泰拉姆馬雷斯戰爭。從一九三〇年二月到一九三一年四月十五日，西西里保守派和革新派的衝突以組織犯罪權力的徹底重組作為結束。獲勝者包括在接下來數十年統領黑社會的許多人，如幸運．盧西安諾、維托．吉諾維斯、法蘭克．卡斯特羅、小蟲．西格爾、艾伯特．安納斯塔西亞、喬瑟夫．博南諾，以及喬．普羅法奇。

（underboss），最高一層是「老大／老闆」（boss）。另外在最上層還有個和老大平行的顧問角色，人稱「參謀」。

身為終身黑手黨成員，他目睹紐約五大家族的崛起和全國犯罪集團的建立。他鄭重聲明，五大家族的首任老大分別是：幸運・盧西安諾、托瑪索・加格里亞諾（Tommaso Gagliano）、喬瑟夫・普羅法奇，以及薩爾瓦多・馬蘭札諾（Salvatore Maranzano）。

他接著說出五大家族現任老大的名字：湯米・盧切斯、維托・吉諾維斯、喬瑟夫・柯倫坡（Joseph Colombo）、卡羅・甘比諾，以及喬瑟夫・博南諾。

就算只公開承認其中任何一個名字，瓦拉奇的項上人頭都必定會遭到懸賞。更別提供出全部五個名字，這等同於要求在斷氣前，必須先經歷最殘忍的種種酷刑折磨。就算躲在牢裡，他也將在恐懼中度過餘生。

覆水難收。瓦拉奇願意針對組織犯罪細細解說——在此之前，那基本上對所有人來說都是個謎——這也將永遠改變執法機關與黑手黨打交道的策略。

隨著越來越多的事實被公開，司法部長巴比．甘迺迪對於和公眾分享這類資訊感到很興奮。瓦拉奇被安排出席參議院小組委員會調查組織犯罪的聽證會。大家期待他會揭露一切，而不像四年前那群黑手黨成員，出席甘迺迪主持的麥克萊倫聽證會時，全都以第五修正案為由，謹守緘默法則。

✦

隨著瓦拉奇出席作證的日期逼近，符林特別探員和這名黑幫分子道別的時刻來臨。兩人已經變成很要好的朋友。符林時常帶著義大利美食到瓦拉奇的牢房，與他一起用餐。

儘管兩人關係密切，但是符林對他這個人，還有他的動機抱持著樂觀態度。「復仇占了很大一部分，但這也是冷酷、算計好的生存之舉。千萬別認為他是幡然悔悟的罪人。他是極度暴力的殺人凶手。他工於心計，反抗所有既定權威，活在一個充滿恐懼和猜疑的世界中。恐懼是他重要的特徵——畏懼他正在做的事，同時也害怕沒有人相信他。」

沒想到，符林探員的耐心審訊結果竟然引發胡佛的ＦＢＩ和巴比的司法部之間的宣傳戰。在一九六三年九月二十五日，也就是瓦拉奇預定到參議院委員會作證兩週前，一篇題為〈組織犯罪的內幕故事，以及你可以如何幫忙摧毀它〉的報導出現在全國性週刊《遊行》（*Parade*）上。這篇文章的署名作者是胡佛。

巴比．甘迺迪不甘示弱，授權世交彼得．馬斯（Peter Maas）根據瓦拉奇的證詞寫一本書。此外，馬斯運用甘迺迪提供的細節，針對組織犯罪這個題目為《週六晚郵報》寫了一篇報導。

得知甘迺迪的手法後，胡佛局長大發雷霆。「我從未見識過這麼多陰謀詭計。」他寫道。接著，他無視自己也發表了一篇包含機密情報的文章，繼續寫下：「包括聯邦調查局報告在內的司法部文件，其神聖性已不復存在。署名Ｈ。」

但是胡佛還沒完。延續爭奪瓦拉奇揭密的功績，他企圖阻止馬斯的書《瓦拉奇文件》（*The Valachi Papers*）發表上市。這件事後來會鬧上法院。

而胡佛會輸掉這場官司。

✦

巴比．甘迺迪終於贏得打擊組織犯罪的戰爭。他最近一次勝利發生在剛過完的五月，當時吉米．霍法因試圖左右陪審團而遭到起訴。這個案子還沒有進入審理程序，但是那天很快就會到來。甘迺迪的「捉拿霍法」行動小組終於看見它和這個工會老大的宿怨迎來結果。

此外，從瓦拉奇那得到的龐大情報也對司法部產生了重大影響。

「瓦拉奇和其他線人揭露的情報告訴我們最重要的事，就是今後的工作不僅數量龐大，而且非常艱巨。」甘迺迪在瓦拉奇出席參議院常設調查小組委員會前夕，在一份二十四頁的特別聲明中寫道。這天是一九六三年九月二十七日。

「牽涉到他們祕密運作的證據尤其難以發現，」甘迺迪寫道：「面對危及自身和家人的安全卻仍願意作證的證人，實屬罕見。這是瓦拉奇揭發此事如此重要的原因之一：這是第一次有內部知情者——熟知黑手黨統治階層的成員——打破了黑社會的緘默法則。」

司法部長清楚知道，上個十年雖然有基佛爾聽證會、麥克萊倫聽證會，以及阿巴拉欽高峰會的調查——這些企圖了解組織犯罪內部運作機制的嘗試全都徒勞無功。但是瓦拉奇改變了這一切。政府對黑手黨的認識從一無所知變成幾乎無所不知。

「情況很危險，」甘迺迪指出：「它顯示出組織犯罪可以被適切的描述為私人政府，一個年收入數十億美元的政府，建立在人類苦難和道德淪喪的基礎之上。」

司法部長最後總結道：「我們已經能夠打進組織犯罪的階級制度、成員招募和業務運作。然而，高估聯邦與地方執法機關取得的進展將是很嚴重的錯誤。瓦拉奇……揭露的情報告訴我們最重要的事，就是今後的工作不僅數量龐大，而且非常艱巨。」

✦

一九六三年十月，瓦拉奇出席探討組織犯罪的第二次麥克萊倫委員會。他的公開證言持續進行了六天，另外還有一場閉門證言。回答針對他個人所提出的問題時，他會隨意閒扯，還時不時停下來吸片檸檬解口渴。這些後來被稱為「瓦拉奇聽證會」

（Valachi hearing），在全國性電視臺上播出。美國大眾很快就得知成為「好漢」必須經歷的入會儀式，以及黑手黨的歷史可以追溯到一九三〇年代早期。瓦拉奇逐一點名，說明誰經營哪個犯罪家族。他描述競爭對手家族之間的戰爭往往導致死傷無數。而且讓吉諾維斯很懊惱的是，儘管懸賞十萬美元取瓦拉奇的小命，但是這個告密者還是成功出庭作證，並指出吉諾維斯是「教父」，而且他還從亞特蘭大監獄牢房內，遠程管理內華達的賭博業務。

瓦拉奇的出庭開創了歷史新篇章。完成證言後，他被送回聯邦監獄，在獄中度過餘生。

司法部長甘迺迪鍥而不捨的花了六年時間，想破解組織犯罪的密碼。如今看似沒有任何東西能阻撓他摧毀黑手黨。

但其實有。

那就是暗殺甘迺迪總統。

✦

一九六三年十一月二十二日正午過後不久，美國總統在德州達拉斯街頭遊行時遭到暗殺。名叫李・哈維・奧斯華（Lee Harvey Oswald）的持槍歹徒當場遭到逮捕，並被控以謀殺。

等待受審的吉米・霍法聽聞此事時，正在邁阿密吃午餐。餐廳女侍和收拾髒碗盤的雜工都忍不住哭了起來，而霍法卻站上他的椅子歡呼道：「好啊！我希望蟲子吃掉他的眼睛！」

霍法找到一臺公用電話，打電話給他的律師法蘭克・拉加洛（Frank Ragano）。後者也把坦帕黑幫老大特拉菲坎特，還有卡洛斯・馬塞羅當作自己的客戶——這兩人都誓言要向甘迺迪兄弟討回公道。當工會老大來電時，拉加洛和特拉菲坎特正舉杯慶祝約翰・甘迺迪遇刺。「他們殺了那狗娘養的！」霍法樂得哈哈大笑[87]。

考慮到甘迺迪兄弟對組織犯罪的窮追猛打，以及許多位高權重的黑手黨成員發誓要找總統和司法部長報仇，我們有充分的理由相信，這宗暗殺有可能是黑幫下令的。這樁行刺具備了組織犯罪涉入的跡象：單獨行動的槍手、威力強大的步槍、以及瞄準頭部射擊[88]。

✦

這是個溫暖的維吉尼亞午後，巴比．甘迺迪在家，坐在游泳池畔。電話響了。是胡佛打來的。局長告訴司法部長，他的總統兄長遭人暗殺。胡佛轉達這殘酷消息時，語中不帶一絲情緒。

震驚的巴比用手遮住雙眼，接著把這噩耗告訴身旁的一小群朋友。他妻子艾瑟兒輕輕摟著他。

不出幾分鐘，巴比確信霍法和黑手黨可能與此事有關——說不定還和馬塞羅或詹卡納聯手。

但不管是誰執行這宗暗殺，司法部長相信，這都是**他的錯**。他一直認為黑幫會設法幹掉他，卻從未料到他們可能會把矛頭指向他哥哥。「我以為他們會攻擊我。」他

87 拉加洛在一九九四年出版的《黑幫律師》（*Mob Lawyer*）一書中公開宣稱，霍法要求他與黑手黨聯絡，安排謀殺甘迺迪兄弟。

88 本書作者在《追殺甘迺迪》一書中曾調查約翰．甘迺迪遇刺是否與黑幫有關聯，可惜並未找到確鑿的鐵證。

向他的新聞官艾德・古斯曼（Ed Guthman）吐露心聲。

他立刻詢問「捉拿霍法」行動小組的華德・謝里丹（Walter Sheridan）是否知道霍法、黑手黨與這名刺客之間有任何關聯。

自從多年前針對卡車司機工會活動展開首次調查以來，菸癮嚴重的謝里丹便和巴比・甘迺迪一起共事。謝里丹的官方角色是調查聯邦罪行的特助，但他真正的才能是透過培養線人，以滲透進卡車司機工會。

巧合的是，謝里丹最近從知情人士那裡得知，霍法曾公開討論槍殺巴比・甘迺迪可能性的驚人消息。這件差事得使用火力強大的步槍，因為司法部長會開著他的敞篷車——跟達拉斯剛剛發生的場景一模一樣。謝里丹告訴司法部長，霍法在約翰・甘迺迪遇刺事件中很可能參了一腳。

巴比・甘迺迪立刻指示謝里丹到達拉斯監督調查工作。胡佛已經在那裡，確保聯邦調查局能掌控犯罪現場。短短兩天後，又發生了另一件令人震驚的事：達拉斯一間骯髒破爛的夜總會的老闆傑克・魯比（Jack Ruby），不知何故設法潛入保護被告刺客奧斯華的護衛小組，開槍打死他。謠言立刻四起，說魯比——本名雅各・里昂・魯賓斯坦（Jacob Leon Rubenstein）——與組織犯罪有關聯。隨後國會調查奧斯華謀殺案會證實這一點，揭露來自芝加哥的魯比「和黑社會人物有相當頻繁的往來，以及直接或間接的聯繫」。

最終，謝里丹會回到華盛頓向甘迺迪報告，說他並未找到霍法、黑手黨與總統遇刺之間的連結。

因此，謎團持續徘徊不去——究竟是誰殺了約翰．甘迺迪？

全國人民都想知道。

✦

甘迺迪遇刺後，霍法對他的律師發表的首波評論之一，是如釋重負的說：「司法部長巴比．甘迺迪要下臺囉。」

可是霍法猜錯了。新任總統林登．詹森要求巴比．甘迺迪繼續留在司法部。悲痛的巴比．甘迺迪同意了。他的工作尚未完成，還有很深的宿怨得了結。

不是別人，正是霍法。

霍法在一九六四年三月四日因企圖賄賂大陪審團的某個成員而遭到定罪，被判八年有期徒刑。另一項詐騙定罪將總刑期增至十三年。他的上訴會持續三年，但是霍法最終仍將於一九六七年三月七日，開始在賓州路厄斯堡聯邦監獄服刑。

巴比．甘迺迪終於逮到了那個人。

他尚未完成消滅黑手黨的任務，但是他的努力和調查已經嚴重損害了美國的「另類政府」（alternate government），他曾如此稱呼黑手黨。

✦

巴比．甘迺迪和胡佛的關係向來都很緊張，但是哥哥是總統讓巴比．甘迺迪占了上風。刺殺事件發生後，情況立刻有了變化。「（胡佛）不用再隱藏自己的感受，」甘迺迪向朋友承認：「而且他再也不用理會我了。」

巴比．甘迺迪過去剛上任時，首波命令之一就是在胡佛的辦公室裝設一支專線電話。這支從甘迺迪辦公桌直達的專線只有胡佛本人才能接聽。他長久以來對於身為司法部長的下屬很不耐煩，也很痛恨那支專線的侵擾。

如今那支專線再也無人應答。

雖然巴比．甘迺迪還是胡佛的上司，但是根據甘迺迪的說法，胡佛「絕不直接和我或透過我打交道」。兩人都知道約翰．甘迺迪打算在第二任時撤換胡佛，屆時便不再需要考慮連任的威脅。

現在，胡佛得確保新總統詹森沒有這樣的計畫。胡佛和詹森的關係很特別，多年來，他一直將參眾議員尋歡作樂的情報透露給詹森。詹森在擔任副總統之前是參議院多數黨領袖，這名德州人喜歡運用這類政治汙點影響投票。約翰．甘迺迪的私人祕書伊芙琳．林肯甚至宣稱，詹森運用胡佛的祕密檔案取得副總統提名。「詹森一直運用胡佛能找到關於甘迺迪的一切情報——在競選期間，甚至早在全國大會之前。」林肯女士告訴某個採訪者。

詹森總統在一九六四年五月還了胡佛的人情，或許他心裡明白，這位局長很可能握有他個人的檔案，蒐羅了他眾多不檢點行為。詹森站在白宮玫瑰園（White House Rose Garden）掛著美國總統徽章的講臺前，直接對胡佛說：「艾德格，法律規定，當明年你年滿七十歲時，就得退休了。我很了解你，我知道你絕對不會違法。」

胡佛就站在總統後方，雙手在身體前方交握著。

「但是國家承擔不起失去你的後果，」詹森總統用鼻音濃重的德州腔繼續說道：「因此，根據美國總統的權力，我剛才簽署了一份行政命令，無限期免除你強制退休的規定。」

胡佛現在是終身局長了[89]。

✦

巴比．甘迺迪在一九六四年九月三日辭去美國司法部長一職。他在任期間，司法部起訴了六百八十七名組織犯罪人物，定罪率高達九成[90]。

但是這些勝利很快就會變成過時往事。

甘迺迪總統遇刺後，胡佛已下令聯邦調查局停止將人力集中在組織犯罪調查上。由於越南的衝突已經升高成真實戰爭，如今他寧可聚焦於政治暴力、民權運動和外國間諜活動上。

因此，打擊組織犯罪的戰爭已經結束——暫時如此。

同時間，黑手黨利用突如其來的有利條件，迅速移動到能從中賺大錢的活動上。主要目標：世界重量級拳王冠軍賽。

---

89 詹森總統和胡佛局長間的溫馨關係將會在幾個月後，也就是一九六四年總統大選期間，達到顛峰。詹森一聲令下，聯邦調查局探員會透過非法竊聽共和黨候選人貝利·高華德的飛機和競選總部，暗中監視他的競選活動。直到胡佛在一九七一年向助理司法部長羅伯特·馬蒂安（Robert Mardian）透露此事之前，沒有人知道這些事。

90 巴比·甘迺迪打算從政。儘管甘迺迪和詹森互不信任，黨內同志仍希望詹森提名甘迺迪作為他一九六四年的競選搭檔，令他承受莫大的壓力。甘迺迪於八月二十四日在紐約租下一間房子，翌日宣布參選美國參議員。一九六四年十一月三日，他以壓倒性票數擊敗時任共和黨參議員的肯尼斯·基亭（Kenneth Keating）。

18

拳擊遊戲

一九六五年五月二十五日晚間十點三十分

緬因州路厄斯頓市

中央青年活動中心（Central Youth Center）

穆罕默德．阿里（Muhammad Ali）在武裝警衛的護衛下進場。這名二十三歲的世界重量級拳王將要在這處小型冰上曲棍球場捍衛自己的頭銜。他的對手是前拳王桑尼．李斯頓（Sonny Liston），阿里在一年前曾用技術擊倒打敗他。當時，阿里以本名卡西亞斯．克萊（Cassius Clay）出賽。後來他改信伊斯蘭教，成為激進的伊斯蘭國度（又譯伊斯蘭民族，Nation of Islam，簡稱NOI）領袖以利

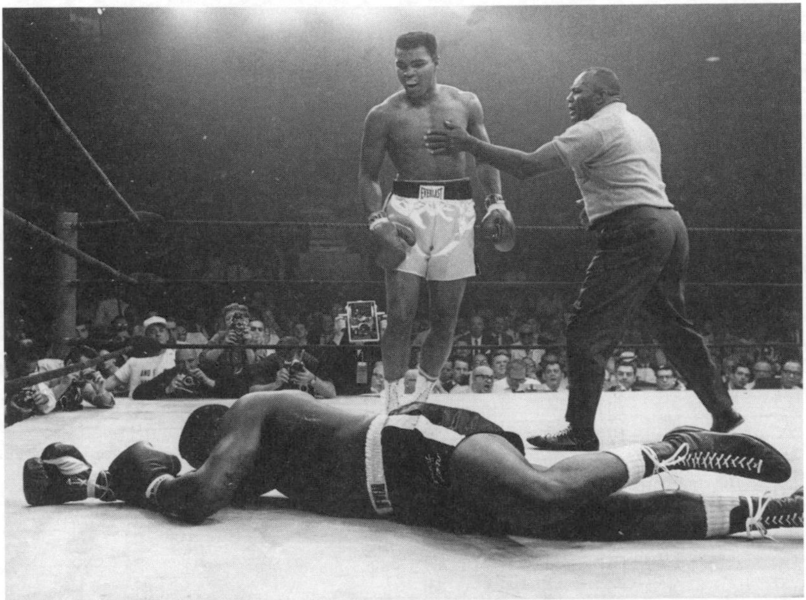

▲ 1965 年 5 月 25 日，得意洋洋的拳擊手阿里在緬因州路厄斯頓市（Lewiston）舉行的拳擊賽中，看著倒在地上的對手查爾斯・「桑尼」・李斯頓，臺上裁判澤西・喬・沃爾寇特（Jersey Joe Walcott）阻止他繼續進攻。

亞・穆罕默德（Elijah Muhammad）的追隨者。就在三個月前，三名NOI成員暗殺了敵對的神職人員麥爾坎・X（Malcolm X），朝他開了二十一槍。如今眾人擔心阿里會是報復仇殺的下一個目標，因此，FBI探員和打著蝴蝶領結的NOI護衛隊形成非典型的警戒線，在這名拳擊手準備走上擂臺時保護他。

儘管這等重要的拳擊賽在這麼小、又偏僻的地點舉行很荒謬，但是擔心組織犯罪影響此一賽事，迫使它不得不搬離波士頓。拳擊迷和賭徒可以透過閉路電視觀看比賽，它能將賽事迅速傳遍世界各地。此刻，濃厚的菸草煙霧飄蕩在賽場上，兩千四百三十四名付費觀眾和來自附近貝茲學院（Bates College）的喧鬧學生並肩而坐──這些學生全都拿著贈送的免費票券入場，為的是讓整個賽場座無虛席。場內還有兩百名警察，以確保最大程度的安全[91]。

攝影師緊貼著擂臺，拍攝肌肉發達健壯的阿里穿著白色短褲和白色高筒拳擊鞋鑽過繩索。李斯頓則是完全相反，穿著黑色短褲與黑鞋。他們在邁阿密海灘初次交手前，原本李斯頓不僅是眾人公認的世界拳王，更是重新定義重量級拳賽的一股格鬥勢力。

李斯頓身高六呎一吋（約一百八十五公分），體重兩百一十三磅重，人稱「大熊」（Big Bear），他動作快如閃電，他的拳頭周長有十五吋，比常人大上許多，因而需要特別訂製拳擊手套。與黑手黨有往來的前拳擊經紀人法蘭克．米契爾（Frank Mitchell）說：「他有著十二歲孩子的心智。沒有任何技巧或機智。」

儘管坐擁盛名，李斯頓的人生卻籠罩在麻煩中。無人知曉他的真實出生日期與地點，在他職業生涯中，他的出生年在一九二九到一九三二年間游移。他喜歡喝酒，甚至有報導說他與阿里首度對戰時，呼吸還帶有酒氣。他在阿肯色州度過的童年很粗暴——他是家中第二十四個孩子。他曾公開表示，梅開二度的佃農父親「給過他的唯一東西，就是一頓毒打」。這名拳擊手是文盲，因入屋竊盜在密蘇里州立監獄服刑時，開始對拳擊比賽產生興趣。他在一九五二年出獄，後來在一九五六年因為打斷一名警察的腿並偷了他的配槍，又回到牢裡蹲了六個月。

大眾沒有忘記那件事。由於李斯頓是這樣一個兩極化的人物，國會其實曾公開辯論是否該允許他與當時的世界重量級拳王佛洛伊德·帕特森（Floyd Patterson）對陣。有人擔心，若李斯頓勝出，將會破壞拳擊這項紳士的運動。他甚至在一九六〇年十二月十三日被傳喚到參議院解釋自己的行為。棒球名人傑基·羅賓森（Jackie Robinson）公開力挺李斯頓，甘迺迪總統則是敦促帕特森另尋「品格較好」的對手。

91 這場比賽原定在波士頓花園球場（Boston Garden）舉行，但是因為李斯頓的逮捕紀錄，還有主辦這場拳擊比賽的洲際公司（Inter-Continental）沒有麻州的拳賽承辦執照，只得移往他處。洲際公司有意主辦拳擊賽，在州政府眼中實屬可疑。

約翰・甘迺迪並不知道李斯頓和黑幫有往來。

前拳王與黑幫分子有如此高調的往來歷史，以至於《運動畫刊》（*Sports Illustrated*）在一九六一年的人物傳略中揭露了這件事。事實證明這則報導非常正確，日後紐約州競技運動委員會否決李斯頓的拳擊執照申請時，會援引它作為佐證。

「否認約翰・維塔爾（John Vitale）和卡爾博的副手布林基・巴勒莫（Blinky Palermo）控制了李斯頓是不切實際的，」《運動畫刊》[92]的報導指出：「在基佛爾聽證會上有充分的證詞指出，維塔爾和巴勒莫瓜分李斯頓的獎金。黑手黨在一九五八年將李斯頓遷出聖路易，移至費城，並指派有兩次逮捕紀錄的喬瑟夫・「佩普」・巴羅內（Joseph "Pep" Barone）擔任他的新經紀人。巴羅內在負責李斯頓之前，從未管理過拳擊手。他是巴勒莫的長期合作夥伴[93]。」

這份雜誌繼續細數李斯頓齷齪的人生。

電話公司的紀錄顯示，他先前的好幾個對手都曾和維塔爾聯繫過，這名西西里島出生的聖路易犯罪家族小老闆因販賣毒品而入獄。正因為如此，再加上其他間接證據，使得拳擊界有些人認為李斯頓參與了好幾次打假拳。

一九六二年九月二十五日，李斯頓和帕特森終於在芝加哥擺開陣勢。李斯頓以出奇的方式，在第一回合開始不過兩分鐘，就把對手擊倒在擂臺上。帕特森非常難堪，離開芝加哥的時候，為了躲避記者而戴上假鬍子偽裝。

一年後，在拉斯維加斯舉行的二度對陣又舊事重演。帕特森被擊倒三次，在距離第一回合結束只剩下一分鐘時被讀秒出局。

在兩度與帕特森交手之間，李斯頓認識了艾許·雷斯尼克（Ash Resnick）這個組頭。這名四十八歲，身高六呎一吋（約一百八十五公分），來自紐約的前大學棒球明星是職業賭徒，長駐在拉斯維加斯。雷斯尼克堅持成為李斯頓的私人助理，用前者朋友的話來說，「提供桑尼一切所需事物，從華服到護衛。」雷斯尼克也是傳奇拳擊手喬·路易斯（Joe Louis）的摯友，後者的經濟陷入困難，便在雷斯尼克拜訪賭注逾期

---

92 法蘭基·卡爾博（Frankie Carbo）是盧切斯犯罪家族成員，後來成為主要的拳賽承辦者——即使當他在獄中服二十五年刑期時。司法部長巴比·甘迺迪是起訴他的首席檢察官。

93 約翰·維塔爾成了聖路易犯罪家族的首腦，後來死於自然原因。曾在基佛爾聽證會就組織犯罪作證的布林基·巴勒莫，因黑幫涉入拳擊活動被判二十五年有期徒刑。佩普·巴羅內在六十六歲那年死於心臟病發，他也曾到國會就拳賽詐欺作證。

未付清的客戶時，充當討債打手。

一九六四年二月二十五日，李斯頓在邁阿密對陣二十二歲的卡西亞斯·克萊，捍衛自己的頭銜。綽號「路易維爾大話王」（Louisville Lip）的克萊是奧運金牌得主，喜歡賣弄炫耀，以輕拳著稱。李斯頓此時三十多歲，他鄙視克萊。這股焦慮的根源是，在李斯頓為了與帕特森二度對陣而緊鑼密鼓訓練中的同時，克萊喜歡在拉斯維加斯露面並公開譏諷拳王，說一旦站上擂臺，自己一定會徹底擊垮他。在某次口角中，克萊在雷鳥賭場（Thunderbird Casino）槓上李斯頓。李斯頓本來正在玩擲雙骰（craps），兩人突然開始鬥嘴。他用力撐高自己的身體，把臉湊近克萊的臉。結果驚訝地發現，這個年輕人竟然還比他高兩吋，但他還是用旁人都能聽到的音量辱罵對方：「聽著，黑鬼娘炮，如果你沒在十秒內離開這裡，我會從你嘴裡拉出那根大舌頭，塞進你的屁眼裡。」據說李斯頓接著掏出一把手槍瞄準克萊，證明他是來真的[94]。

因此，在克萊與李斯頓第一次對戰的拳賽預備階段，信心滿滿的重量級拳王一點也不怕路易維爾大話王。李斯頓在近期拳賽中，大多在第一或第二回合就獲勝，他看不出有訓練的必要。原本每天該跑五英里，他只跑一英里。妓女數次造訪他的訓練營。

他很少踏進拳館，寧可喝啤酒配熱狗。

儘管如此，組頭雷斯尼克還是建議他的賭徒朋友把大筆錢押注在賭李斯頓贏的七賠一上。

但是到了對陣時刻，有大筆賭金流向克萊。賭李斯頓贏的賠率暴跌為二賠一。雷斯尼克則悄悄將自己的賭注押在大話王身上。

拳賽作弊有兩種方法：最常見的合法方式是選擇不相稱的對手，也就是安排頂尖拳擊手與能力遠遠不如者一較高下。另一種方式是付錢讓其中一個拳擊手「故意放水」——透過假裝被擊倒而倒地，並接受自己戰敗。黑手黨偏好第二種方法，因為這麼做可以控制比賽結果，方便賭注押在確定會贏的一方。

這看來好像是克萊與李斯頓首度對戰時發生的情況。打了六個回合後，李斯頓吐出護齒。他精疲力竭，看起來很蒼老。卡西亞斯．克萊大步走到擂臺中央時，李斯頓仍然坐在角落的凳子上。透過選擇不回應第七回合的鐘聲，李斯頓因技術擊倒讓克萊

---

94 該事件是由阿里的經紀人哈洛德．康拉德（Harold Conrad）轉述給阿里的傳記作者湯瑪斯．郝瑟（Thomas Hauser）聽的。

贏得震驚拳壇的勝利。

賽後，李斯頓的母親打電話到他下榻的旅館，他解釋說：「我只是按照他們的指示行事[95]。」

說這場拳賽作弊的指控幾乎是立刻就浮上臺面。美國參議院小組委員會展開了調查。聯邦調查局奉胡佛本人的直接命令也著手調查此事，謠言具體指出，著名的拉斯維加斯賭棍、同時也是李斯頓的朋友雷斯尼克涉嫌用不正當手段操縱這場比賽。所有調查結果都被送到胡佛桌上。

但是聯邦調查局在有利可圖的二度對戰被預定前，都沒有得出任何結論。

✦

在緬因州，當李斯頓尾隨四名警官走進拳擊擂臺，觀眾高聲歡呼。阿里殿後，當護衛隊簇擁著他進場，現場響起喝倒采的噓聲。當歌手羅伯特．高樂特（Robert Goulet）唱起美國國歌，中間還多次忘詞，觀眾才慢慢安頓下來。飲食販賣部的排隊人龍很長、前進速度很慢，使得拳賽開始時，許多座位都空著沒人坐。

幾乎所有等著購買食物的人都將錯過拳擊史上最具爭議的一擊。

在這場比賽之前幾週，一位名叫強尼．托寇（Johnny Tocco）的拉斯維加斯拳館館長偶然遇到聖路易犯罪家族老大維塔爾，他是控制李斯頓的幾個黑手黨人物之一。維塔爾開玩笑說，托寇應該慶幸他是在電視上看這場拳賽，而非千里迢迢去緬因州路厄斯頓市看比賽。當托寇追問原因，維塔爾回答說，這場比賽在第一回合就會結束。

那正是實際發生的情形。

在第一回合鐘響時，賭李斯頓獲勝的賠率是八賠五，但是「消息靈通人士」投下的賭注是賭他輸。

聯邦調查局特別探員威廉．羅默爾專攻組織犯罪，他是當年負責在芝加哥黑幫總部放置竊聽裝置的人，他將聲明，聯邦調查局「得知這場拳賽肯定有作弊」。

✦

95 這段引言來自李斯頓的大哥華德（E. B. Ward），他也在電話上。

阿里是聰明人，但是他從未想過這棟緬因州小型建物中會發生這種事。

第一回合開始後一分四十四秒，阿里冷不防一記右拳朝李斯頓的下巴揮去。似乎沒有打到對方，但是李斯頓立刻倒在擂臺上。

阿里盯著倒下的對手瞧，鼓起二頭肌朝他大叫：「站起來對打啊，爛貨！」

他看向自己的角落，困惑的問：「我打中他了嗎？」

正在臺上擔任裁判的沃爾寇特是前重量級拳王，他在第一回合開始後兩分十二秒停止了比賽。

「假的！假的！假的！」觀眾反覆唸誦。當阿里舉起手迎接勝利，人群中不斷傳出大量喝倒采和「作弊」的喊叫聲。

惡果立刻顯現。有些人要求廢除美國的職業拳擊比賽。聯邦調查局此刻承受了極端的壓力，它的調查力道也加強了。

但一切都將是徒勞[96]。

✦

當阿里帶著重量級拳王的頭銜離開緬因州，黑幫輸掉好幾百萬美元的賭注。但是他們知道，強烈抗議阿里與李斯頓二度對戰的聲音很快就會平息。巴比・甘迺迪不再是司法部長，再也沒有其他人會那麼積極的調查組織犯罪。

這個判斷將被證明是正確的。聯邦調查局把調查重點放在賭棍雷斯尼克身上，據說他從李斯頓與克萊首度對陣中賺得一百萬美元。不過調查並未進一步展開。聯邦檢察官艾頓・萊薩德（Alton Lessard）在一九六五年六月告訴聯邦調查局，他不會對雷斯尼克提起任何刑事指控。他還「奉勸」該局，進一步調查也不會有任何成果。

於是，李斯頓對陣阿里的醜聞就這麼消失了。

但是巴比・甘迺迪的謀殺案可沒那麼容易被遺忘。

---

96 聯邦調查局的一份備忘錄對雷斯尼克的結論是：「他是兩場重量級頭銜爭霸賽的作弊者——兩場都跟李斯頓有關。他向來是，也將繼續是職業競技比賽的墮落根源。」然而，儘管聯邦調查局持續調查他十年的時間，卻沒有更進一步的作為。有件重要的事必須一提，根據聯邦調查局指出，阿里對於和李斯頓對陣時發生的作弊行為一無所知。

19 蕩然無存的友善

一九六八年六月五日凌晨十二點十五分
加州洛杉磯市

胡安．羅梅洛（Juan Romero）聽見震耳欲聾的慶賀。這名十七歲的雜工在大使飯店（Ambassador Hotel）的廚房工作，長久以來，這是好萊塢名流經常造訪的傳奇地標。但在這個晚上，眾人矚目的焦點並不是電影明星，一位完全不同類型的名人正在飯店的使館舞廳（Embassy Ballroom）用充滿希望與和解的話語激勵、鼓舞著群眾。

他的名字是巴比．甘迺迪，他正在角逐美國總統寶座。

這天是加州民主黨初選的選舉之夜，投票已在四小時前結束。一整個晚上，羅梅洛親眼見證了甘迺迪的忠實支持者，戴著白色的「總統選甘迺迪」巴拿馬帽，焦急的等待開票結果，接著在午夜前，確定巴比勝出時，終於爆出興高采烈的歡呼聲。當他向群眾發表冗長的個人勝選感言時，現場氣氛瀕臨顛峰，支持者全都站起身，成群的記者在臺上團團包圍住他。

甘迺迪談到眼前分裂美國的一切——民眾方才意識到：在新春攻勢（Tet Offensive）後，越戰的失敗已成定局；金恩博士遭暗殺身亡後，主要大城紛紛發生種族暴動；貧富差距擴大。「我們可以著手一起努力。美國是個偉大的國家，」甘迺迪告訴群眾：「且富有同情心的國家。我打算以這一點，作為治理國家的基礎。」

當甘迺迪在眾人歡呼聲中走下臺，羅梅洛驚訝的發現這位候選人走進了廚房。這名充滿敬畏之情的雜工盡可能的伸長了手臂，希望能和這位名人握個手。讓他很開心的是，他感覺到巴比．甘迺迪的手掌和手指包住自己的手。這短暫一握，卻讓他永生難忘。

接著，廚房裡瞬間槍聲大作。巴比．甘迺迪往後跌倒，四腳朝天倒在地上，雙眼緊閉、四肢展開。

穿著黑色長褲和白色制服襯衫的羅梅洛立刻跪下。他用手托起甘迺迪的頭，讓它遠離冰冷的水泥地。參議員的嘴唇一張一合的動著，羅梅洛把耳朵湊近甘迺迪嘴邊，聽他想說什麼。「大家都還好嗎？」甘迺迪問。

「是的，大家都很好，」羅梅洛回答。

他感覺一股暖和的血液流過他的指間。從使館廳那甘迺迪片刻前才用過的麥克風傳來叫喊聲，詢問是否有醫生在場。

羅梅洛的襯衫口袋裡有一串玫瑰念珠。他把念珠纏在甘迺迪的右手上。「他比我更需要它。」這個碗盤雜工回憶著當時的想法。

「接著他們就把他推走了[97]。」

✦

巴比．甘迺迪遇刺一年後，在美國東岸，吉諾維斯犯罪家族的成員「胖東尼」．勞利亞（"Fat Tony" Lauria）懷疑，他同性戀的祕密身分即將害他喪命。勞利亞與黑幫其他成員，和一九六九年美國變化中的社會道德規範沒有任何關係。組織犯罪仍舊是一貫的模樣：一臺賺錢機器，對意識型態政治（ideological politics）不感興趣。

勞利亞在曼哈頓格林威治村的克里斯多福街上開了間同性戀酒吧。這在黑手黨中相當尋常，因為幾乎所有紐約營業中的同性戀場所都是由黑幫控制。胖東尼在一九六六年以兩千美元買下「石牆酒館」（Stonewall Inn）。他的合夥人是馬堤·「駿馬」·伊安涅洛（Matty "The Horse" Ianniello），此人也擁有時代廣場的「乾草市場」（Hay Market）、深受扮裝者（cross-dresser）青睞的「金色葡萄」（Gilded Grape），以及「薄荷酒廊」（Peppermint Lounge）——這些全都是曼哈頓的同性戀酒吧。

---

97 羅梅洛在二〇一八年因心臟病發過世，享壽六十八歲。事發當時二十四歲的巴勒斯坦移民席漢·席漢（Sirhan Sirhan）因謀殺巴比·甘迺迪遭到定罪，目前在加州唐納文監獄（Richard Donovan Correctional Facility）服無期徒刑。其子小羅勃·甘迺迪（Robert F. Kennedy Jr.）曾在一場訪問中告訴本書作者比爾·歐萊利，說甘迺迪家族認為，席漢確實槍殺了他父親，但是可能也出手幫忙救人。他說：「因為一把只能裝八發子彈的左輪手槍不可能發射九枚子彈，更不用說十三發了。我們知道我父親喪命的那天晚上，必定有第二名槍手在大使飯店的派對上開槍。」然而，聯邦調查局對這場暗殺的調查卻找不到令人信服的證據，證明有另一人涉案。值得留意的是，主導這場調查的人是胡佛本人。

胖東尼買下石牆酒館時，它是利潤很低的異性戀酒吧，等到它重新開門營業時，便變成了同性戀酒吧。生動描述女同志愛情的回憶錄《石牆》（*The Stone Wall*）一書在一九三〇年出版，而石牆酒吧的前身，一間偽裝成茶館的祕密酒吧也是在這一年開張。「石牆」也是同志族群熟知的代號。

此刻，在六月二十七日晚上，石牆酒吧擠滿了變裝皇后、出櫃的男同志，還有不少尚未出櫃的同性戀。房間裡瀰漫著濃厚的香菸煙霧，投幣式點唱機播放著舞曲。店內有兩座吧檯，牆壁被漆成黑色，窗戶全用夾板遮住，防止警方從外頭向內窺探。石牆酒吧以作為社交的好去處而聞名，雖然有些人認為它太過保守。

最重要的是主要入口的雙層門旁站了個保鏢，除非透過貓眼仔細端詳後，確認來者是常客，或至少看起來像是同志，否則絕不讓其入內。該店每個月至少會遇上一次百合法（Lily Law，同性戀俚語，指紐約市警察局）臨檢，胖東尼非常小心不讓便衣警察有機會進入他的夜店。

東尼完全不辜負他的綽號，曾一度重達四百二十磅。他結過婚又離婚，如今與一個義大利男同志同居，雖然兩人從未透露過其關係的真正本質。黑手黨的世界禁止與另一個男人發生性關係，倘若胖東尼的真實性向被人發現，他的腦袋就準備挨子彈。然而，儘管黑幫禁止自己的成員有同志關係，卻非常樂意從同志的生活方式中賺錢。黑手黨經營的賣淫生意，從業者並不限於女性。「拉鍊拉開，嘴巴閉上」是經常用在受組織犯罪控制的男娼身上的說法。

像石牆酒吧這樣的娛樂場所提供了黑幫獲利豐厚的收入來源。不過這是一門微妙的生意，同性戀並不違法，但是供應酒精給出櫃的同志顧客違反了紐約州酒類管理廳（State Liquor Authority）對「特種場所」的禁令，州酒類管理廳拒絕核發售酒許可證給這種營業場所。

對黑手黨來說，這代表了一種獨特的商機。與其設法取得販售酒類的合法許可，不如成立「私人飲酒俱樂部」（private bottle club）。所有顧客都是「會員」，而且必須簽到——大多使用化名。胖東尼徹底占盡他顧客的便宜。由於當時酒吧後方並沒有自來水，酒杯使用過後會被扔進水槽裡，再次使用前也只是簡單擦乾淨而已，有時會導致肝炎傳播。酒吧裡的一切，從香菸販賣機到自動點唱機的收入，全都進了黑幫的口袋。而且瓶裝烈酒被加水稀釋，再以離譜的高價售出。

勞利亞跟其他黑手黨人一樣討厭巴比・甘迺迪或馬丁・路德・金恩，這兩位民權倡導者都在一九六八年遭人殺害，事發間隔不超過兩個月。甘迺迪曾公開宣稱自己決心要讓黑幫垮臺，而金恩宣揚的種族平等，則是美國黑手黨完全無法接受的事。實際上，黑幫的種族歧視是如此強烈，以至於它掌控的許多社交俱樂部都嚴格奉行「禁止黑人入內」規定[98]。

✦

而儘管越戰或許讓許多人都慷慨激昂——無論是支持者或反對者——但這場衝突對組織犯罪來說，不過是另一種賺錢的方法。估計有一五％到三〇％的參戰美國大兵積極使用非法毒品。黑手黨很樂意在他們返鄉後繼續為他們供貨。

✦

而故事的結局對胖東尼來說也並不好，他的性傾向最終還是曝光了，其同樣身為黑幫老大的父親也與他斷絕父子關係。後來，胖東尼也就此人間蒸發。

黑手黨已發出訊號。

✦

巴比・甘迺迪在洛杉磯遇刺的事讓陰謀論再起，就像一九六三年約翰・甘迺迪遇害後發生的那樣。其中有部分牽涉到組織犯罪。山多・特拉菲坎特和卡洛斯・馬塞羅等黑幫領袖成為被放大審視的對象。但正是在紐約，黑幫的騷動此時達到前所未有的猛烈。

甘迺迪總統遇刺後不久，博南諾犯罪家族老大喬瑟夫・博南諾企圖全面接管五

98 與這項規定相當不一致的是，聯邦調查局曾在一九六四年找上柯倫坡犯罪家族的職業殺手格雷戈里・「死神」・斯卡帕（Gregory "the Grim Reaper" Scarpa），請他幫忙尋找在密西西比州失蹤的三個民權工作者詹姆士・錢尼（James Chaney）、安德魯・古德曼（Andrew Goodman）和麥可・史維那（Michael Schwerner）。大家相信他們已遭到謀殺，而胡佛在媒體壓力下，得找出這三人的葬身之處。他曾一度是線人，和聯邦調查局的合法手段失敗後，有人暗中支付斯卡帕五千美元，委託他進行此事。他飛到密西西比州之後，找到某個惡名遠播的三K黨（Ku Klux Klan，奉行白人至上主義的組織）成員，用槍管抵著對方的喉嚨，要求那人說出埋屍處。這名嚇破膽的三K黨徒立刻供出確切的埋葬地點。

大家族。這個野心被發現後，人稱黑手黨委員會的全國性組織犯罪聯盟採取行動，宣告對喬瑟夫・博南諾發動全面戰爭。該家族的小老闆卡斯帕・迪格雷戈里奧（Gaspar DiGregorio）和保羅・夏卡（Paul Sciacca）被提拔並取代他。

隨著博南諾回擊，死亡人數日漸增多。

博南諾家族士兵卡洛・席馬里（Carlo Simari）在布魯克林家門外遭人射殺。另一名士兵喬・巴達拉蒙提（Joe Badalamonte）也在布魯克林遭到槍殺。文斯・「左撇子吉米」・卡塞斯（Vince "Jimmy Lefty" Cassese）和文斯・「溫尼・卡洛爾」・加羅法洛（Vince "Vinnie Carroll" Garofalo）則在麵包店前雙雙喪命。博南諾的貼身保鑣薩爾瓦多・「大漢克」・佩羅內（Salvatore "Big Hank" Perrone）在糖果店買菸時，也成為了槍下亡魂。

但是喪命的不只是博南諾的忠實擁護者。在一九六七年的塞普拉絲花園大屠殺（Cypress Gardens Massacre）中，三名迪格雷戈里奧－夏卡（DiGregorio-Sciacca）家族的隊長在皇后區一家餐廳內被機關槍掃射擊斃。該家族的其他士兵也被殺害。

這場血腥的幫派戰爭持續了六年。後來事態變得非常嚴重，博南諾不得不逃往亞利桑那州。但這場惡鬥並未停止，直到在土桑發生一連串衝他而來的炸彈攻擊，他才於一九六八年十一月正式讓位。博南諾從一九三一年起一直領導著這個家族。當年他是黑手黨委員會中最年輕的老大。他剛當家時，胡佛的注意力全放在狄林傑、漂亮男孩・佛洛伊德，還有邦妮與克萊德等人身上，而非黑手黨。他掌權的時間夠長，在此後每樁黑社會重大事件無役不與：哈瓦那會議、阿巴拉欽會議，以及巴比・甘迺迪的參議院聽證會，這些喬瑟夫・博南諾全都經歷過，但如今他卻被迫退休。

✦

一九七〇年代初期，對組織犯罪是段戲劇性的時期。博南諾家族的戰爭剛落幕。這場衝突帶來的混亂與不確定導致黑手黨委員會變得不穩定，其權威性逐漸崩解。很快的，有些高階黑手黨罪犯不再謹守緘默法則，雖然公開談論仍會遭到處死。隨著傳統黑幫的權力發生變化，其行為也跟著改變。

無論如何，從沒有改變的只有一件事：公開談論組織犯罪，會為你招來殺身之禍。

20

話多的人，命不長

一九七一年十二月二十三日晚間八點
密西根州底特律市

吉米·霍法依然是個話太多的傢伙。

卡車司機工會的領導階層和他們的家人齊聚在卡爾牛排館（Carl's Chop House）慶祝聖誕節。舞池裡擠滿了人，眾人無拘無束的痛飲各式酒類。一支穿著荷葉邊襯衫和燕尾服的波卡舞樂隊演奏著音樂。放在館內正中央，裝飾得色彩繽紛的聖誕樹和充氣聖誕老人更增添了佳節氣氛。

這是個歡樂的夜晚，而且沒有別的事能比霍法在今天下午四點獲釋出獄更令這群人振奮。尼克森總統親自將霍法的刑期減為他已服完的五年，他明年將要競選連任，而透過這項慷慨的行為，他被保證將獲得工會的支持[99]。

在卡爾牛排館，這個工會成員定期聚會場所內慶祝的人表明了他們的立場。「我很高興，」一名工會幹部這樣告訴不請自來的記者：「我認為尼克森總統幫了我們一個大忙。」

另一名工會成員開心的補充道：「吉米出獄了，這將是有史以來最棒的聖誕節。」

不過，可不是所有人都這麼開心。現任工會會長法蘭克．費茲西門斯（Frank Fitzsimmons）並不認為霍法能夠不介入工會事務。他成立了他自己的「捉拿霍法」小組，由工會成員組成，他們被告知要留意任何霍法干涉地方分會事務的狀況。

霍法獲釋出獄的一項重要前提是，他在一九八〇年之前，不得參與工會的領導管理事務。費茲西門斯擔心霍法會再度取得工會控制權，堅持尼克森必須將這些條款納入。然而，霍法在路厄斯堡聯邦監獄外受訪時，他對記者說得很清楚，他絕不會讓美

99 你至今仍可以在 YouTube 上觀看這場在卡爾牛排館舉行的派對。

國總統或國際卡車司機工會會長決定接下來該發生什麼事。「等我弄清楚限制條款的內容後，我會親自決定我要在政治上做些什麼。」他大膽宣稱。

當被記者追問「尼克森對你施加的限制是，禁止你競選工會會長」時，他辯稱自己對此一無所知。

「我可沒聽說有任何但書。」霍法堅持。

這名工會老大穿灰色西裝、打藍色領帶，腳踩棕色皮鞋。他患有輕度糖尿病，明顯削瘦許多。大家都知道他的妻子喬瑟芬（Josephine）得了心臟病。不過除了健康問題，他的前途似乎一片光明。

當訪問接近尾聲，霍法轉過身看了看監獄。他朝空中用力揮拳，展現自己的反抗決心給獄友看。

接著他坐上一輛汽車，開往機場，那裡有架私人飛機在等他。如同卡爾牛排館那群慶祝者知道的，霍法還活著，而且正蓄勢待發。

聯邦調查局局長胡佛吃早餐遲到了。

這天是一九七二年五月二日，霍法獲釋五個月後。安妮・費爾茲（Annie Fields）是胡佛長年的私人管家，住在局長家裡。她已經煮好水波蛋，準備好切片白吐司，也泡好胡佛每天早晨愛喝的黑咖啡。可是她沒有聽見樓上傳來淋浴的聲音，或是胡佛在臥房裡輕手輕腳的腳步聲。她最後一次見到她的老闆是昨晚，當時他與聯邦調查局助理局長克萊德・托爾森共進晚餐後返家。

詹姆士・克勞佛（James Crawford）直到不久前都還是聯邦調查局裡極少數的黑人探員，他剛抵達局長的家，準備做點園藝工作並監督房屋的翻修。克勞佛從一九三四年到一九七二年間擔任胡佛的司機，後來因為健康狀況不佳，被聯邦調查局辭退。胡佛立刻僱用他為助手。憂心忡忡的費爾茲請克勞佛去臥房查看局長是否安好。

✦

對聯邦調查局和胡佛來說，這是個令人不安的時刻。國會最近制定了一項法律，規定聯邦調查局領導階層的任用必須經過參議院批准。儘管有現任總統尼克森的背書，卻仍有要求七十七歲的胡佛下臺的呼聲。批評者抨擊他濫用竊聽的行為，但胡佛把責任推給已故參議員巴比．甘迺迪，說甘迺迪批准了那些違反憲法第四修正案的行為。胡佛也公開槓上了前司法部長拉姆齊．克拉克（Ramsey Clark），並稱對方是「水母」，因為他充滿變通、多重標準的道德準則。胡佛不願調查侵犯公民權利的事和拒絕起訴警方的非法行為，也引起爭議。

此外，胡佛局長因為將反戰積極份子納入刑事調查下而飽受批評，許多人認為這項作為超出聯邦調查局的權限。胡佛最近宣稱激進分子企圖綁架國務卿亨利．季辛吉（Henry Kissinger），因為很多人認為是季辛吉一手策劃越南的衝突。這些指控被證明是錯的，從而引發新一輪要求胡佛下臺的聲音。而且就在昨天，政治記者傑克．安德森（Jack Anderson）發表了一篇爆料報導，揭發聯邦調查局為了調查金恩博士的性生活，而非法竊聽他的電話。

但是胡佛仍緊緊抓住他的職位。他最近才向參議院撥款委員會保證，他仍掌管大局，而該局業務蓬勃發展。有傳言說，如果尼克森在一九七二年順利連任，胡佛會被要求辭職。他把這視為另一場有待度過的難關。

畢竟，他是聯邦調查局終身局長。

克勞佛敲了敲胡佛的臥房門。沒有回應。他開門走進房內，看見胡佛倒在鋪著東方地毯的地板上。除了確認局長的手是冰冷的，克勞佛沒有碰觸他的身體。華盛頓州法醫詹姆士・盧克醫師（Dr. James Luke）判定死因是「高血壓性心血管疾病」，無須進行驗屍[100]。

這個消息迅速傳遍世界各地的聯邦調查局辦公室。到了那時，美國大眾才從代理司法部長理查・克萊恩鄧斯特（Richard Kleindienst）口中得知胡佛的死訊。國會立刻投票通過，讓胡佛的遺體停柩在國會山莊圓頂大廳（Capitol Rotunda），供民眾悼念。美國歷史上僅有二十一人享有這樣的榮耀。兩天後，尼克森總統本人會在全國長老教會堂（National Presbyterian Church）為胡佛致悼辭。

從發現胡佛的遺體到許多公開弔唁紛紛湧入，時間只過了三個小時。

然而，這些事情的急迫性遠遠比不上迅速俐落的處理掉胡佛的祕密檔案。一發

---

100 胡佛的遺體沒有驗屍，在死亡後幾個小時內就完成了防腐處理，還有他自己的醫生也承認，局長的心臟病沒有嚴重到會造成死亡，這些都是極度不尋常的，但是聯邦政府從未做過解釋。

現局長的遺體，克勞佛探員立刻指示管家費爾茲打電話給胡佛的心腹，也是聯邦調查局二當家助理局長托爾森。托爾森接著打電話給局長私人祕書海倫．甘迪（Helen Gandy）。這個七十五歲、熱愛釣魚的老姑娘為胡佛工作了五十五年，她立刻動手銷毀「官方和機密」檔案。

在神祕逃過碎紙命運的備忘錄當中，包括來自洛杉磯分局的電傳打字電報，內容述說巴比．甘迺迪向特別探員威廉．賽門（William Simon）商借一輛白色林肯大陸敞篷車，為的是在夢露過世的那一晚去探望她，這可能會讓巴比．甘迺迪涉入夢露的自殺事件中。

對胡佛來說，這些檔案不是黑函，而是保有其權力的重要手段。如今被銷毀的資料中，有一長串的國會議員與組織犯罪關係匪淺。胡佛從未洩露過這份資訊，或是起訴這些腐敗的政客。

胡佛過世二十年後，甘比諾犯罪家族的隊長卡米尼．「醫生」．隆巴多齊（Carmine "the Doctor" Lombardozzi）在一九九二年解釋其中的道理：「胡佛已被我們控制。他不是我們需要害怕的人[101]。」

胡佛的死宣告了一個執法時代的結束，儘管如此，組織犯罪在一九七〇年代也將會迎來了變革。

✦

自從二十年前的基佛爾聽證會以來，對美國人來說，黑幫的祕密世界具有無窮魅力。《教父》是一部大致以紐約五大家族為藍本創作的小說，銷量超過九百萬冊，盤踞《紐約時報》暢銷書排行榜長達六十七週。隨後的同名和續集電影讓一般大眾更容易理解組織犯罪。果如所料，黑手黨甚至早在電影開拍前就已嘗試讓電影停止拍攝。與黑幫素有往來的辛納屈在麥迪遜廣場花園，為義大利裔美國人公民權利聯盟（Italian-American Civil Rights League）的募款活動獻唱，老柯倫坡老大也是該聯盟成員。募得的錢會用於對抗媒體對義大利裔美國人的負面描述，尤其是《教父》。但最終，在製作人艾爾．魯迪（Al Ruddy）暗中付錢給柯倫坡，取得在紐約拍片的特權後，

101 據説黑幫會計師邁爾．藍斯基從一九三五年開始，一直拿同性戀行為要脅胡佛。大家都知道胡佛當時經常光顧哈瓦那一家叫做「雞尾酒」（Cocktail）的同志夜店，還會戴上假鬍子作為偽裝。

電影終於獲准開拍。

可是柯倫坡與《教父》光明正大的糾葛卻遭到其他紐約犯罪家族的反對，甚至最後成為「藝術模仿生活」一概念的生動實例——在導演法蘭西斯·柯波拉拍攝一名黑手黨老大在紐約遇害場景的那天，真實的老大老柯倫坡就在拍攝現場四個街區外中槍。這宗襲擊發生在義大利裔美國人聯盟於哥倫布圓環的公開集會上[102]。

✦

電影上映後，黑手黨對本片非

▲ 組織犯罪老大老喬瑟夫·安東尼·柯倫坡，攝於 1971 年。

常著迷，以至於某些黑幫分子採納了影片中的許多儀式。好漢間臉貼臉的親吻，親吻教父戒指的動作，甚至是使用「教父」這個詞——這些在很久以前就被犯罪家族廢棄的種種，再度成為黑手黨儀式的一部分。

這部電影贏得三座奧斯卡金像獎，其中包括「最佳影片獎」。危險又暴力的男人們陶醉在它的大獲成功。不過，現實很快就來搗亂一切。

✦

研究政府情報活動的參議院特別委員會，在一九七五年一月開始調查聯邦調查局和中央情報局的內部運作。由愛達荷州參議員法蘭克．邱池率領的邱池委員會（Church Committee）很快就震驚的發現，他們正在揭露美國最嚴密保守的某些機密。

---

102 據說是喬瑟夫．「瘋狂的喬」．加洛（Joseph "Crazy Joe" Gallo）下令謀殺。黑幫找了一個外人執行槍擊，一個叫做傑洛米．強生（Jerome A. Johnson）的非裔美國人。雖然他已經被警方拘留且被警察團團包圍，卻立刻被老柯倫坡的保鑣殺死。強生假冒有採訪證的記者，接近這名黑道分子。令人驚奇的是，老柯倫坡頭部中槍竟然沒死，但終身癱瘓，也幾乎完全喪失溝通能力。

除了得知聯邦調查局和中情局會拆閱一般民眾的郵件，竊聽他們的電話，甚至闖入他們的住家蒐集證據，邱池委員會證實，中情局確實僱用黑手黨殺手行刺卡斯楚。

這個委員會急著把真正的黑手黨成員推上證人席，而這個人就是山姆．詹卡納。美國大眾對黑幫的著迷讓參議院多數黨領袖麥克．曼斯斐（Mike Mansfield）警告，這可能會讓聽證會變成電視上的「盛會」，而不是嚴肅的調查。可惜已經太遲了。詹卡納的即將亮相讓這項活動得到了大量宣傳。

上一回在參議院委員會露臉時，他和巴比．甘迺迪鬥嘴的事非常出名，但他當時選擇行使第五修正案，以便保持緘默。不過那已經是很久以前的事了。這一次，他承諾會公開發言。

距離詹卡納在組織犯罪中還舉足輕重，已經過了十年。他浮華炫富的生活方式和不願分享他在全球賭場營運的獲利，令他和其他犯罪家族老大之間的關係出現裂痕。他因為拒絕在大陪審團面前作證，而在一九六六年短暫坐過牢。在獲釋後，他知道自己即將收到另一份陪審團傳票，以及隨之而來的入監服刑，便立刻逃往墨西哥奎納瓦卡市。在接下來八年，這裡就是他的家。在這段期間，他為了生意和玩樂，多次前往亞洲、歐洲和中東。

但是在一九七四年七月十九日，墨西哥官員趁他睡覺時強行進入他家，把他從床上硬拉起來，送他回美國。他很快就回到他在伊利諾州橡樹園市（Oak Park）的家，並試圖討好芝加哥犯罪集團。

「山姆以為什麼都沒改變，但其實每件事都變了。」一名黑幫線人如此告訴《紐約時報》。

詹卡納因為還是拒絕分享賭場獲利，而被黑幫永遠除名。更別提他同意在邱池委員會上作證。這決定了他的命運。

在一九七五年六月十九日這天晚上，奉命保護他的兩名警察有些蹊蹺的擅自離開他們駐守在詹卡納住家外的崗位。這名黑幫分子並未被告知，他此時正在家中款待小女兒法蘭馨（Francine）和女婿傑若米．狄帕馬（Jerome DePalma）。家中還有其他人在，不過他們很快就離開了。

隨著夜色漸深，詹卡納上樓回到臥房，卻發現自己睡不著。於是他走到地下室的廚房，準備一盤有香腸、胡椒、苦苣和鷹嘴豆的晚餐。

這是詹卡納永遠沒機會吃的一頓飯。

貫穿他後腦勺的槍響來得毫無預警，立刻奪走了他的性命。

但是凶手還沒打算罷手。

在黑手黨的世界，有時候，一槍斃命是不夠的，還必須留下訊息。

因此，殺手把他翻過身，讓他面朝上。接著將點二二口徑的消音手槍塞進他嘴裡，推入喉嚨深處。對於那些選擇背叛兄弟、出庭作證的人，黑手黨給予的死刑便是向他們嘴裡開槍。

槍手一共開了六槍。

曾和詹卡納共謀行刺卡斯楚的中情局探員羅伯特．馬修（Robert Maheu）明白其中意涵。「黑幫知道山姆不會保持緘默，」馬修評論道：「所以他們就讓他永遠開不了口。」

✦

強尼．羅塞利也是死於話多。

一九七五年六月二十四日，也就是令人震驚的詹卡納謀殺案五天後，六十九歲的羅塞利出席邱池委員會作證。詹卡納的死讓他惶惶不安，他正在密謀復仇，打算向芝加哥犯罪集團的成員布區．布拉西（Butch Blasi）討回公道。他懷疑是此人暗殺他的老友。「我要割下他他媽的蛋蛋，把它們塞進他的屁眼。」羅塞利氣沖沖的對吉米．弗拉蒂安諾（Jimmy Fratianno）說，後者他是認識多年的黑幫熟人。

儘管如此，羅塞利還是說個不停。他在聯邦監獄蹲了一陣子，而後發現自己完全不適合坐牢，因此，為了確保他再也不必入監服刑，他什麼都願意做。「假如他們要殺我，他們終究會下手。」這名黑幫分子帶著聽天由命的假笑說道，他口中的他們，指的是黑手黨。

在華盛頓舉行的聽證會將是三場當中的第一場，涵蓋的主題從嘗試行刺卡斯楚，到黑幫究竟有無涉入甘迺迪總統謀殺案。羅塞利會揭發詹卡納、約翰．甘迺迪和茱迪絲．坎貝爾之間令人震驚的三角戀。黑手黨對此不太開心。「當你被傳喚，要到那樣的委員會作證，你必須和你的兄弟商量，聽聽他們建議該怎麼做，」一個黑幫的機密消息人士告訴《紐約時報》：「羅塞利不僅沒來找我們，還跑去委員會那裡到處吹噓瞎說[103]。」

因此，早在羅塞利出席作證前，美國二十六個最重要的犯罪家族已批准謀殺他。

事實上，羅塞利早已陷入困境。他因為詐賭而被判刑入獄[104]。等他出獄後，他的資產大幅縮水，只剩下拉斯維加斯邊疆賭場飯店（Frontier Hotel）某間禮品店。但是對他來說，住在那個城鎮太過危險，所以他搬去佛羅里達州普蘭泰申市（Plantation），和他妹妹與妹夫——伊迪絲和喬瑟夫·戴格（Edith and Joseph Daigle）同住。羅塞利白天大多在游泳池畔閱讀，遛他的貴賓狗，晚上則看電視打發時間。因為怕遭人殺害，他從不在同一座高爾夫球場打兩次球。需要預約餐廳吃晚餐的特殊場合，他總是用他妹妹的名義訂位。

他相信這樣謹慎能保護他免於被殺，可惜他錯了。來自芝加哥的謀殺小組很有耐心，做事也有條理，他們仔細監控著羅塞利寥寥無幾的活動。

完成作證後，羅塞利嘗試修補與黑社會的關係。他和坦帕犯罪家族的山多·特拉菲坎特碰面，他作證指稱特拉菲坎特深度參與暗殺卡斯楚的陰謀。由於這個證詞，特拉菲坎特本人被傳喚出席委員會。特拉菲坎特是最低調的犯罪家族老大之一，羅塞利的作為正讓他處於危險之中。

✦

一切看似都得到了原諒，羅塞利和特拉菲坎特在六月中時於勞德岱堡（Fort Lauderdale）的蘭頂餐廳（Landing's Restaurant）共進晚餐。撇開與他方才背叛的犯罪家族老大一起吃晚飯可能很危險這個明顯的事實，羅塞利並不覺得有何不自在。特拉菲坎特的妻子喬希（Josie）和羅塞利的妹妹伊迪絲也在座。伊迪絲後來表示，這是場客氣有禮的晚間聚會，她說：「期間沒有提到任何公事。」

但是羅塞利在一九七六年七月二十八日，終究發現了與黑幫作對的人有何下場。

103 茱迪絲·坎貝爾的證詞本應保密，卻在一九七五年十二月被洩露給媒體。這標誌著約翰·甘迺迪第一次遭人公開指控他對婚姻不忠，坎貝爾則被公開抨擊謊話連篇。過了很久之後，隨著越來越多甘迺迪總統拈花惹草的風流故事登上新聞版面，坎貝爾的話才被採信。

104 在比佛利山莊的高額撲克牌桌正上方天花板鑽了窺視孔，讓共犯能看見玩家手上有哪些牌。接著傳送信號給那些參與作弊的人，告訴他們該繼續玩（hold），還是棄牌（fold）。聯邦調查局最終獲知此事並取得搜索票，導致為期六個月的審判，並將羅塞利和其他四名作弊者定罪。

和妹妹一起吃過早午餐後，羅塞利借了她的銀色雪佛蘭羚羊（Impala）。他說要去打高爾夫球，還把球桿放進了行李箱。但其實羅塞利把車開到北邁阿密的一處小船塢。他停好車，走向碼頭，與某個老友打招呼。他也被介紹給一位來自芝加哥的訪客，隨後三人登上一艘在旁等候的船，準備在海上度過一個寧靜的下午。

負債累累的羅塞利渴望能重返戰場，這或許是他重新躋身組織犯罪高層的機會。即便他察覺事有蹊蹺，也沒有表現出來。和特拉菲坎特共進晚餐讓羅塞利放心，認為自己已重修舊好，而他去參議院作證的事也得到了原諒。經過幾個月來的小心翼翼和惴惴不安，羅塞利上了船，接過一杯雞尾酒。他開口要了杯伏特加，接著坐進一張摺疊式躺椅，享受這趟海上航行[105]。

船一駛離岸邊，航向近岸內航道，一個躲在岸上的男子就偷走那輛銀色羚羊，把它開到邁阿密機場，棄置在一處車輛進出頻繁的立體停車場。

同時間，羅塞利享受著手上的美酒和溫暖的微微海風。他沒有注意到來自芝加哥的訪客巧妙的繞到他背後。突然，一隻強有而力的手，毫無預警的死命捂住他的口鼻。他扔下伏特加，拚命想掙脫，但是他的肺氣腫讓他無法有力的反抗。他的脊椎還患有關節炎，讓他難以反擊。羅塞利不出一分鐘就失去了性命。

光是把他的屍體從船上推入水中還不夠。在鯊魚吃掉他之前，他仍然有可能會浮出海面。因此，殺手用膠布把一條毛巾黏在他的嘴巴上，確保他就算不知怎的恢復了神智，也無法呼吸。接著，他的雙腿被鋸斷。他的脖子上綁著一條繩索，肋骨下方的腹部插了好幾個大型拖曳鉤。這兩名凶手接著抬起屍體、繩索和鉤子，放入一個高三呎、周長二十二吋的金屬油桶中。桶身鑽了許多孔洞，確保它會沉入海中。殺手在將軀幹塞進桶子後，把兩條斷腿被隨便放在最上頭。沉重的鐵鍊纏繞在殘缺的屍體上。直到此時，屍體才被推入水中。

羅塞利經常跟他妹夫喬・戴格（Joe Daigle）開玩笑，說假如哪天他失蹤了，他的遺體最有可能被棄置的地方，就是機場的停車場。因此當羅塞利到天黑都還沒回家，戴格便開車到勞德岱堡機場去找那輛銀色羚羊。沒有找著，接著他又轉往邁阿密機場。他在一處立體停車場的三樓找到了他妻子的雪佛蘭汽車，裡頭還有高爾夫球具，但沒

---

105 羅塞利在船上遇害的描述來自《紐約時報》的某個匿名消息來源。

看到羅塞利的人影。

然而，這還不是世界見到他的最後一面。

在他被殺害十天後，三名漁夫注意到有一個油桶被沖上北邁阿密海灘市附近的達姆方德林灣（Dumfounding Bay）一處沙洲上。

油桶裡是羅塞利遭到殘忍對待且泡水腫脹的遺體。他的遺骸將會被火化。儘管沒有墓地可供家人憑弔，但至少哥哥憑空消失的謎，在伊迪絲的心中已得到解答。

但另一個高調的人，其家屬就沒有那麼幸運了。

✦

吉米・霍法既緊張又憤怒。

「我到現在還在等！」他對著公用電話大喊。

這天是一九七五年七月三十日，詹卡納被殺一個月後，也是羅塞利首次出席邱池委員會的日子。霍法出獄已經三年半了。根據他的釋放條件，他在一九八〇年之前都不能擔任工會職務，但他的律師正努力縮短這個時間限制。為了讓自己保持忙碌，霍法一直在全國各地行腳，拜訪地方工會並爭取支持，他希望能在一九七六年成功出任卡車司機工會會長。

但是霍法很清楚，自從他被迫下臺以來，黑手黨對工會事務取得了更大的實權。他們控制了他精心挑選的繼任者法蘭克·費茲西門斯，此人本該只是他坐牢期間的臨時代理人。然而事實證明，費茲西門斯對黑手黨百依百順，非常樂意將工會退休金借給黑手黨，或做其他安排，使黑手黨因而獲利。結果，他成了最難對付的敵手。

東尼·普羅文札諾（Tony Provenzano）是紐澤西州五六〇分會（Local 560）的領導人。但是人稱東尼·普羅（Tony Pro）的他也是吉諾維斯犯罪家族的隊長。他的敵人紛紛失蹤，包括阿蒙德·「餅乾」·符格諾（Armand "Cookie" Faugno）和安東尼·卡司特里圖（Anthony Castellito），大家認為他們的遺體可能被掩埋在占地六十英畝、名為馬斯卡托弟兄垃圾場（Brother Moscato's Dump）的紐澤西州垃圾掩埋場[106]。

讓情勢變得更加難以預測的是，霍法和普羅文札諾在路厄斯堡聯邦監獄服刑時

106 有些人認為霍法的遺體可能也埋在此處。

認識了彼此，但是兩人的關係並不友好。「就是因為有你這種人，起初我才會惹上麻煩。」霍法跟東尼．普羅說，暗指巴比．甘迺迪成功揭露卡車司機工會和黑手黨關係一事。

雖然起頭不太順利，但今天是展開新頁的機會。霍法預計要和普羅文札諾及底特律黑手黨成員安東尼．吉卡隆尼（Anthony Giacalone）在下午兩點共進午餐。結果兩個人都遲到了。

這頓飯局的地點，選在底特律西北方七英里外的布倫菲爾德山莊（Bloomfield Hills）的馬丘斯紅狐餐廳（Machus Red Fox restaurant）。霍法對這個地方很熟。跟卡爾牛排館一樣，紅狐也是卡車司機工會成員經常光顧的地方，霍法的兒子詹姆士（James）也是在此舉行婚宴。在一般情況下，霍法絕不會將黑手黨成員帶到這種高雅的用餐場所，但由於今天的會面很敏感，這名工會領袖決定破例一次。這將是霍法和東尼．普羅的「和平會議」，試圖讓兩人達成和解，並討論假如霍法取回了他的原有職務，黑幫和工會的未來關係該如何發展。

儘管如此，霍法還是很不安。他懷疑事情有點不大對勁。他自己今天的狀況也不太好。他的妻子喬瑟芬後來想起當天他要出門的時候，看起來很焦慮，彷彿預知有壞事即將要發生。

事實上，霍法真的很不自在。前往午餐之約途中，他一時衝動，跑去好友路易・林陶（Louie Linteau）開的豪華轎車租賃公司，想請對方陪自己赴會。可是林陶不在，霍法必須獨自赴約。他一身藍色長褲、藍色襯衫、白色襪子、黑色古馳（Gucci）樂福鞋和太陽眼鏡的裝扮，抵達後在餐廳對面的停車場等候。

霍法在下午兩點十五分打電話給妻子，她告訴他，沒有人來電說明飯局延誤的原因。他跟妻子說，自己會在下午四點前回家烤牛排。霍法掛斷電話後，繼續來回踱步。雖然他還沒重新取得工會領袖職務，但他在底特律工會成員間很受歡迎，也很出名。因此，當他在停車場發愁時，兩個當地人熱切的走過來跟他打招呼，握手寒暄。

他們後來便離開了。到了兩點三十分，霍法還在等東尼・普羅和吉卡隆尼現身。

大約在兩點四十五分到三點整之間，霍法的苦苦等候終於到了盡頭。

一輛紅褐色轎車停了下來，車內有三個人。霍法選擇了副駕駛座的位子，坐進車內。六十二歲的他，一輩子都在組織犯罪渾濁世界的邊緣打滾，很清楚自己挑了個非常危險的位置。艾爾・卡彭的競爭對手海米・魏斯（Hymie Weiss）在禁酒時期發明了人稱「兜風」（taking a ride）的行刑方式。受害者坐在前座，無法看見坐在他正後方那人的舉動，接著，那人會朝他的頭部開槍。或者另一種版本是，後座那人會用一根繩索或鋼琴線繞在前座乘客的脖子上勒死對方。

這樣的場景曾出現在電影《教父》中。

霍法必定完全信任這輛轎車的駕駛人。根據目擊者描述，他搭上的是一輛林肯或福特水星（Mercury）。而且他必定也對後座乘客很放心。若非如此，神經質、孤身一人、身經百戰的他，絕不會把自己交到對方手中。

霍法坐進前座後，接下來的事件發展至今仍舊成謎。唯一能確定的是：霍法從此人間蒸發[107]。

✦

於是在一九七五年和一九七六年，詹卡納、羅塞利和霍法等重要犯罪人物全都出局了。他們會被年輕人取代，這些組織犯罪的新成員會比他們的前輩更加冷酷無情。

不過其中一人並非他外表看起來的那種人。

他的名字，是唐尼・布拉斯科（Donnie Brasco）。

107 本書作者徹底調查後，仍舊找不到可靠的說法，能解釋霍法後來發生了什麼事。眾多書籍和電影描述了各式各樣的可能情況，但是直到今日，聯邦調查局尚未偵破這宗案件。雖然始終沒找到霍法的遺體，但是一名密西根州法官在一九八二年十二月九日宣告霍法在法律上已經死亡。查爾斯・「恰奇」・歐布萊恩（Charles "Chuckie" O'Brien）是霍法長年老友，他認為有人害怕霍法會去邱池委員會作證，而先斬草除根。但有人指控說，開車載走霍法的，其實就是深受霍法信任的歐布萊恩。不過在歐布萊恩於二〇二〇年二月十四日過世前，都否認他知道霍法消失的任何內幕。

21 黑手黨的最大惡夢

一九八二年八月三日上午十點
紐約市曼哈頓
聯邦地區法院

黑幫最糟糕的噩夢站上了證人席。

自從聯邦調查局特別探員喬瑟夫・皮思通（Joseph D. Pistone），又叫做唐尼・布拉斯科，偽裝潛入博南諾犯罪家族，時間已經過了六年。現在他準備要作證，並說出他在黑幫內部的生活。皮思通探員四十三歲，態度從容自信。宣誓時，他穿著深藍色運動外套、淺藍色長褲，還打著條紋紅領帶。陪審團由四男八女組成。法庭裡擠滿一百五十名旁聽者，另一頭坐著「布拉斯科」身為黑手黨成員時的兄弟：班傑明．「左撇子」．魯傑羅（Benjamin "Lefty Guns" Ruggiero）、約翰．塞拉希尼（John Cerasini）、尼古拉斯．桑托拉（Nicholas Santora），以及安東尼奧．托馬蘇洛（Antonio Tomasulo）。他們全都因敲詐勒索正在受審。

皮思通特別探員是這場審判的關鍵證人，黑幫懸賞他腦袋的五十萬美元便證實了這件事。

▲ 聯邦調查局探員喬瑟夫．皮思通，又叫做唐尼．布拉斯科，在 1976 年至 1981 年間臥底潛入組織犯罪家族。

皮思通在一九七六年春天自願去黑幫臥底。他在聯邦調查局擔任探員將近七年，平日與妻子和三個女兒住在紐約市。該局從未在黑手黨內部成功部署過任何探員，而皮思通成功打入這個祕密世界的可能性微乎其微。然而，要說誰是能成功實現這件事的理想人選，那就是皮思通。

這名特別探員在紐澤西州巴特森市（Paterson）長大——套句他自己的話，他是個「街頭頑童」——他經常出入黑幫經營的社交會館，親眼目睹黑手黨的生活。「我知道黑手黨徒（wiseguy）會怎麼表現，」他在自傳中寫道：「我知道他們的心態，也知道可以做和不能犯的事。在某些時候閉上嘴巴。不要多管閒事。」

皮思通為他的工作帶來了特殊技能。他說著一口流利的義大利語，出生在有西西里血統的家庭。他看上去很得體，六呎高（約一百八十三公分）、一百八十磅重、肩膀寬闊、前額高、身強體壯，同時具備了強悍、精明世故的自信，是個在壓力下也能把自己照顧好的人。從表面上來看，皮思通要想擔任黑幫士兵可是輕鬆過關。

過去在胡佛掌理下的聯邦調查局鮮少運用臥底探員，因為他認為這類探員浸淫在充滿邪惡與金錢的犯罪世界中，不免會背離原本的自己。然而，皮思通在汽車偷竊集團內只待了短短兩年，就證明自己是精明幹練的人。因為他會開十八輪大卡車，所以得以弄來那份任務。不過，現在賭注更大了——這名特別探員必須說服強橫凶暴的博南諾犯罪家族信任懷有祕密的他，是一項十分艱困的任務。

進行臥底任務之前，皮思通花了幾個月的時間，讓自己沉浸在不起眼的珠寶小賊唐尼・布拉斯科的人物設定中。他參加聯邦調查局的寶石學課程，了解寶石和如何非法買賣寶石。

皮思通的姓名和就職紀錄已經從所有的聯邦調查局檔案中被刪除。同事、甚至好友都不知道他的任務。他的妻女搬到別州住，換了個新的姓氏，並且每次都會有好幾個月見不到他——就算好不容易盼到他回家，也只能待個一兩天。

起初，一家人都能接受這樣的安排。瑪姬・皮思通（Maggie Pistone）和女兒全都樂於接受他們的新環境。但是漸漸的，皮思通的工作壓力和長期分居讓瑪姬對她丈夫的工作深惡痛絕。為了逃避眾人的好奇質問，他的青春期女兒告訴朋友他們的父母離婚了。他會錯過所有的家人生日和畢業典禮。讓事情更加惡化的是，皮思通不能把自己的任務告訴家人，只能任由家人懷疑他為什麼要長時間拋棄他們。

聯邦調查局給皮思通兩間公寓，一間在邁阿密，一間在曼哈頓上東區。他也持有以他的新名字發出的信用卡、社會安全卡、駕照，以及按月支領的零用金，如此一來他才能看起來像、行為舉止也像個幫派分子。

皮思通在工作上總是鍥而不捨，但是因此丟下自己的家人讓他感到很內疚。

✦

「唐尼．布拉斯科」在一九七六年九月開始行動。他只能靠自己，假如事情出了差錯，他無法立刻和局裡聯絡。他每個月會與負責補充其手頭現金的聯邦調查局官員碰面一次。但是就保護而言，布拉斯科什麼都沒有。

✦

這項臥底行動原本預計持續六個月，結果這樣危機四伏的日子竟然延續了五年。

「你有什麼不滿？」布拉斯科問綽號「佩齊」（Patsy）的黑幫分子。

布拉斯科融入黑社會的方法首先是經常光顧以黑幫巢穴聞名的酒吧和餐廳，以及結交還沒混出名堂的小流氓。在大多數情況下，布拉斯科覺得這麼做挺乏味的。「我會玩牌，喝點小酒，到處閒逛。」他還記得得克制自己別問太多問題，免得引人懷疑。他很快就成為布魯克林劫車集團的一員，每天第一件公事就是在上午十點到十一點之間，找這夥人的老大報到。

在這個特別的上午，布拉斯科直言不諱的行為和傲慢的名聲讓團隊老大吉爾・葛瑞卡（Jill Greca）非常惱怒。他要他的二當家，綽號佩齊的黑手黨成員去查查布拉斯科說的話是不是真的。

「你說來這裡之前，你在邁阿密就拿下那些贓物，」佩齊對布拉斯科說：「不過我們對此一無所知……法蘭基跟我想知道，你以前和誰一起做了哪些案子，這樣我們才能證實你的說法。」

「你們不需要查證，」布拉斯科回應道：「我幹嘛因為你坐過牢就滿足你。」

「不，你得照辦，」佩齊回答：「我們回去裡頭坐下談。」

兩人走進第十五大道上的一間服飾店，葛瑞卡在這裡設了辦公室。服飾店名叫ACERG，是葛瑞卡的姓氏倒著拼。店鋪前段展示著成排的低價服飾，全都是打劫服飾貨車和破門闖入其他店家竊盜所得。

後面的房間有張書桌和幾張牌桌，這裡是葛瑞卡一夥人廝混的地方。「他們早上起床後，想的不是去工作或打卡上班，」皮思通後來寫道：「黑幫就是他們的工作。你起床，去俱樂部或任何你平常逗留鬼混的地方，整天和其他人待在一塊。」

佩齊從抽屜中拿出一把上膛手槍，放在桌上。「除非給我個名字，否則你別想離開這裡。」

布拉斯科知道他不能讓步——至少暫時如此。他的臥底身分意味著他的確握有某個邁阿密低階線人的名字，對方會擔保他的「犯罪」名聲，但是太快交出某個名字也會讓他被視為潛在的抓耙仔。

因此，布拉斯科在這首次危險交鋒中恫嚇對方。「我不會只是為了滿足你的好奇心，就交出任何人的名字。」他告訴佩齊。

「你還真口無遮攔。要是不給我名字，你唯一離開這裡的方法，就是躺在捲起來的毯子裡。」

「你該做什麼就做什麼，但我是不會給你名字的。」

不久之後，布拉斯科盤算過各種可能性，冒險交出了名字。接著，他和其他幾名黑幫成員被反鎖在房間裡。那些人忙著打牌抽菸，佩齊則是在外頭核實他的說法。

「我們在那坐了好幾個小時。除了我，每個人都在抽菸。我們全都坐著呼吸著那些垃圾，玩牌講屁話，」皮思通寫道。他很緊張，知道自己沒有辦法離開那個房間。那把槍還在桌上，但是滿屋子的黑手黨成員個個都帶了自己的槍。

最後，佩齊回來了，臉上掛著放心的表情。「得到答案了。你的人說你沒問題。」

✦

在暗中記錄對話並熟記紐約黑手黨成員的姓名與車牌整整一年後，布拉斯科終於被介紹給博南諾家族的上級成員。他很快就和安東尼．米拉（Anthony Mirra）與多明尼克．拿坡里塔諾（Dominick Napolitano）結為朋友，他們後來非常信任他，使他的黑手黨成員身分成為既成事實。他不僅順利打入黑幫內部，令人難以置信的是，他還變成博南諾家族的明日之星班傑明「左撇子」・魯傑羅信任的搭檔。

「朋友，我要鄭重告訴你，你只屬於我一人，」當魯傑羅把他帶入博南諾家族時，對他這麼說：「我會和你一起死。」

「我知道。」布拉斯科回答。

「現在你正式加入了。」魯傑羅告訴他，這句話確立了皮思通是聯邦調查局史上最厲害的臥底探員。

但他隨時可能喪命。

左撇子・魯傑羅是個殺人不眨眼的凶手，至少殺過二十六人。布拉斯科最初的角色是協助魯傑羅的組頭業務，但是後來他們的友誼越來越深厚，以至於布拉斯科時常到魯傑羅位在曼哈頓的家中用餐。魯傑羅在處理繼子染上海洛因毒癮問題時，他從旁給予建議[108]。魯傑羅自己沉迷於賭博，布拉斯科幫忙清償部分債務。布拉斯科每天的生活就是由一長串的黑手黨社交俱樂部、酒吧、派對，以及牌局所組成。

「身為黑手黨徒，你可以撒謊、騙人、偷竊、殺人——全都師出有名，」魯傑羅告訴布拉斯科：「你可以做盡你想做的任何事，卻沒人能說你的不是。誰不想要當個黑手黨徒呢？」

兩人的友誼透過這一切變得越來越深厚。他們變得如此親密，這名黑幫分子甚至在一九七七年邀請這個特別探員，擔任他迎娶第二任妻子路薏絲（Louise）時的伴郎。

✦

到了一九八〇年二月，兩人的關係逐步上升至危險的地步。左撇子催促布拉斯科成為黑手黨「好漢」。那意味著布拉斯科必須處決為博南諾家族服務的某人。聯邦調查局當然無法認可那樣的行為。除了自衛，探員不得有任何暴力行為。臥底行動如今來到第五年。但是問題開始逐漸累積。三月某天下午，布拉斯科和魯傑羅坐在邁阿密一家餐館中，左撇子隨手翻閱一本《時代》雜誌。他注意到一張不尋常的遊艇照片。這艘叫做「左手」（Left Hand）的遊艇是這篇關於聯邦調查局和其

108 魯傑羅的繼子湯瑪斯·史巴諾（Thomas Sbano）在一九八四年一月十五日遭人槍殺身亡。他死在一輛林肯大陸敞篷車前座，車子停在曼哈頓下東區某個修車廠中。車內另一名死者是喬瑟夫·齊力（Joseph Chilli），一名博南諾家族高階隊長的兒子，這令警方認定這樁殺人案是黑手黨謀殺。

臥底內應的報導文章的一部分。

布拉斯科在幾個月前曾用那艘遊艇，在佛羅里達州比斯肯灣招待一群黑手黨成員和他們的妻子。魯傑羅也參與了那次出遊。

這名殺手抬起頭，立刻要求布拉斯科給個解釋。他大吃一驚，幸好他夠油嘴滑舌，說他完全不知道聯邦調查局跟那艘遊艇有任何關聯。他說，也許他被人訛騙了。

魯傑羅半信半疑，但決定拋開此事，至少目前是如此。

✦

皮思通後來寫道，黑幫分子起初是竊賊，「並非以殺人為主的組織」。但是他的新生活很快就用事實告訴他，當黑幫開始展現殘暴的本質，必定事出有因。一九八〇年三月二十一日，在邁阿密遊艇左手號事件粉碎了他自以為無往不利的想法兩週之後，一件重大的黑手黨謀殺案成為全國新聞。影響力巨大的費城犯罪家族老大「溫厚閣下」安傑洛・布魯諾坐在一輛停在他家門前的汽車副駕駛座上，遭人用霰彈槍朝頭部開了一槍。

事情很快就水落石出。溫厚閣下的摯友暨參謀安東尼奧·卡波尼格羅（Antonio Caponigro），又名瘋狂東尼（Tony Bananas），未經黑手黨委員會的批准就下令將其暗殺。不出幾週，六十七歲的卡波尼格羅遭人綁架並殺害——他遍體鱗傷的屍體一絲不掛的被棄置在布朗克斯一輛汽車的後車廂中。

皮思通探員很清楚，他可能就是下一個被丟進後車廂中的人。

✦

博南諾家族在一九八一年五月開始分崩離析。在前任家族首領卡米尼·加蘭特（Carmine Galante）被槍殺後，旋即爆發了內部戰爭。在隨後的權力鬥爭中，有三名高階成員被人以和談會議為名，引誘到布魯克林的二〇／二〇夜總會（20/20 nightclub）。徒手赴約的隊長被帶進儲藏室，接著在那遭人用機關槍掃射至死。他們的屍體隨後被裹在油漆防汙布中，運往皇后區邊界一處叫做「洞穴」（the Hole）的地方，那裡埋葬了許多遭人謀殺的黑幫分子。

皮思通探員後來在法庭上描述儲藏室內的血腥場景，尤其是多明尼克·「大特林」・特林謝拉（Dominick“Big Trin”Trinchera）這名黑幫分子怎麼死的：「尼基，」尼基（Nicky）指的是在場的被告尼古拉斯・桑托拉，「據說你有看見他們是怎麼殺他的。他可是足足有五十磅重的肚子飛了出去。」

✦

博南諾的幫派戰爭意味著皮思通在黑幫臥底的事走到了盡頭。但是在他脫身之前，家族命令他去殺掉布魯諾・應迪里凱托（Bruno Indelicato）。一旦完成這項任務，布拉斯科就成為了「好漢」。

布拉斯科加入博南諾家族後，從放高利貸到敲詐勒索，幹盡各種壞事。不過，殺人實在是太超過了。

因此，布拉斯科在一九八一年七月二十六日從黑幫消失，回到聯邦調查局。他領到五百美元，以獎勵他這些年來的「賣命」工作。

三十三天後，魯傑羅遭到聯邦當局拘留，理由是「保護他的人身安全」。聯邦調查局官員告訴他，因為他和布拉斯科的密切關係，有人準備取他性命。

為了讓他們憑空猜疑，聯邦調查局探員也告知博南諾犯罪家族成員，說他們長久以來的密友布拉斯科很快就會作證告發他們。道格・芬奇探員（Agent Doug Fenci）於七月三十日在布魯克林一家知名的黑手黨社交俱樂部「運動酒廊」（Motion Lounge）和多明尼克・拿坡里塔諾碰面。這名探員拿了一張他本人和另外兩名探員站在紐澤西旅館房間內的合照作為證明，照片中的第四人正是「唐尼・布拉斯科」。

拿坡里塔諾知道自己在劫難逃。他在八月十七日得知因為布拉斯科在他手下做事，他已經被判了死刑，他將所有的私人珠寶和公寓鑰匙交給他最喜歡的酒保，希望對方能在他死後照顧他的寵物鴿。後來大約有一年的時間都沒人再見過他，直到一名十七歲少年在史泰登島一條小溪中發現他腐爛的屍體。這名黑幫分子的雙手被砍斷，表示他被認定為告密者。

將布拉斯科引入博南諾家族的另一名黑幫成員安東尼・米拉也遭到謀殺。他的表兄弟奉黑幫命令，朝他的頭部開了好幾槍。

✦

在皮思通令人震驚的法庭作證下，魯傑羅被判處二十年有期徒刑。這項臥底行動帶來兩百宗起訴案和一百多件定罪。

「如果你是壞人，我的職責就是送你去蹲大牢，」皮思通寫道：「就這麼簡單。」不過，黑幫仍懸賞五十萬美元取他的人頭。審判結束幾天後，幾位紐約市黑手黨閣下驚訝的見到聯邦調查局探員來訪。對話內容都很類似：這些黑幫老大被告知，如果皮思通和他的家人發生任何不測，他們將會付出慘重的代價。

幾天後，殺害皮思通的懸賞撤銷了。

✦

到了一九八〇年代中期，美國的組織犯罪已經受到嚴重破壞。緘默法則已不再神聖。勢力最強大的家族之一博南諾遭到滲透，地方販毒幫派為了控制毒品市場，紛紛起而挑戰這些義大利黑幫。黑手黨不再是美國主要的犯罪勢力。雖然他們仍然持有武器且危險，專挑人性弱點下手，但如今黑手黨已失勢。

數十年來，黑手黨治理全美各大城市與各大產業。其勢力足與民選官員和警方匹敵。不過那種日子已經結束，主要是因為有巴比・甘迺迪和喬瑟夫・皮思通這樣的人，他們願意冒著生命危險去打擊邪惡。

今日在美國，黑手黨仍持續運作與腐化。不過，參與組織犯罪的人並沒有什麼保障，他們都意識到變化已然發生——他們知道他們的「兄弟情誼」已經過時了。

如今，每個「好漢」都只能獨善其身。

影視作品中的黑手黨成員，與霍法

- 一九七二年，電影《大時代》（*The Valachi Papers*），以背叛黑手黨的瓦拉奇，與相關作品《瓦拉奇文件》改編而成；其中除瓦拉奇外，盧西安諾、吉諾維斯、安納斯塔西亞、馬蘭札諾等人皆被搬上大螢幕。
- 一九九一年，電影《四海一家》（*Mobsters*）中，以盧西安諾、藍斯基、法蘭克・卡斯特羅和西格爾四人的故事為劇情主軸。
- 一九九一年，電影《豪情四海》（*Bugsy*），以西格爾與維吉尼亞・希爾的愛情故事為主軸，其中盧西安諾、藍斯基等人以配角出現。

- 一九九一年、二〇〇九年，兩部皆名為《藍斯基》（*Lansky*）的電影分別上映，兩者皆以邁爾・藍斯基的生平倒敘開場。敘述角度雖各有不同，但兩者皆出現大量黑手黨角色，如盧西安諾、吉諾維斯、西格爾、博南諾等。
- 一九九二年，在電影《霍法》（Hoffa）中，霍法由著名演員傑克・尼克遜（Jack Nicholson）飾演。
- 二〇〇九年，在馬丁・史柯西斯（Martin Scorsese）執導的電影《愛爾蘭人》（*The Irishman*）中，描繪了霍法自與甘迺迪兄弟對抗開始，到最終遭謀殺身亡的故事。其中霍法由艾爾・帕西諾飾演，東尼・普羅、巴比・甘迺迪、詹卡納與安納斯塔西亞等人皆以配角出現。
- 二〇一九年，電影《黑幫鎮》（*Mob Town*）改編了阿拉巴欽事件，其中吉諾維斯、約瑟夫・巴巴拉、文尼・「下巴」・吉根迪等人皆作為角色現身。
- 二〇二二年宣布製作中的電影《識時務者》（暫譯：*Wise Guys*），其中將由勞勃・狄尼洛同時飾演吉諾維斯與卡斯特羅。

後記
所以，那些人後來怎麼了？

查理·「幸運」·盧西安諾在一九六二年一月二十六日與美國電影製片人馬丁·高許（Martin Gosch）碰面，討論一部取材自他的人生的電影。會議在義大利那不勒斯機場舉行。義大利警方懷疑盧西安諾在那出現是為了走私毒品，便在附近監視他的活動。因此，當他突然因心臟病發猝死而倒下時，警方非常震驚。三天後，有三百名哀悼者前來參加在那不勒斯舉行的儀式，但是直到美國當局允許盧西安諾的遺體被送回美國安葬，兩週後才在紐約皇后區的聖若望墓園舉行了真正的葬禮。

✦

諷刺的是，儘管他們對彼此深惡痛絕，**盧西安諾**的墓穴非常接近**維托·吉諾維斯**的墳。吉諾維斯在亞特蘭大聯邦監獄服刑時，仍從獄中繼續經營他的犯罪家族長達十年。他在健康持續惡化後，被轉送到密蘇里州春田市（Springfield）的美國聯邦囚犯醫療中心。一九六九年的情人節，他在那裡死於心臟病發，享壽七十一歲。雖然他過世了，但是吉諾維斯犯罪家族直到今日仍持續存在，他們控制曼哈頓與布朗克斯，和康州、麻州與佛州的組織犯罪有長期往來。

✦

法庭在一九七四年宣判**邁爾．藍斯基**逃漏聯邦稅的罪名不成立。藍斯基在八十歲那年因肺癌死於邁阿密，他被安葬在尼波山邁阿密紀念公園。藍斯基只留下五萬七千美元的遺產，但是聯邦調查局認為，這位黑幫最高明的會計師在世界各地的祕密銀行帳戶中估計藏有三億美元。不過這筆錢至今尚未被找到。

約瑟夫．瓦拉奇是前吉諾維斯家族的士兵，也是吉諾維斯惡名昭彰的同房獄友，他的餘生都在牢裡度過。如同聯邦調查局特別探員符林曾經鼓勵他的那樣，瓦拉奇開始養成運動的習慣，成功減去四十磅的體重。然而，他並未戒掉一天抽六十根香菸的惡習。他在一九七一年四月三日因心臟病發身亡，當時他六十七歲，在德州拉圖納聯邦監獄服刑。瓦拉奇長眠在紐約州厄斯頓市的天堂之門墓園。

✦

坦帕犯罪老大**山多．特拉菲坎特**、紐奧良閣下**卡洛斯．馬塞羅**、紐約家族領袖**喬．博南諾**，以及盧西安諾犯罪家族前首領**法蘭克．卡斯特羅**——全都是全國犯罪集團的長期同夥——活得夠久，而後自然死亡。特拉菲坎特在休士頓接受了不太成功的心臟手術後，死於七十二歲。他被安葬於佛州宜博市義大利聯合墓園。雖然他在一九八七年就過世了，他的犯罪家族至今仍然存在。

馬塞羅在一九八九年經歷好幾次中風，過世前以退休隊長的身分在路易斯安那州的自宅度過最後的日子。他長眠於紐奧良市中心北方的梅泰里墓園。

博南諾在亞利桑那州度過退休時光，他還動筆書寫自傳《講道義的人》（*A Man of Honor*）。他死於二〇〇二年，並被葬在亞利桑那州土桑的神聖盼望墓園。

卡斯特羅活到八十二歲，在曼哈頓享受了十六年的老人活動。儘管已正式退休，他仍與紐約犯罪家族的眾家老大保持聯繫，許多活動也都會向他請益。一九七三年二月十八日，因心臟病發作去世。他被安葬在紐約皇后區的聖米迦勒墓園。

✦

桑尼．李斯頓的死跟他的人生一樣騷亂。一九七〇年一月三十日，他獨自一人在洛杉磯自宅中過世。直到他妻子潔拉爾汀（Geraldine）長途旅行歸來，才發現李斯頓腐爛的遺體。前世界重量級拳王已經死亡六天，享年可能是三十八歲。官方裁定是自然死亡，具體來說是血液循環不良。但是在他的臥房裡找到一個裝有海洛因的氣球，令某些人懷疑他其實是被黑手黨「致命注射」（hot shot），也就是對目標對象施予致命藥物注射。真相永遠不得而知。

✦

穆罕默德．阿里是李斯頓在兩場最著名拳賽的對手，直到一九八一年才退出職業拳壇。在他職業生涯結束時，因為挨了估計有數萬拳，他開始出現麻痺和言語困難的狀況，這情形後來被診斷為帕金森氏症（Parkinson's disease）。阿里也因此死於二〇一六年六月三日，享壽七十四歲。他長眠於家鄉肯塔基州路易維爾。

✦

茱迪絲·坎貝爾·埃克斯納過世時幾乎沒有引起眾人注意。她出席邱池委員會作證的交換條件是對她的身分保密。當她的身分在一九七五年被洩露給媒體後，坎貝爾極盡所能躲避公眾的注目，一方面因為她與約翰·甘迺迪的婚外情飽受外界批評，另一方面則是擔心黑手黨的謀殺迫在眉睫。她後來在一九七五年嫁給職業高爾夫球手丹·埃克斯納（Dan Exner），但是在她於一九九九年因癌症去世，享壽六十五歲時，已經離婚很久了。她的骨灰撒在大海裡。

✦

至於鼠黨，演員暨前甘迺迪總統妹夫**彼得·勞福**在一九八四年死於心臟病發。**小山米·戴維斯**在一九九〇年死於肺癌。**狄恩·馬丁**也在一九九五年因肺癌去世。**喬伊·**

畢曉普在二〇〇七年因多重器官衰竭過世。在這當中，**法蘭克・辛納屈**離世得到最多關注。許多人認為馬里奧・普佐（Mario Puzo）創作的小說《教父》中，強尼・方坦（Johnny Fontane）這個角色的靈感是來自辛納屈，連辛納屈自己也這麼想。當兩人在好萊塢查森（Chasen's）餐廳偶然巧遇時，辛納屈怒斥普佐是「皮條客」。

這位傳奇美聲歌手先是在一九七一年退出歌壇，但之後幾乎立刻就恢復了他的職業生涯。他持續登臺表演，直到一九九五年，當尚未確診的心理健康問題發生，以及使用多種毒品造成他上臺表演時忘詞。他在一九九八年五月十四日因心臟病發過世，享壽八十二歲。他與一瓶傑克丹尼威士忌和一包駱駝牌香菸，同葬於加州大教堂城（Cathedral City）的沙漠紀念公園（Desert Memorial Park）。

✦

為了取締組織犯罪，過去數十年來美國通過了許多法律。但真正永遠改變執法單位和黑幫之間權力平衡的，是一九七〇年的《反勒索及受賄組織法》（*Racketeer Influenced and Corrupt Organizations*，簡稱 RICO）。這部法令明定經營犯罪組織的違法性，並且只要犯行是幫派老大授權，儘管沒有親自實施，照樣可因此起訴他。從本質上來說，RICO法是第一部取締組織犯罪，而非取締特定黑幫活動的法案。此後，它被廣泛應用在許多團體和個人身上，比如地獄天使摩托車俱樂部（Hells Angels）、金融家麥可・米爾肯（Michael Milken），甚至是佛州西島市（Key West）警察局，該局在一九八〇年代曾以收取保護費的方式換取古柯鹼。

✦

在一九八五年二月，聯邦檢察官**魯道夫・朱利安尼**（Rudolph Giuliani）以工會詐欺、敲詐勒索和買凶殺人等罪名起訴九名黑手黨成員，其中包括紐約五大家族首腦。當九名老大被定罪，最初由盧西安諾在一九三一年成立的犯罪聯合集團「黑手黨委員會」受到了嚴重打擊。安東尼・「布魯諾」・應迪里凱托是博南諾犯罪家族隊長，也就是布拉斯科在一九八一年被要求去取其性命的那個人，被判四十年有期徒刑，並科以罰金五萬五千美元——這是其中刑度最輕的一個。所有其他黑幫分子都被判處一百年徒刑和至少二十四萬美元罰金。除了應迪里凱托之外，所有人全都死在牢裡。布魯諾在一九九八年獲釋，卻因違反假釋再次被捕。他隨後因謀殺罪獲判二十年有期徒刑，預計將在二〇二三年服刑期滿出獄。

✦

在人稱「黑手黨委員會審判」（Mafia Commission Trial）期間，有個新老大接管了甘比諾家族。時年四十五歲的**約翰．高堤**（John Gotti）殘忍的暗殺了代理首腦**保羅．卡斯特蘭諾**（Paul Castellano）以取得控制權。高堤迅速鞏固權力，接管了每年進帳估計有五億美元的帝國。他不躲避媒體的關注，而是向它獻殷勤——穿著昂貴的西裝，塑造公眾形象，為他贏得「時髦閣下」（Dapper Don）的綽號。

在對高堤的三項起訴均無法成功定罪後，這個綽號被修正為「不沾閣下」（Teflon Don）。他的無罪判決後來被揭露是賄賂陪審團發揮了效果。最後，他在一九九二年六月二十三日因五項謀殺，以及放高利貸、妨礙司法、賄賂和逃稅等罪名遭到定罪。他獲判無期徒刑，不得假釋。高堤在二〇〇二年因喉癌病逝於獄中，享壽六十一歲。他的墓穴位在紐約聖約翰墓園，靠近盧西安諾和吉諾維斯的墳。

喬瑟夫・皮思通以布拉斯科的身分臥底的那些日子，是聯邦調查局意想不到的重大成功。他仍舊和妻子瑪姬過著隱居生活。他們的女兒已長大成人。皮斯通根據自身經驗寫了三本書，其中一本被翻拍成一九九七年的電影《驚天爆》（*Donnie Brasco*），由艾爾・帕西諾和強尼・戴普主演。皮斯通仍舊活躍於執法活動，為全球各地的機關擔任顧問，也出席參議院針對組織犯罪的調查作證。

✦

班傑明・「左撇子」・魯傑羅是皮思通深入黑幫期間，與他關係最為密切的黑幫分子，在服刑十年多之後，於一九九三年四月出獄。他在一九九四年十一月二十四日因癌症病故，享壽六十八歲，長眠於紐約皇后區髑髏地墓園（Calvary Cemetery）。

✦

直到今天，紐約市的黑手黨仍然很有影響力。二〇〇一年九月十一日發生的恐怖攻擊事件發揮了關鍵作用，將聯邦調查局的人力從組織犯罪轉移到監視可疑的恐怖分子。局裡負責處理組織犯罪的專門小組探員人數，從四百人減少至不到三十人。從那時以來，美國黑手黨變得更加國際化，與墨西哥和哥倫比亞販毒集團，還有義大利卡拉布里亞區（Calabria）的組織犯罪分子勾結。在二〇〇八年，由聯邦調查局和義大利聯手推動的「舊橋行動」（Operation Old Bridge）證實了這樣的連結，導致兩國有數十人遭到逮捕。

聯邦調查局估計，美國目前約有三千名黑手黨成員。不過，組織犯罪正受到其他罪犯包圍。俄國、中國和越南的組織，墨西哥販毒集團，以及土生土長的黑人販毒幫派逐步侵犯黑手黨的地盤。不過，從沒有人達到和美國黑手黨同樣程度的成功。這有部分是因為嚴明的階級制度，以及不斷招募新士兵，他們也被威脅如果敢告密，就只有死路一條。

黑手黨也透過外包大部分的非法活動而更加成功，這是盧西安諾與吉諾維斯時代絕對不會發生的最新發展。

再者，黑手黨現在也善於應用高科技。網路是主要的獲利來源，運用境外空頭公司作為非法賭博的掩護。身分竊盜也是如此，從色情網站和線上簽賭站竊取信用卡號碼和個人資訊，對組織犯罪來說可是一筆大生意。

幾十年來，有黑幫背景的企業仍然控制了某些美國重大建案，尤其是在紐約市。在比爾．歐萊利的書《川普合眾國》（*The United States of Trump*）中，川普總統公開討論黑手黨的勢力。川普當年在曼哈頓建造川普大樓（Trump Tower）時，需要水泥和廢棄物清運。他因此得直接與黑幫打交道。

✦

犯罪家族運用餐廳和俱樂部公開交際應酬的日子已經一去不復返。今日，黑手黨會面變得更加隱祕，絕不允許攜帶手機，以便消除活動遭人錄音或錄影的風險。

打擊組織犯罪的努力仍舊持續中。

令人遺憾的是，這是場永遠贏不了的戰爭。

原因很簡單，犯罪活動涉及的利益非常龐大，尤其是毒品。

而且有太多惡人樂於收割它。

資料蒐集與寫作歷程

以下是我們如何撰寫和研究「追殺」系列叢書，或任何通俗歷史作品的基本規則。一切從擬定主題和大綱開始。雖然兩位作者一起分擔許多任務，但是這兩件工作屬於比爾·歐萊利，由他帶頭正式啟動整件事。接下來，研究的事就落在馬汀·杜格身上。首先從遠處觀察主題的整體架構，閱讀相關書籍，以便用粗略幾筆勾勒出故事概貌。在深入探究某個主題之前，我們經常會查閱維基百科（Wikipedia），了解來龍去脈。這麼做的目的是對於即將述說的故事有個初始的想像。

隨著寫作過程展開，研究變成了逐行推進。兩位作者字句斟酌，務求文句流暢且正確無誤。過去我們得前往世界各地查閱過期報紙館藏和檔案資料庫，但如今這項差事幾乎可以完全透過簡單的谷歌（Google）搜尋就完成。

在撰寫本系列前十本叢書的過程中，研究工作一直遵循著一個簡單的公式，那就是親自造訪事發現場，取得各種檔案、書籍、報紙、一手資料，以及持續不斷的網路搜尋，以便盡可能取得最完整的具體細節。

本書也是循同樣的方法進行研究，只不過事實證明了它的難度更高。由於組織犯罪的陰暗本質，事件的時地紀錄很少，黑幫生活的正確第一手資料更是稀少。此外，還有如何區分史實或傳說的問題，這是探究充滿祕密張力的生活時，寫作者有義務做到的事。如此獨特的歷史紀錄讓本書成為這系列叢書當中最令作者生畏的一冊，為了推測真相，我們必須就那些確實存在的資料來源，不斷相互對照事實與日期。我們在寫作過程中嘗試展現事實，但是如果相關細節太過模糊，不足以支持某種觀點，我們也會指出完全不同的理論。

更別提作者是第一個走上這條路的人。此外重要的是，位於拉斯維加斯的黑幫博物館（Mob Museum）不只是值得一遊的迷人景點，它內容詳盡的網站還提供了黑手黨的詳細訊息和大事年表，研究得非常詳盡且簡單明瞭。人稱「寶庫」（Vault）的聯邦調查局網站也是如此，它針對罪犯和黑社會的歷史事件提供了簡要敘述。許多檔案和過期報紙館藏也都已經數位化，使得我們能線上閱讀聯邦案件檔案和逐字引用過去的國會聽證會證言。

而且必須一提的是，如果你有機會到路易斯安那州吉布斯蘭小鎮，請務必找時間參觀邦妮與克萊德伏擊博物館（Bonnie & Clyde Ambush Museum）。

作者細細研讀了一小批與組織犯罪有關的圖書。它們全部都值得一讀。在此要特別感謝湯瑪斯・梅耶（Thomas Maier）提供我們一冊《黑手黨間諜》（*Mafia Spies*）的樣書。

作者還要感謝小羅勃・甘迺迪與我們分享他的個人見解。

致謝

比爾・歐萊利想要感謝麥克米倫／聖馬丁出版社（Macmillan/St. Martin's Press）的出版團隊成員喬恩・沙金特（Jon Sargent）、唐・魏斯伯格（Don Weisberg）和喬治・威特（George Witte）。此外，也謝謝瑞克・普雷秋（Rick Pracher）幫忙設計原版封面。

馬汀・杜格也想感謝艾瑞克・西蒙諾夫（Eric Simonoff）、克里斯・歐康納（Chris O'Connell），以及我永遠的支柱卡琳・杜格。

TELL 048

美國黑幫史

美國近代史的最後一塊拼圖，頭號公敵與黑手黨老大破壞體制、腐化權威、成為地下政府的隱藏歷史。

作　　者／比爾 · 歐萊利（Bill O'Reilly）、馬汀 · 杜格（Martin Dugard）
譯　　者／陳筱宛
責任編輯／楊　皓
校對編輯／李芊芊
美術編輯／林彥君
副 主 編／馬祥芬
副總編輯／顏惠君
總 編 輯／吳依瑋
發 行 人／徐仲秋
會計助理／李秀娟
會　　計／許鳳雪
版權主任／劉宗德
版權經理／郝麗珍
行銷企劃／徐千晴
行銷業務／李秀蕙
業務專員／馬絮盈、留婉茹
業務經理／林裕安
總 經 理／陳絜吾

國家圖書館出版品預行編目（CIP）資料

美國黑幫史：美國近代史的最後一塊拼圖，頭號公敵與黑手黨老大破壞體制、腐化權威、成為地下政府的隱藏歷史。/
比爾 · 歐萊利 (Bill O'Reilly)、馬汀 · 杜格 (Martin Dugard) 著；陳筱宛譯 . -- 初版 . -- 臺北市：大是文化有限公司，2023.3
448 面；14.8×21 公分 . --（TELL；048）
譯自：Killing the Mob
ISBN 978-626-7192-91-7（平裝）

1.CST：黑社會　2.CST：幫會
3.CST：歷史　4.CST：美國

546.9952　111019055

出 版 者／大是文化有限公司
臺北市 100 衡陽路 7 號 8 樓
編輯部電話：（02）23757911
購書相關諮詢請洽：（02）23757911 分機 122
24 小時讀者服務傳真：（02）23756999
讀者服務 E-mail：dscsms28@gmail.com
郵政劃撥帳號：19983366　戶名：大是文化有限公司

法律顧問／永然聯合法律事務所
香港發行／豐達出版發行有限公司　Rich Publishing & Distribution Ltd
地址：香港柴灣永泰道 70 號柴灣工業城第 2 期 1805 室
Unit 1805, Ph.2, Chai Wan Ind City, 70 Wing Tai Rd, Chai Wan, Hong Kong
電話：21726513　傳真：21724355　E-mail：cary@subseasy.com.hk

封 面 設 計／林雯瑛
內 頁 排 版／吳思融
印　　　刷／鴻霖印刷傳媒股份有限公司
出 版 日 期／2023 年 3 月初版
定　　　價／520 元（缺頁或裝訂錯誤的書，請寄回更換）
I S B N／978-626-7192-91-7
電子書 ISBN／（PDF）9786267192986
（EPUB）9786267192993